Wie Gold geläutert im Feuer

Vom gleichen Verfasser:

- Fasten als Heilung und Feier für Leib und Seele
  (Parvis-Verlag, Hauteville, 1988)
- 365 Tage mit Maria: *Vom 1. Januar bis zum 31. Dezember jeden Tag eine Botschaft von der Jungfrau Maria in Medjugorje (Parvis-Verlag, Hauteville, 1990)*

René LEJEUNE

Wie Gold geläutert im Feuer

Karl Leisner
(1915-1945)

PARVIS-VERLAG
CH-1648 HAUTEVILLE/SCHWEIZ

Der Jugend Europas,
allen Jugendlichen der ganzen Welt,
den Priestern, die aus ihrer Mitte hervorgehen,
Pater Marie-Joseph, dem charismatischen
Seelsorger zugeeignet

Die Abbildungen im vorliegenden Werk wurden uns freundlicherweise vom «Internationalen Karl-Leisner-Kreis» zur Verfügung gestellt, dessen vollständige Adresse am Ende des Buches angegeben ist. Einige Fotos sind auch dem Buch von Wilhelm Haas «Christus meine Leidenschaft, Karl Leisner, sein Leben in Bildern und Dokumenten» (Butzon & Bercker, 1985) entnommen.

2. Auflage: September 1997

PARVIS-VERLAG
CH-1648 HAUTEVILLE/SCHWEIZ

Die französische Ausgabe ist auch beim Parvis-Verlag erschienen. Postsendungen in alle Länder.

Gedruckt in der Schweiz

ISBN 3-907523-26-1

«Christus, du bist meine Leidenschaft!»

Eintragung Karl Leisners in sein Tagebuch
vom 1. Mai 1934

Dankeswort

Ich will herzlich Dank sagen Willi Leisner, Karls Bruder; Maria, Paula (gest. 1990) und Elisabeth, seinen Schwestern; Wilhelm Haas, seinem Jugendfreund und Schwager; P. Joseph Vermeegen, der Karl 1933 auf Schönstatt aufmerksam gemacht hat. Mein Dank gilt gleichermaßen den Mitgliedern des «Internationalen Karl-Leisner-Kreises» sowie allen Personen, die den jungen Priester von Dachau kannten und die mir gerne von ihm berichteten. Schließlich darf nicht die Franziskaner-Gemeinschaft von Bitche in Lothringen mit P. Marie-Joseph vergessen werden. Von ihr habe ich den Anstoß erhalten, dieses Buch zu schreiben.

Vorwort von Msgr. Reinhard Lettmann

Bischof von Münster

Bei der Einleitung des Seligsprechungsprozesses am 7. Dezember 1977 sagte Papst Paul VI.: «Geläutert durch Verfolgung und Leid, angesichts des Todes im Konzentrationslager Dachau zum Priester geweiht, wird Karl Leisner durch sein entschlossenes christliches Lebenszeugnis für immer mehr Priester und Gläubige zum nachahmenswerten Vorbild.»

1. Karl Leisner kann uns Vorbild sein in seiner tiefen Liebe zu Christus. «Christus, meine Leidenschaft!» Dieser Gedanke findet sich immer wieder in seinen Tagebüchern. Er entspringt nicht nur jugendlichem Überschwang und der Begeisterung des Augenblicks. In späteren Jahren kommt Karl Leisner darauf zurück: «Einst schrieb ich in jugendlichem Idealismus: Christus, meine Leidenschaft. Heute schreibe ich, schrecklich ernüchtert, aber geklärt: Jesus Christus, meine Liebe, mein ein und alles. Dir gehöre ich ganz und ungeteilt. So sei es.» Das Bild Christi steht vor ihm, auch im Alltag: «Mit Christus kann man leben.» Er bittet ihn: «O liebster Christus, hilf mir, nicht mutlos und ungeduldig zu werden.» Er sucht die Begegnung mit Christus im Gebet und in den Sakramenten: «In der Stille Christi wird mir so wohl, so weit, so friedvoll im Herzen.»

Karl Leisner zeigt uns: Christentum ist nicht eine abstrakte Idee oder eine Weltanschauung. Wesentliche Mitte des christlichen Glaubens ist die persönliche Beziehung des Menschen zu Jesus Christus. Wir spüren bei Karl Leisner etwas von der Faszination des Mannes, der den Schatz im Acker und die kostbare

Perle gefunden hat. Christus hat ihn ergriffen. Er hat erfahren, daß von ihm eine Anziehungskraft ausgeht, die ihn in der Faszination des Gefundenen leben läßt.

2. Der Mann, der den Schatz im Acker und die kostbare Perle findet, setzt alles daran, diesen Schatz zu erlangen. In ähnlicher Weise führt das Ergriffensein von Christus Karl Leisner dazu, alles für ihn zu wagen. «Wage dein Leben», so notiert er in sein Tagebuch. «Wage dich!» «Dies eine gewaltige Wagnis deines Lebens heißt Jesus Christus.» «Ganze Hingabe des Herzens und des Willens.»

Karl Leisner will in freier Hingabe ganz Christus gehören. Er schätzt die Freiheit als hohes Gut. Er hat sein Leben nicht gegen seinen Willen in eine bestimmte Richtung drängen lassen, auch nicht durch die Allgewalt der nationalsozialistischen Partei und des Staates. Er hat sich die Freiheit zur Entscheidung bewahrt gegenüber allen Einflüssen, Tendenzen und Verlockungen, die versucherisch an die jungen Menschen der damaligen Zeit herankamen und denen nicht wenige erlegen sind.

Freiheit erweist ihren Sinn darin, daß der Mensch von ihr Gebrauch macht. Wer einer klaren Entscheidung ausweicht, läßt sich letztlich von anderen Einflüssen bestimmen und von anderen Kräften treiben. Er verliert seine Freiheit. Zur Freiheit gehört deshalb der Mut, sich zu entscheiden. Karl Leisner entschied sich für Christus und die Kirche. Er wollte in freier Hingabe dem Herrn gehören. Die Gabe, um die es in der Hingabe geht, besteht nicht in irgend etwas, und sei es noch so kostbar. Die Gabe, die wir dem Herrn hingeben, sind wir selbst. In dieser Hingabe findet ein Mensch Erfüllung. Wir sagen: Er tut etwas mit Hingabe, und meinen damit, daß er ganz mit dem Herzen dabei ist und Erfüllung findet.

In freier Hingabe dem Herrn gehören: Das ist das zweite, worin Karl Leisner uns Vorbild sein kann.

3. Mit dem Mut zur Entscheidung und zur Hingabe verbindet sich der Mut zum Bekenntnis. «Schäme dich nicht, dich zu unserem Herrn zu bekennen. Schäme dich auch meiner nicht, der ich um seinetwegen im Gefängnis bin», schreibt Paulus an

seinen Schüler Thimotheus (2 Tim 1,8). Wie eine Antwort darauf klingt die Eintragung im Tagebuch Karl Leisners: «Keine Menschenfurcht, weder vor Dir selbst, noch vor anderen, auch den Höchstgestellten.» Karl Leisner schämte sich nicht, sich zu Christus und zur Kirche zu bekennen, auch als man sie mit dem Einsatz aller Möglichkeiten der Massenmedien in der Öffentlichkeit verächtlich zu machen suchte.

Zum Bekenntnis gehört der Mut, sich zu unterscheiden. Die Bilder vom Salz, vom Sauerteig und vom Licht, die Jesus selbst in seiner Verkündigung gebraucht, zeigen dies. Salz, das schal geworden ist, kann nicht mehr salzen. Sauerteig, der keine Kraft hat, kann den Teig nicht durchsäuern. Licht, das man nicht sieht, weil es unter den Eimer gestellt ist, kann die Dunkelheit nicht erhellen. Gewiß ist es oft leichter, anonym zu bleiben, in der Masse mitzulaufen und mit dem großen Strom zu schwimmen, ohne aufzufallen. Bekenntnis hingegen heißt: Flagge zeigen, Partei ergreifen, sich mit Gesicht und Namen für etwas einsetzen. Karl Leisner hatte den Mut, sich für Christus und seine Kirche zu exponieren.

Wer sich exponiert, bietet Angriffsflächen. Damit rechnet schon Jesus. Wer zu ihm steht und für ihn Partei ergreift, muß damit rechnen, Widerstand und Anfeindung zu erdulden. Das zeigt sich auch im Leben von Karl Leisner. Ihm stand das Wort Jesu vor Augen: «Ich sage euch: Wer sich vor den Menschen zu mir bekennt, zu dem wird sich auch der Menschensohn vor den Engeln Gottes bekennen.»

Mut zum christlichen Bekenntnis: Das können auch wir von Karl Leisner lernen.

4. Karl Leisner verdankt entscheidende Impulse und Orientierungen seines Lebens Pater Kentenich und der Schönstattgemeinschaft. Dazu gehört auch die besondere Verehrung der Gottesmutter. «Die heilige Mutter Gottes sei mir eine mächtige Fürsprecherin», so bittet er. In den Tagen der Subdiakonatsweihe hält er in seinem Tagebuch fest: «Mit Unserer Lieben Frau! Unter ihre mächtige Fürbitter-Hand wollen wir diesen Lebens-

entscheid stellen. Es wird dann alles an ein gutes Ende kommen: unser Priestertum und das Ende des Lebens.»

Von Maria lernte er die Bereitschaft, sich von Gott in Dienst nehmen zu lassen. Nach dem Beispiel ihres Glaubens und ihrer Liebe wollte auch er dem Werk der Erlösung dienen. Sie, die Königin der Apostel, sollte auch seinen Dienst mit ihrer Fürsprache begleiten.

Wir können von Karl Leisner lernen, wie eine echte Marienfrömmigkeit zu Christus führt und christliches Leben bereichert.

Die Gemeinschaft derer, die mit Christus verbunden sind, endet nicht mit dem Tod. Karl Leisner steht mit uns in der Reihe der Glaubenden. Ich wünsche, daß dieses Buch helfen kann, seine Gestalt vor unseren Augen lebendig zu halten.

Münster, 21. November 1990

+ Reinhard Lettmann
Bischof von Münster

Vorwort von Msgr. Casimir Majdański

Bischof von Szczecin-Kamień

«Meine Wege»

Niemand hätte sich jemals den Weg vorstellen können, der die zwei Priesteramtskandidaten zusammenbrachte: Derjenige, der heute diese Zeilen schreibt und der, als er den anderen traf, sich im letzten Jahr seiner Ausbildung im Priesterseminar von Wloclawek in Zentralpolen befand — und ein Deutscher, Karl Leisner, der zu diesem Zeitpunkt ein junger Diakon der Diözese Münster war.

Am 29. August 1940 begegneten sie sich zum ersten Mal. Der Ort und die Umstände dieser Begegnung waren außergewöhnlich: Sachsenhausen-Oranienburg, das Konzentrationslager. Diese unerwartete Begegnung wandelte sich in ein freundschaftliches

---

Bischof Casimir Majdański, geboren 1916, wurde am 7. November 1939 durch die SS verhaftet und ins Konzentrationslager Sachsenhausen deportiert. Er war damals Seminarist. In zwei KZs kam er mit Karl Leisner in Kontakt und lernte ihn kennen. Bischof Majdański mußte vom November 1942 bis April 1943 biochemische Versuche durch den SS-Arzt Dr. Schütz über sich ergehen lassen. Ein Krankenpfleger rettete ihn im geheimen vom sicheren Tod. 1945 wurde er vom Typhus angesteckt, der in Dachau wütete. Nach der Befreiung kam er nach Paris, wo er am 29. Juli 1945 zum Priester geweiht wurde. 1963 wurde er Bischof. Er nahm am Konzil teil. 1975 trat er als Zeuge im Prozeß gegen Dr. Schütz auf, den SS-Arzt von Dachau, seinen Folterknecht. Er legte ein wirkliches Zeugnis für seinen Glauben ab, als er Dr. Schütz in aller Öffentlichkeit verzieh und ihm die Hand gab. Seit dem 1. März 1979 ist Bischof Majdański Bischof von Szczecin-Kamień, dem früheren Stettin.

Einvernehmen zwischen diesen beiden jungen Leuten, die sich auf dem gleichen Weg befanden.

Das zeigte sich schon ganz zu Anfang, am Tag der Aufnahme des jungen polnischen Seminaristen ins Lager, der in einem Gefangenentransport mit zahlreichen anderen polnischen Geistlichen in Sachsenhausen ankam. Die Jahre zerrannen in dieser Hölle. Nach Sachsenhausen kam Dachau. Karl wurde Priester unter Aufgebot seiner letzten Kraft. Als Bischof Piguet von Clermont-Ferrand seine Hände auf das Haupt des Diakons Karl legte, um ihn zum Priester Christi zu weihen, war es Christus selbst, der an seinem Diener handelte. Menschlich gesprochen war das auf eine dramatische Art und Weise sichtbar. Aber das Drama vollzog sich schweigend. Seine Dimensionen waren zu gewaltig, um sie mit lauten Worten ganz ausloten zu können. Dann wurde auch die einzige und einzigartige hl. Messe in der Stille gefeiert. Und schließlich der Primizsegen, schweigend, über den Block der Polen.

War diese Begegnung die letzte? Man könnte es glauben. Und dennoch, Gott, der uns auf all unseren persönlichen und manchmal unerwarteten Wegen führt, ließ es diesmal anders geschehen.

Es kam sehr viel später zu einer erneuten Begegnung, als der polnische Seminarist schon lange Priester war. Diese Begegnung kam in Münster zustande, wohin der junge polnische Bischof eingeladen wurde, um für den Seligsprechungsprozeß als Zeuge auszusagen. Und dann wurde er gebeten, die Prozeßakten des Priesters Karl Leisner dem Präfekten der Römischen Kongregation zu übergeben.

Zu welchen Begegnungen wird es noch kommen? Es ist immer Zeit, an die Begegnung in der Ewigkeit zu denken. Nach vielen Jahren wird die Wirklichkeit einer solchen Begegnung immer mehr Gegenstand der christlichen Hoffnung. Und auf der Erde? Da gibt es auch den Gegenstand der christlichen Hoffnung, erfüllt von der barmherzigen Liebe unseres Herrn.

Die Heiligkeit der Menschen ist das Werk Gottes, und Gott ist es, der sie belohnt.

Wir dürfen ein neues unvorhergesehenes göttliches Handeln erwarten: «Meine Gedanken sind nicht eure Gedanken, und meine Wege sind nicht eure Wege — Spruch des Herrn. So hoch der Himmel über der Erde ist, so hoch erhaben sind meine Wege über eure Wege.» (Jes 55, 8-9)

+ Casimir Majdański

Zum Geleit

Der Mann Gottes in Ketten

Konzentrationslager Dachau, 17. Dezember 1944

Etwas Unglaubliches und Wunderbares ereignet sich an diesem Sonntagmorgen in der Baracke 26: Karl Leisner, der Strafgefangene mit der unerschöpflichen inneren Freude, seit fünf Jahren ein Trost seiner Kameraden im Unglück, der von Gott erfüllte Mann in Ketten, vergeistigt an diesem Höllenort durch seine frohe Zuversicht, wird durch einen französischen Bischof, der selbst seit Pfingsten desselben Jahres Gefangener ist, geheim zum Priester Jesu Christi geweiht.

Unter ihren Priestergewändern, durch Schmerzenshände angefertigt, tragen die beiden Jünger Christi ihre arme Sträflingskleidung mit den grauenvollen Streifen.

Karl ist schwer krank; er befindet sich am Rande der Erschöpfung. Vollkommen gleichförmig mit seinem Herrn Jesus Christus, der am Kreuz für uns starb, empfängt er die Priesterweihe. Die Ausstrahlung des jungen Diakons steht in einem geheimnisvollen Zusammenhang mit dem 3. Adventssonntag, dem Sonntag «Gaudete», der an diesem 17. Dezember gefeiert wird. Karls guter Blick, friedfertig, gereift im Leiden, verzehrt vom Fieber, dieser Blick ruht in der unwandelbaren Freude Christi. Wie sein Meister auf Golgotha erreicht auch sein Jünger das Ende des irdischen Lebensweges. Er hat nur noch neun Monate zu leben... Das Bild des hl. Ignatius von Antiochien scheint auf: das durch die Zähne der Löwen gemahlene Getreide, das zu reinem weißen Brot wird. Karl Leisner wird durch den Nazi-Baal zerrieben. Dieser befindet sich in einer verzweifelten Lage. Der Krieg geht seinem Ende zu...

Wer ist nun Karl Leisner, dieser in der furchtbaren Hölle von Dachau noch tiefe Freude ausstrahlende Gefangene? Was ist seine Botschaft für unsere Zeit?

1. Teil

Der Jugendführer

1.

An einem Sonntag während der Messe

Alle Glocken der Kirche Maria Himmelfahrt in Rees läuten an diesem Sonntag, 28. Februar 1915, um Viertel vor neun. Sie rufen die Christen der kleinen mittelalterlichen Stadt zum Hochamt. Die alte Stadt liegt am rechten Ufer des Niederrheins, nicht weit von der niederländischen Grenze entfernt.

Genau zu dieser Stunde kommt Karl Friedrich Wilhelm Maria Leisner zur Welt. Er ist das erste Kind der Familie, dem noch vier weitere Geschwister folgen. Die Eltern geben ihm den Namen «Karl», den Namen seines Großvaters väterlicherseits, der elf Tage vor seiner Geburt gestorben ist. Sein Vater, Wilhelm, 29 Jahre alt, stammt aus Goch, einer kleinen alten Stadt, ungefähr 20 km von Rees entfernt. Hier in Rees arbeitet er als Justizobersekretär beim Amtsgericht. Wilhelm Leisner ist ein sehr ordnungsliebender Mensch, gewissenhaft, ein Mann mit Grundsätzen, tief verwurzelt im katholischen Glauben, mit einem starken, energischen, manchmal aufbrausenden Charakter. Er ist ein Sohn des Nordens, wo Rhein und Meer am Horizont verschmelzen. Ein einfacher Beamter, der in der Nazizeit zu jenen mutigen Männern gehörte, die sich nicht von einer totalitären Macht, die sich das Recht über Leben und Tod ihrer Gegner herausnahm, korrumpieren ließen. Die Mutter, Amalie Falkenstein, 23 Jahre, stammt ebenfalls aus Goch. Sie wohnte in der gleichen Straße wie Wilhelm, ihr späterer Ehemann. Ein sanftes Wesen charakterisiert sie; sie ist liebenswürdig und gütig, besonnen und auf Ausgleich bedacht. Als Mutter und

Ehefrau findet sie ihre Lebenserfüllung; sie, die in einer tiefen Harmonie zwischen ihren Idealen und der Wirklichkeit lebt, gehört zu jenen Frauen, die die Seele ihrer Familie sind, die sie mit ganzer Hingabe lieben. Karl hängt voll Zärtlichkeit und Hochachtung an seinen Eltern, wobei er sich besonders mit seiner Mutter verbunden fühlt.

Das Ehepaar heiratete 1914 in Köln. Nach der Geburt ihres ersten Kindes lassen sie es einige Tage später, am 3. März 1915, in Maria Himmelfahrt taufen.

Seit sieben Monaten wütet in Europa der blutigste Krieg der Geschichte. An der Westfront, auf einer Länge von 750 km von Ypern bis Mülhausen, sind die Truppen einer Sturmflut von Eisen und Feuer ausgesetzt. Im Osten stehen die österreichisch-deutschen Truppen auf einer Linie vom Njemen bis zu den Karpaten den mächtigen Truppen des Zarenreiches gegenüber. Überall werden entlang dieser riesigen Front unzählige junge Menschen in grausamen, sinnlosen Schlachten niedergemetzelt.

Das Kind, das am Anfang dieses ersten weltweiten Konfliktes der Geschichte der Menschheit geboren ist, wird dreißig Jahre später selbst Opfer eines noch grausameren Krieges. Den Konflikten, die durch unterschiedliche politische Interessen entstanden sind, folgt der unerbittliche und unversöhnliche Widerstreit der Ideologien. Diese brandmarken unser Jahrhundert, indem sie eine blutige Spur von mehreren hundert Millionen Opfern hinterlassen. Karl ist eines von ihnen.

*

*　　*

Während seiner beiden ersten Lebensjahre bleibt die Familie Leisner in Rees. Karl ist ein aufgewecktes, ausgelassenes Kind, sprühend vor Lebensfreude. Eine Besonderheit fällt auf: Karl hat hellwache Augen, die ein verborgenes Licht ausstrahlen, das alle, die ihn kennen, beeindruckt.

Nach der Kriegserklärung wird Wilhelm Leisner überraschenderweise in ein bayrisches Regiment eingezogen. 1916 verwundet an der Westfront, ist er für den Militärdienst nicht mehr tauglich. Nach seiner Genesung wird er dann als Ausbildungsoffizier nach Immenstadt in Bayern versetzt.

1916 wird das zweite Kind der Familie geboren, ein Junge, der den Namen Willi bekommt. 1917 zieht die Mutter mit den beiden Kindern zum Vater ins bayrische Allgäu, wo sie bis November 1918 in einer Mietwohnung unterkommen. Eine Tochter, Maria, kommt hier 1917 zur Welt.

November 1918. Die Dreier-Allianz bricht auf dem Schlachtfeld zusammen. Kaiser Wilhelm II. dankt am 19. ab. Zwei Tage darauf wird in Österreich die Republik ausgerufen, und auch der österreichische Kaiser muß abdanken, dessen Vielvölkerstaat auseinanderbricht.

Nach dem Waffenstillstand kehren Wilhelm und Amalie Leisner mit ihren drei Kindern nach Rees zurück, und Wilhelm Leisner arbeitet wieder in seinem alten Beruf. Wie überall geht das Leben auch in der kleinen niederrheinischen Stadt nach dem Trauma der Katastrophe weiter. 1919 kommt ein viertes Kind, Paula, zur Welt.

Abgesehen von dem Lichtblick der Jahre 1924-1929 wartet eine lange schwerzvolle Zeit auf Deutschland. Sie mündet ein in das Abenteuer mit Hitler, das Deutschland zur apokalyptischen Vernichtung von 1945 führt.

Die Tragödie Deutschlands wird auch zur Tragödie für Karl Leisners kurzes und leidenschaftliches Leben.

In Rees geht der kleine Junge bald in den Kindergarten. Er erinnert sich auch später immer noch an die Rolle des hl. Petrus, die er 1920 in einem Theaterstück gespielt hat: das lange weiße Kleid und die Sandalen für den Weg, um das Evangelium zu verkünden; in seiner Hand die Schlüssel des Himmelreiches, die Christus dem ersten seiner Apostel übergeben hat. So wird das Kind schon sehr früh mit der Bilderwelt des christlichen Glaubens vertraut gemacht.

Eine amüsante Geschichte aus dieser Zeit zeugt von Karls Phantasie und seinem ausgeprägten Sinn für die eigene Würde. Eines Tages — er ist fünf Jahre alt — schickt ihn seine Mutter zum Bäcker, um Hefe zu kaufen. Unterwegs vergißt er, wieviel Hefe er mitbringen soll. So verlangt er beim Bäcker ein halbes Pfund, das Gewicht für Butter und Wurst, die er manchmal einkaufen geht. 50 oder 100 Gramm Hefe sind das Normale, und die Bäckersfrau antwortet ihm, daß ein halbes Pfund viel zu viel sei. Und sie schickt den kleinen Jungen wieder nach Hause, damit er von neuem nach dem Gewicht fragt. Karl geht hinaus, wartet einen Augenblick, kommt dann zurück und verlangt froh und unbefangen «ein ganz kleines halbes Pfund Hefe»...

2.
Das Kind aus Kleve

Rees ist Karls Geburtsort, aber seine «Heimat» wird diese Stadt nicht. Mit dem Begriff «Heimat», also mit dem Ort, der ihn an dic unbeschwerten Jahre der Kindheit erinnert, verbindet er in späteren Jahren eine kleine romantische Stadt, wo Lohengrin leidenschaftlich den Gral gesucht hat. 1921 wird Wilhelm Leisner Rentmeister an der Gerichtskasse in Kleve, das 25 km von Rees entfernt liegt. Sein Büro hat er in der berühmten Schwanenburg, der alten Residenz der Herzöge von Kleve.

1923 wird Elisabeth, das fünfte und letzte Kind der Familie Leisner, geboren. Sie bewohnen zunächst die erste Etage eines Mietshauses in der Triftstraße 107. 1929 ziehen sie in die Flandrische Straße 11. Wilhelm Leisner erwarb hier ein eigenes Haus. Der Kauf bedeutet für die junge Familie eine schwere finanzielle Last angesichts des mittleren Beamtengehaltes, über das als einzige Geldquelle verfügt werden kann. Karl wird nicht mit der Mark, sondern immer mit dem Pfennig rechnen müssen.

Kleve — abgeleitet von Kliff, felsige Böschung — ist eine kleine Stadt inmitten von Wäldern und Hügeln. Diese sonderbaren Hügel inmitten ausgedehnter Ebenen sind Überreste von Gletschern, von länglichen Moränenkuppen, die im Mittelalter als Schutz- und Verteidigungswälle genutzt wurden. Deshalb schmiegen sich die Häuser der Altstadt rund um die Schwanenburg wie die Küken um eine Henne. Zunächst eine Residenz der Grafen, dann der Herzöge von Kleve, diente das Schloß, auf der Anhöhe gelegen, vom zehnten Jahrhundert an als Stammsitz der herzoglichen Familie, bis diese 1609 erlosch. Das Herzogtum fiel an das Haus Brandenburg, und die Verwaltungssprache wurde nun Deutsch in dieser niederrheinischen Stadt, in der man bisher nur Niederländisch redete. Die Stadt der Herzöge dient anderen europäischen Städten als Vorbild, was die Anlage seiner Gärten und Parks betrifft, angefangen von Versailles bis zur berühmten Lindenallee in Berlin, einer getreuen Kopie der Lindenallee von Kleve im großen.

In dieser wunderschönen Hauptstadt eines kleinen Herzogtums, geschichtsträchtig und poesievoll, liegen die Wurzeln Karl Leisners. Zu seiner Identität, die er in seiner Familie und im christlichen Glauben gefunden hat, kommt als dritter Gesichtskreis seine Heimatstadt Kleve hinzu. Deutschland ist der vierte, Europa der fünfte..., bis hin zur Universalität, die jedem Jünger Christi eigen ist; er ist Bruder aller Menschen, aus Ost und West, aus Nord und Süd. Katholisch bedeutet universal, und Karl ist bis in die letzte Faser seiner Seele, mit der ganzen Kraft seines Glaubens davon durchdrungen. Dies wird ihn nach Dachau bringen und zum äußersten Opfer...

In Kleve weitet sich Karls innere Welt und bringt sein Wesen zur Entfaltung. Während seiner ganzen Kindheit und Jugendzeit besteht zwischen diesem sensiblen und strahlenden Jungen und seiner schönen, geheimnisumwitterten Heimatstadt eine tiefe Verbundenheit. Wie junge Wölfe, trunken von der Weite, laufen seine Kameraden und er bei Wind und Wetter durch den Reichswald, einen riesigen und prachtvollen Wald, der die kleine Stadt umschließt. Später durchzieht er ihn an der Spitze von Jugendgruppen, die von seiner Energie und Freude fasziniert sind.

3.
Ein ungewöhnlicher Geistlicher

Als Karl aufs Gymnasium kommt, ist dort ein außergewöhnlicher Seelsorger tätig, der einen sehr starken Einfluß auf ihn ausübt und ihn prägen wird. Im Kontakt mit ihm wird bald Karls Naturtalent als Jugendführer und Organisator offenbar.

Walter Vinnenberg — der Dr. Vinnenberg, wie er auch ein wenig ehrerbietig genannt wird — ist einer jener von Lebensfreude sprühenden, phantasievollen, unternehmungslustigen, pädagogisch sehr begabten jungen Priester, die die Gabe besitzen, bei Jugendlichen Begeisterung zu wecken.* Die Jugendlichen bewundern ihn auch wegen seiner sportlichen Leistungen, besonders wegen seines Geschicks am Barren, denn Dr. Vinnenberg unterrichtet gleichzeitig Sport und Religion. So ist er ganz offiziell damit beauftragt, sowohl etwas für den Körper als auch für die Seele seiner Schüler zu tun. Er versteht es, junge Menschen so zu formen, daß sie sich wohl in ihrer Haut fühlen, daß sie verantwortliche Persönlichkeiten werden, mit starkem Charakter, offen und freundlich anderen gegenüber, wer auch immer sie seien. Dr. Vinnenberg vertraut seinen Jugendlichen, er überträgt ihnen Verantwortung und überläßt ihnen bald schon die Initiative. Wenn er mit ihnen spielt, singt, auf Fahrt geht oder im Zeltlager ist, versteht er es hervorragend, sie im geeigne-

---

* Dr. Vinnenberg hat bis Ende der sechziger Jahre, bis fast an sein Lebensende, sein Apostolat bei den Jugendlichen weitergeführt. 1989 hat eine junge 33jährige Ärztin von dem außergewöhnlichen Einfluß berichtet, den er auf sie und ihre Freundinnen 20 Jahre früher ausgeübt hat.

ten Augenblick auf den tieferen Sinn des Lebens aufmerksam zu machen.

Die pädagogische Vorgehensweise dieses jungen Priester ist von der des «Quickborn» und der «Wandervögel» inspieriert, zwei Jungendbewegungen, die im deutschen Katholizismus Einfluß hatten, wobei sie besonders die Notwendigkeit betonen, in den alltäglichen Realitäten des persönlichen Lebens und des sozialen Verhaltens die Prinzipien des Evangliums zu befolgen. Der Quickborn, gegründet 1909 in Schlesien, bemüht sich um eine strenge körperliche, moralische und spirituelle Bildung. Der Quickborn war eine rein katholische Gründung, die von Romano Guardini ihre geistige Gestalt erhielt. Er verlangt von den Jugendlichen den Verzicht auf Nikotin und Alkohol. In der religiösen Erziehung liegt der Schwerpunkt auf der Liturgie, die er dem geistigen Niveau der Jugendlichen anpaßt. Die Liturgie ist ja Feier der Verehrung Gottes in der Gemeinschaft. Der «Quickborn» wurde von Bernhard Strehler (1872-1945) dem Pfarrer von Charlottenbrunn (Schlesien) gegründet und geleitet. Während der zwanziger Jahre haben zahlreiche Treffen, Klausuren und Bildungsveranstaltungen auf der Burg Rothenfels bei Würzburg den Glauben eines Teils der deutschenkatholischen Jugend stark gefestigt. So geistig stark geworden und körplich abgehärtet, bieten später viele dieser Jugendlichen den Hitlerregime schonungslos die Stirn.

Karl gehörte eine Zeit lang zum Quickborn und hat an Bildungsseminaren in Rothenfels teilgenommen. Er gehörte auch zu den «Wandervögel». Diese Gruppierung wurde 1901 von einem Gymnasiasten aus Steglitz gegründet. Die Wandervögel gehen auf Fahrt, spielen Theater, organisieren Feste, schöpfen aus dem großen Repertoire der Volkslieder. Ein feines Gespür für Kameradschaft und Solidarität kennzeichnet sie. Diese beiden Bewegungen werden 1933 von den Nationalsozialisten verboten.

Karl ist zwölf Jahre alt, als Dr. Vinnenberg ihm eines Tages vorschlägt, eine Jugendgruppe zu gründen. Zusammen wollen sie auf Fahrt gehen, Spiele organisieren, zelten, das Leben in der

Natur beobachten lernen. Sie wollen sich die frische Luft des Reichswaldes um die Nase wehen lassen und Neues kennenlernen, über die Hügel von Kleve hinaus. Dr. Vinnenberg stößt bei Karl sofort auf begeisterte Annahme.

So versammeln sich am 22. Februar 1927 in einem kleinen Lokal fünf Jugendliche, alle zwölf Jahre alt, unter ihnen Karl. Er übernimmt das Amt des Schriftführers; muß das Sitzungsheft führen und den Versammlungsbericht niederschreiben. Dieses Verfahren ist kein Formalismus, sondern dient der Bildung. Wir verdanken dem Respekt vor dem Buchstaben Karls Tagebuch, ein kostbares Dokument, das die Geschichte seines inneren spirituellen Kampfes erzählt. Das Tagebuch ist tatsächlich direkt aus dem Berichtsheft von 1927 hervorgegangen. An diesem 22. Februar sind sic zusammengekommen um zu singen; Dr. Vinnenberg erzählt eine Geschichte, und sie diskutieren über eine Fahrradtour. Sie wollen zusammen zum Teufelsberg fahren. Als Abschluß ein Lied und ein Gebet. Mit diesem kurzen Bericht, den Karl noch ungeschickt als Anfänger formuliert hat, beginnt das Tagebuch Karl Leisners. Er wird es erst einige Tage vor seinem Tod wieder schließen. Wer die 27 Hefte dieses Tagebuches durchblättert, macht sich auf den Weg, einen der großen Menschen dieses Jahrhunderts in einem immer neuen Licht zu entdecken.

Die Treffen finden nun wöchentlich oder alle 14 Tage statt. Die Jugendlichen treffen ihre Entscheidungen nach gemeinsamen Diskussionen und wenn nötig, stimmen sie ab. Dr. Vinnenberg schlägt ihnen Diskussionsthemen vor und empfiehlt ihnen, entsprechende Aufsätze zu lesen, um ihre Ideen und Vorstellungen zu klären. So gibt er ihnen im März 1928 das Thema: «Warum ich keinen Alkohol trinke.» Nichts ist einfacher, sagt sich der Geistliche, als den Heranwachsenden vor ein weißes Blatt Papier zu setzen, um ihn dazuzubringen, über sich selbst nachzudenken und sich so besser kennenzulernen. So wird der Jugendliche auch bald verstehen, daß die Fragen selten einfach zu beantworten sind: Man muß sie unter allen Blickwinkeln prüfen, das Für und Wider abwägen, jede vorgefaßte Meinung aufgeben. Karl kommt hier zu einem ersten freiwilligen Kontakt mit der objektiven Prüfung einer Frage oder eines Ereignisses. Sein Tagebuch ist voll von Beispielen, die von dieser Methode beeinflußt sind. Mit dem Glauben als Grundlage macht ihn die objektive Methode der Analyse völlig unempfänglich für jede ideologische Vereinnahmung.

Der Geistliche will keine Charaktere heranbilden, die ohne eigene Initiative nur starr nach vorgegebenen Vorschriften denken und handeln können. Vorgreifend auf Praktiken, die erst ein halbes Jahrhundert später üblich sind, läßt er sich bald innerhalb der Gruppe duzen und mit seinem Vornamen anreden. Die Gruppe zählt nach kurzer Zeit ein Dutzend Mitglieder, bis sie einige Jahre später 150 sein werden.

Dr. Vinnenberg — für die Gruppe einfach Walter — macht sie mit dem Kasperletheaterspielen vertraut. Sie bauen selbst ein Theater auf, basteln die Figuren und erfinden Stücke. Mit Herzensfreude lassen sie beim Spiel ihrer Phantasie freien Lauf. Bald werden sie so geschickt, daß sie Aufführungen veranstalten können, sowohl zu ihrem eigenen Vergnügen als auch mit Blick darauf, ein wenig Geld für ihre Fahrten zusammenzubekommen. Am Ende jeder Aufführung geht einer von ihnen mit dem Hut unter den Zuschauern herum. Das gesammelte Geld wird bei der Sparkasse auf einem Konto mit dem Namen «Gruppe St. Werner» eingezahlt. St. Werner ist eine Bezeichnung, auf die sie sich beim zweiten Treffen nach einer Abstimmung verständigen und die sie später beibehalten.

Bei all dem herrlichen Einfluß, den Dr. Vinnenberg auf Karl ausübte, darf man jedoch nicht den ebenso tiefen Einfluß übersehen, den Karls Religionslehrer, Dr. Bernard Peters, auf seine Schüler ausstrahlte, und ganz besonders auf den recht aufgeschlossenen und religiös empfindsamen Karl. «Der selige Karl Leisner hat ihm ganz viel zu verdanken», äußert sich Pater Josef Vermeegen, Freund und Mitschüler von Karl. «Wenn man Karl in seiner frohen, katholischen Weite verstehen will, ist dieser Einfluß maßgebend. Er trug wesentlich dem geistigen Wachsen Karls bei.»

4.
Erste Fahrten

Vom Anfang an sind die Fahrten für die Jugendlichen das große Ereignis. Karl berichtet über sie sehr ausführlich. Die zunächst in der dem Genre eigenen Trockenheit abgefaßten Berichte verwandeln sich vom zweiten Jahr an in Erzählungen, die mit einer für einen 13jährigen Jungen bemerkenswerten Kunst und Ausdrucksfähigkeit die markanten Details festhalten. Auch der Humor fehlt dabei nicht. Bei einer ihrer Fahrten mußte die Gruppe die Nacht in einem Stall neben den Kühen verbringen, da sich nichts Besseres fand. «Da waren Klatschkäse und Niagara-Fälle», so die Notiz Karls dazu in seinem Tagebuch.

Die Ausflüge dauern manchmal mehrere Tage. Sobald die Gruppe zusammengewachsen ist, gehen sie im Winter einmal, im Sommer zweimal im Monat auf Fahrt. In die Pedalen zu treten macht hungrig. Im Tagebuch von 1927 bis 1936 finden wir so oftmals Anspielungen auf die Mahlzeiten. Aber auch die geistige Nahrung wird bei den Fahrten niemals vergessen. Sie beginnen immer mit einer Messe bei Tagesanbruch. Wenn Dr. Vinnenberg sie begleitet, feiern sie auch täglich Eucharistie. Ob mit oder ohne ihn, sie sind mit Gott im Gespräch, beten morgens und abends sowie bei Tisch zu Beginn und am Ende der Mahlzeit. Meistens begleitet Dr. Vinnenberg die Jungen bei ihren Fahrten. In den Erzählungen wird deutlich, daß der Höhepunkt des Tages die Meßfeier ist. Wenn Karl davon schreibt, wird vor Freude ein leichtes Zittern in seiner Schrift bemerkbar.

Auf ein Fahrrad steigen, mit Kameraden zu Abenteuern aufbrechen, das Zelt aufschlagen, Landschaften und Leute kennenlernen, die Menschen und ihre Berufe, ihre Lebensbedingungen, Herausforderungen annehmen, Hindernisse besiegen, sich selbst überschreiten und gleichzeitig andere Jugendliche auf einen Weg des Lichts führen: das alles bieten die Fahrten. Karl erlebt hier seine schönsten Stunden.

Die kleine Gruppe beginnt, immer weitere Ausflüge zu unternehmen. Zunächst nur einen Steinwurf von Kleve liegt ihr Ziel, aber im Laufe der Monate und Jahre immer weiter entfernt, und sie werden immer ehrgeiziger. Fahren sie anfangs mit dem Rad in den Reichswald, in nahegelegene Dörfer auf der Suche nach neuen Möglichkeiten für ihre Spiele, so befinden sich Karl und seine Kameraden Ostern 1927 vor der «Münze», wo im Mittelalter Geld geprägt wurde. Sie fahren dann zu den «Sieben Quellen», vier Kilometer von dort und üben Speerwurf, bis ein Regenschauer sie überrascht. Schließlich stoßen andere Jugendliche, die von Dr. Vinnenberg eingeladen wurden, zu ihnen. Zusammen veranstalten sie Rennen, Bockspringen und unternehmen verschiedene Spiele.

«Wie die Zeit so schnell vergeht!», notiert der junge Chronist. Karl ist an derselben Schule wie Walter Vinnenberg. Mit diesem gibt es keine tote Zeit, keine Trägheit. Die Aktivität, der Elan, die Energie, die ständige Bewegung, die er um sich verbreitet, ist erstaunlich. Es ist kaum vorstellbar, in seiner Begleitung untätige Jugendliche zu sehen, die Maulaffen feilhalten. Durch sein großmütiges Wesen überträgt sich der Eifer, der ihn beseelt, auf die anderen. Karl ist bei ihm in einer guten Lehre. Dr. Vinnenberg bleibt nur ein Jahr in Kleve, denn er wird 1929 nach Münster versetzt, aber den Kontakt zu seinen Schülern aus Kleve hält er aufrecht, und Karl wird die Verbindung zu ihm nie auflösen.

Am 10. Juni 1927, weniger als vier Monate nach Bildung der Gruppe St. Werner, führt sie der Weg nach Materborn. Hier dann Lagerfeuer und Gemeinschaftsküche. Wie gut schmeckt der Grießpudding, auch wenn er etwas angebrannt ist. Weil ein

Kamerad, Ansems, der sich ein Bein gebrochen hat, an diesem Tag nicht mit dabei sein kann, besuchen ihn die Ausflügler auf dem Rückweg.

Nach vier Monaten wächst der Ehrgeiz der Gruppe immer mehr. Am Johannistag nehmen sie an einer Versammlung auf der Burg Ranzow, einstiger Besitz des Hauses Nassau-Siegen, teil. Sie spielen dort Fußball und führen komische Stücke auf, die von ihnen selbst geschrieben worden sind. Ein wichtiger Akt ist die Aufnahme von neuen Gruppenmitgliedern. Danach wird das Johannisfeuer entfacht. Die Flammen steigen zum Himmel empor, begleitet von dem Lied «Flamme empor!» Mädchen tanzen um den Maibaum. Romantische Gedichte mit schönen Reimen werden vorgelesen. Und als die Flammen nicht mehr so hoch schlagen, beginnen die Jungen, um das Feuer herumzuspringen, um schließlich allen Mut zusammenzunehmen und durch die Feuerfunken über die schwächer gewordene Glut zu springen. Der Abend endet mit laut schallenden Heil-Rufen, bevor sie nach Kleve zurückfahren. «Wieder einmal ein schöner Tag», notiert Karl.

Die volkstümliche Bezeichnung der Monate, die der junge Chronist anfangs in seinem Tagebuch verwendet — Lensing, Scheiding, Gilbhardt usw. —, gibt seinen Berichten eine mittelalterliche Färbung. Am vierten des Gilbhardt (Monat Oktober) fährt die Gruppe nach Zyfflich. In dem Nachbardorf Mehr, wo Kirmes ist, werden sie von Pfarrer Wibbelt, einem leidenschaftlichen Botaniker, freundlich empfangen. Er zeigt ihnen seinen Garten. Karl und seine Kameraden bewundern den herrlichen kleinen Rosengarten und die seltenen Pflanzen, die sie noch nie vorher gesehen haben. Dann nimmt der Pfarrer sie ins Pfarrhaus mit, dessen schöne Einrichtung sie beeindruckt. Sie essen «schrecklich köstliche» Äpfel. Auf dem Rückweg bleibt ihr Kamerad Söhni im Gasthaus zum Kuckuck in Donsbrüggen hängen. Dr. Vinnenberg wird ihm ordentlich den Kopf waschen...

In der Zwischenzeit kaufen sie sich eine Flöte, wozu sie eine kleine Summe von den bescheidenen Ersparnissen von ihrem Konto abheben. Da Karl musikalisch ist, beherrscht er das

Instrument rasch. Wie ein neuer Rattenfänger von Hameln bezaubert seine Flöte keine kleinen Nagetiere, sondern seine Kameraden. Wo er sie auch hinführt, sie folgen ihm gern, denn mit Karl langweilt man sich nie. Ein Ausflug mit ihm ist immer eine Garantie für neue Entdeckungen. Nach dem Weggang Dr. Vinnenbergs ist er bald Mitte der Gruppe, bis er der Führer aller Gruppen in Kleve, dann des Bezirks Kleve und schließlich der ganzen Diözese wird.

Vor dem gnadenlosen Zusammenstoß mit dem Naziregime spielt Karl oft mit seinen Kameraden Räuber und Gendarm. So teilen sich die jungen Krieger am Fuß des Schwanenturms in zwei feindliche Lager. Eine der gegnerischen Parteien zieht sich hinter den Puhl, einen Weiher, wo die Rehe zur Tränke kommen, zurück, die andere geht zum Angriff über.

Karl leitet das Spiel, das sich über vier Stunden hinzieht, aber keines der beiden Lager kann das Spiel für sich entscheiden. Als der Kampftag vorüber ist, marschieren die gegnerischen Lager im Gleichschritt über die Straße nach Kleve. Es ist Nacht, als sie erschöpft, aber glücklich heimkehren.

Am Gründonnerstag 1928 verfaßt Karl — er unterstreicht es ganz stolz — seinen 50. Bericht. Er ist erst 13 Jahre alt. Welcher Wandel in einem Jahr! Das ist nicht mehr die spröde Beamtensprache wie zu Beginn. Der Inhalt offenbart nun vielmehr einen entschlußkräftigen Charakter voller Frische, und oft finden sich auch humorvolle Bemerkungen. Die Seiten spiegeln die frohe Natur des Chronisten wider.

An diesem Gründonnerstag beginnt eine große Tour mit dem Fahrrad und dem Zug unter Leitung Dr. Vinnenbergs. Die Fahrt ist gut vorbereitet. Nichts fehlt in den Rucksäcken, weder die Taschenlampe noch der Verbandskasten.

Um sieben Uhr treffen sie sich in der Stiftskirche zur «Messe mit Kommunion». Anschließend geht es mit dem Zug nach Aachen. In Monschau verbringen sie die zweite Nacht in der Scheune des Paulus-Hofes. Am darauffolgenden Tag besichtigen sie den Urft-Stausee, den die Ausflügler mit ihren ganzen 13 Jahren wie ein Weltwunder bestaunen.

Das große Ziel dieser Ostertage ist Nideggen, ein Luftkurort, der für seine Kneipp-Kuren, seine Festungsanlagen und seine romantische Burg bekannt ist. Sie beabsichtigen, in der Jugendherberge zu übernachten. Da aber alle Plätze belegt sind, bleibt noch einmal als Notlösung eine Scheune, wieder zusammen mit Wiederkäuern.

Aber was macht das schon! Am Ostermorgen wäscht man sich gründlich, zieht neue saubere Wäsche an, bürstet seine Kleider, um zum morgendlichen Gebet und zur Messe in die alte gotische Kirche zu gehen, deren Gewölbe seit sieben Jahrhunderten von den Lobgesängen der Gläubigen widerhallen. Dann organisiert Karl als Verantwortlicher der zwölfköpfigen Gruppe das Essen, «um die Raubtiere zu füttern». Am Nachmittag vergessen sie nicht, die Vesper zu besuchen. Am nächsten Tag geht es dann mit dem Zug nach Hause zurück. Ein fünfstündiger Aufenthalt in Köln ermöglicht ihnen eine schnelle Besichtigung dieser alten Stadt, die seit zwei Jahrtausenden ein kulturelles Zentrum im Rheinland ist. Abends erlebt Kleve dann das Schauspiel einer kleinen Truppe, die vor Freude strahlt — und kaum noch laufen kann...

5.

Der Anfang seines Tagebuches

Mit dieser Erzählung schließt das erste Heft des Tagebuches Karl Leisners, das er mit «Chronik von St. Werner in Kleve» überschrieben hat. Schon diese Überschrift zeigt, daß Karl mehr leistet als es Aufgabe eines einfachen Schriftführers gewesen wäre, der lediglich mit der Abfassung von Rechenschaftsberichten betraut ist. Dennoch unterzeichnet er diesen fünfzigsten und letzten Bericht, indem er seiner Unterschrift das Wort «Schriftführer» hinzufügt.

Am 22. Mai 1928 beginnt er sein zweites Heft, das er «Mein Tagebuch» nennt. Seit Frühlingsanfang ist etwas Wichtiges in ihm vorgegangen. Von der ersten Seite an ist man von der Klarheit und Regelmäßigkeit seiner Schrift überrascht. Er greift die Erzählung vom Osterausflug wieder auf. Während sie im ersten Heft drei Seiten umfaßt, nimmt sie dieses Mal ungefähr zehn Seiten in Anspruch und ist mit Fotos und Postkarten bebildert. Mehrere Episoden sind hinzugekommen, vor allem feierliche Zeremonien. Karl ist gleichzeitig Schriftführer und Führer der Gruppe. Er hat an der Ausarbeitung der Berichte Gefallen gefunden. Es ist deutlich erkennbar, daß er sich darum bemüht, den Inhalt und die Form dem Ernst, den er seinen Aktivitäten beimißt, anzupassen. Die Schrift spiegelt diese Entschlossenheit wider. Das Tagebuch Karl Leisners ist geboren. Ein seltenes Dokument über die Entwicklung eines Menschen von der Unruhe und den Fragen des Heranwachsenden bis zum Kreuz des jungen Priesters, dessen Todeskampf beginnt. Die Woche über in der Schule ist Karl zwar kein Arbeitstier, aber ein guter Schüler, dem es leicht fällt zu lernen und der nicht immer voll gefordert ist und seine volle Energie außerhalb der Schule entfaltet.

Sein Wissensdurst, sowohl im schulischen Bereich als auch außerhalb der Schule, ist nicht zu stillen. Ständig ist er bemüht, hinter die Dinge zu sehen, sie zu verstehen. Oft erkundigt er sich bei Eltern, Lehrern und Priestern. Dabei versteht er schon sehr früh, wie das Tagebuch bezeugt, sich nicht vom äußeren Glanz einer Sache blenden zu lassen, sondern deren wahren Wert zu erkennen.

Bei seinem unermüdlichen Suchen und Forschen fällt seine große Unbefangenheit und Fröhlichkeit auf. Dies ist eine Gabe Gottes, die Karl nie verlieren wird. Sein offenes, frohes Wesen öffnet ihm die Herzen der Menschen wie durch Zauberei.

Karl besitzt eine besonders für junge Menschen außergewöhnliche Gabe. In seinem Verhalten, in seinen Beziehungen zu seinen Kameraden erweist er sich als ausgesprochener Pädagoge. Diese angeborene Begabung kommt durch den Kontakt mit Dr. Vinnenberg zur vollen Entfaltung. Wie ein guter Lehrer entwickelt Karl schon im Alter von 13 Jahren die Fähigkeit, seine Kameraden auf dem schwierigen Lebensweg zu einer großen Reife des Körpers, der Seele und des Geistes zu führen, wie sie der göttlichen Bestimmung des Menschen entspricht.

Um seine große pädogogische Begabung voll entfalten zu können, muß Karl sehr hart an sich arbeiten, er muß sich bis in die dunkelsten Ecken seines Herzens und seiner Gedanken selbst kennenlernen. Dazu dient ihm sein Tagebuch: Am 22. Februar 1927 mit dem Rechenschaftsbericht der ersten Sitzung mit Dr. Vinnenberg eröffnet, wird er es erst am 25. Juli 1945 mit dem wunderbaren Satz «Segne auch, Höchster, meine Feinde» schließen, der einen Schlußpunkt setzt auf seinem Weg zu einem heiligmäßigen Leben. Zu diesem Zeitpunkt hat er nur noch 18 Tage zu leben.

Die Berichte der Gruppenstunden werden im Laufe der Monate und schließlich der Jahre mit kleinen Episoden ausgeschmückt, die sich während der Ausflüge ereignet haben und die die Eintönigkeit des Schulalltags unterbrechen. Das Interesse Karls richtet sich schon bald auf Ereignisse außerhalb der abgeschlossenen Welt der Schule und der Gruppe. Mit 14 interessiert er sich, anläßlich einer Fahrt nach Berlin, besonders für den Reichstag. Er zeichnet den Sitzungssaal, setzt sich dort auf den Stuhl von Wirth, dem Mathematiker aus Freiburg, einem Abgeordneten des katholischen Zentrums, der 1921-22 deutscher Kanzler gewesen ist. Dann geht er zu dem Platz von Stegerwald, dem Gründer der christlichen Gewerkschaften, der 1929 preußischer Regierungschef war. Er entfernt Tintenflecken auf dem Platz von Thälmann, dem Führer der deutschen kommunistischen Partei. Thälmann wird 1944 in Buchenwald ermordet, während Karl zur gleichen Zeit schwerkrank in Dachau liegt. Sein Interesse für politische Zusammenhänge zeigt sich auch darin, daß er Zeitungsausschnitte, z.B. über die Konferenz von Den Haag über die Reparationszahlungen, sammelt und in sein Tagebuch einklebt. Im Dezember 1929 notiert Karl, daß Nuntius Pacelli, der zum Kardinal und Kardinal-Staatssekretär ernannt worden ist, Deutschland verläßt. Er schreibt mit einer sonderbaren Voraussicht: «Eugen Pacelli ist ein großer Freund Deutschlands, vielleicht wird er der nächste Papst?» So wird es zehn Jahre später eintreffen...

Im Tagebuch finden sich immer häufiger mehr persönliche Eintragungen, die eine Entdeckung, ein Innehalten, ein flüchtiges Staunen verraten. Karl, der in seinem Wesen Aktion und Kontemplation vereint, enthüllt auf den Seiten dieses einzigartigen und bewegenden Dokuments seine erstaunliche Reife ebenso wie eine innere Ruhe, die er nie ganz verliert und die er auch nach einem Einbruch bald wieder gewinnt.

Dieser rasche innere Reifungsprozeß verändert auch seine Schrift. Aus den verschnörkelten, abgezirkelten, manchmal auch ungeschickten Schriftzügen des ersten Jahres wird ab dem Frühjahr 1928 — Karl ist 13 Jahre alt — eine regelmäßige, harmonische Schrift von sehr persönlichem Charakter. Die Veränderung der Schrift offenbart, daß etwas Wesentliches in ihm geschehen ist. Er ist, fast plötzlich, zu einer für sein Alter ungewöhnlichen Reife gelangt, und eine verborgene Dimension seines Wesens ist ihm bewußt geworden: die Wirkmächtigkeit der Gnade Gottes in seinem Leben. Karl hat sich nach reiflicher Überlegung dieser Gnade anvertraut, die den Menschen mit des Menschen Hilfe umformt, um nach und nach ein Abbild Gottes aus ihm zu machen. Diesem Prozeß der radikalen Umwandlung unterwerfen sich nur außergewöhnliche Menschen. Das Tagebuch Karl Leisners enthüllt diesen spirituellen Kampf seiner Seele, aber auch sein großes schriftstellerisches Talent. Die präzise Wortwahl, die Dynamik seiner Sätze, seine Art, Akzente zu setzen, hätte ihn sicher als Schriftsteller Karriere machen lassen. Aber sein Weg führt ihn nicht in diese Richtung, sondern allmählich in das Dunkel der Kreuzesnachfolge.

Die ungewöhnliche Reife keimte im geheimen Innern des jungen Mannes. Im Äußerlichen Verhalten merkte man kaum eine Veränderung. Dazu schreibt Lomme, ein Gefährte Karls im Konvikt: «Karl fiel oft wegen seines Gebahrens auf. Er schritt mit seinen Nagelschuhen polternd über den Flur, daß es nur so krachte. Das rief Proteste der Theologen hervor. Karl war sofort bereit, sich zu entschuldigen, änderte sein Verhalten aber nicht. Ich entsinne mich, daß ein Kursusgenosse, der ihm nachschaute, zu mir sagte: «Der Karl ist ein großer Junge.» Von einem anderen Kursusgenosse, der jetzt schon verstorben ist, hörte ich einmal, daß Karl bei einem Besuch mit einer Jugendgruppe in seinem Elternhaus ein so albernes und ausgelassenes Wesen an den Tag gelegt habe, daß er sich vor seinen Angehörigen schämen mußte. Karl war damals etwa 20 Jahre alt. Man hat diesen Zustand nach dem Krieg in der pädagogischen Literatur («Katechetische Blätter») «Körperliche Frühreife und seelische Spätreife genannt». Die volle Reife hat Karl während seiner Krankheit und in der Haft erlangt. Karls Gebetsleben war sehr echt und intensiv. Oft blieb er nach der Betrachtung noch lange Zeit in der Kapelle zum Gebet zurück. Das kann ich klar bezeugen.»

Spielt und spiegelt sich nicht im inneren Leben das Wesentliche? Sind die ausgelassenen Gebärden eines 20jährigen Jugendführers und seiner Gruppe, die ab und zu auch mal den Löwen loslassen, nicht ein Zeichen des Frohsinns und somit eine natürliche Erscheinung?

6.
Kevelaer

In der Spiritualität Karl Leisners liegt ein starker Akzent auf der Verehrung Mariens. Nur 26 Kilometer von Kleve entfernt befindet sich einer der bedeutendsten Marienwallfahrtsorte in Deutschland: Kevelaer. Oft fährt Karl, allein oder mit seinen Kameraden, mit dem Fahrrad dorthin, um in der sechseckigen Kapelle zur Mutter Gottes zu beten. In der katholischen Bevölkerung seiner Heimat wird Maria besonders verehrt, so auch in Karls Familie. So lernt Karl schon sehr früh verschiedene Formen der Marienverehrung kennen. Mit sieben Jahren macht er seine erste Wallfahrt von Kleve nach Kevelaer. Der kleine Junge trottet zwischen seinem Vater und seiner Mutter und fühlt eine große Freude unter all den Menschen, die zur «Trösterin der Betrübten» pilgern.

Die erste im Tagebuch festgehaltene Wallfahrt nach Kevelaer macht Karl am 7. September 1928 zusammen mit seiner Mutter, seinem Bruder Willi, seiner Schwester Maria und mit Ferdinand, einem Bruder seiner Mutter. Sie reisen im Zug. Nach der Ankunft gehen alle zur Beichte und um neun Uhr zur Messe und Kommunion. Danach trinken sie Kaffee im «König von Spanien» und essen die mitgebrachten Butterbrote. Sie kaufen Rosenkränze, die gesegnet werden, und Kerzen, die sie in der Gnadenkapelle aufstellen. All dies sind Handlungen, die seit langer Zeit im Glauben des Volkes tief verwurzelt sind, weit von subtilen theologischen oder intellektuellen Fachsimpeleien entfernt. Mittags dann geht die Mutter mit ihren Kindern zum

Klarissenkloster, um dort den Kreuzweg zu beten. Auf dem Rückweg marschieren sie zu Fuß bis Weeze, wobei sie den Rosenkranz beten. Dort nimmt ein Wagen die kleine Gruppe mit bis nach Goch, wo sie Verwandte und Bekannte besuchen, bis sie schließlich am Abend von dort mit dem Zug nach Kleve zurückkehren.

Von den gläubigen Menschen seiner Heimat, besonders aber von seiner Mutter, hat Karl die Liebe zur Mutter Gottes geerbt. Diese Liebe gibt er weiter. So stellt er, bevor er eine Fahrt beginnt, die ganze Gruppe unter den Schutz Mariens, indem er mit seinen Kameraden ein Ave und ein Reisegebet spricht. Sobald er ernsthafte Sorgen hat, wendet er sich sofort vertrauensvoll an die geliebte Mutter des Herrn. Dabei ist er überzeugt, daß sie ihm helfen wird, das Problem zu lösen, so wie eine Mutter immer für ihre Kinder da ist. Kevelaer festigt diese Liebe zu Maria.

7.
Am Ende der Jugendzeit

Die letzten Jahre von Karls Jugend fallen in die Zeit der wenig geliebten Weimarer Republik.

Seit Kriegsende steht Deutschland, mit Ausnahme der Jahre 1925-29, unter einem moralischen Schock und leidet besonders unter der großen Weltwirtschaftskrise. Durch die Last der Reparationszahlungen — 132 Milliarden Goldmark — ist Deutschland schwer angeschlagen. Die Weigerung, vollständig zurückzuzahlen, hat die Besetzung des Ruhrgebietets von 1923 bis 1925 durch die französische Armee zur Folge. Die schwindelerregende Inflation von 1923 trifft das Selbstbewußtsein der Bevölkerung noch mehr als die Niederlage von 1918. Der Dollar, der 1914 vier Mark, 1921 50 Mark wert war, wird im August 1923 gegen eine Million Mark, im Oktober gegen eine Milliarde und im Dezember gegen vier Trillionen Mark getauscht! Die Rentner, die Sparer und ein Teil der Mittelschicht sind völlig ruiniert. Die Neuordnung der Finanzen von 1923, die sich gegenüber einer traumatisierten Bevölkerung problemlos durchsetzen läßt, wird von einem unerwarteten Erfolg gekrönt.

Während der folgenden fünf Jahre des Wohlstandes hat die Tatkraft der deutschen Wirtschaft freien Lauf: In der Industrie wird ein schnelles Wachstum verzeichnet, Wirtschaftsstrukturen werden rationalisiert, die Landwirtschaft modernisiert. Das Wachstum verstärkt die Landflucht: Zwei Drittel der Bevölkerung lebt von nun an in den Städten. Der seit fast einem halben Jahrhundert beispielhafte soziale Schutz der Deutschen wird durch die Einführung der Arbeitslosenversicherung im Jahre 1927 noch verbessert.

Doch dieser soziale und wirtschaftliche Aufschwung vergeht in weniger als zehn Jahren, so plötzlich wie er begonnen hat, in Unordnung und Chaos. Der Börsenkrach im Oktober 1929, der eine weltweite Wirtschaftskrise nach sich zieht, beendet auf brutale Weise durch die enorme Zunahme von Krediten, die übermäßige Aufwertung einer ungeheuer dynamischen Industrie und die finanzielle Abhängigkeit von den Vereinigten Staaten, den gerade erst erreichten Wohlstand. Die Fabriken verlangsamen auf dramatische Weise ihre Produktion, die Preise stürzen ins Bodenlose. Das Schreckensbild der Arbeitslosigkeit schwebt über Deutschland. Die Zahl der Arbeitslosen steigt immer bedrohlicher von einer halben Million im Jahre 1927 auf zwei Millionen 1928 und vier Millionen im Jahre 1930. Im Januar 1933 hat Deutschland sechs Millionen Arbeitslose. Das Tor zum Kanzleramt wird für Hitler aufgestoßen. Und zwölf Jahre Schreckensherrschaft beginnen...

Zuvor jedoch erlebt Karl die letzten glücklichen Jahre seiner Jugend. 1930 ist er 15 Jahre alt. Während um ihn herum der allgemeine moralische Verfall zunimmt, beschleunigt durch den immer lauter werdenden Lärm der Nazis, die kurz vor der Machtübernahme stehen, bemüht sich Karl um innere Festigkeit. Obwohl er noch sehr jung ist, beschließt er, Ordnung in sein Leben zu bringen, sein Denken, sein Herz und sein Verhalten von Schwächen zu reinigen, die er bereits an sich feststellt. Die Beschlüsse, die er zu diesem Zeitpunkt faßt, belegen dies:

«Einige wesentliche Wahrheiten und Lebensregeln»

1. Ordnung

a) Mein Inneres: Keine unwürdigen, ungeordneten, vulgären Gedanken. Tugendhaftigkeit!

b) Im äußeren Verhalten: Immer korrekte Haltung und Kleidung (bei Tisch)! Vornehmheit und Höflichkeit. Weder Heftigkeit, noch Geschwätz! Tugendhaftigkeit!
c) Bei meinen Unternehmungen: Sorgfalt walten lassen mit Büchern! Dem Tagebuch! In den Angelegenheiten der Gruppen! Bei der Aufgabe als Chef! In meinem Zimmer! Überall!
d) Gegenüber anderen: Sei tugendhaft und klar, höflich und edel! Gegenüber Mädchen innere Disziplin und Haltung!

2. Disziplin und Ordnung

Morgens schnell und pünktlich aufstehen! Meide jegliche Nachlässigkeit! Beginne den Tag mit Mut und Frömmigkeit!

3. Frömmigkeit und Liebe überall!

Keine Heuchlerei! Keine Prahlerei! Nicht soviel Geschwätz; mehr Hilfsbereitschaft! Entschlossenheit in allem! Bildung des Charakters! Mäßigung bei Tisch! Alles Christus anvertrauen! Fleißig die Bibel lesen! Mehr Eifer in allem! Noch mehr Eifer! Liebe zu jedem menschlichen Wesen! Zum Teufel mit dem gefräßigen Egoismus, d.h. mit der Sünde! Ruhig überlegen, dann mutig handeln!

Was für ein klarer Verstand für einen 15jährigen Jungen. Man spürt Entschlossenheit, Energie und innere Disziplin in diesen Ordnungsregeln. Karl bemüht sich um echte Nachfolge Jesu. Dabei ist er sehr selbstkritisch. Er erkennt seine Schwächen und beschließt, sie zu bekämpfen, was ihm nicht leicht fällt. Der spirituelle Kampf dauert ein ganzes Leben lang. Bis 1939 spiegelt sich dieser Kampf auf vielen Seiten seines Tagebuches wider. Aber Karl gibt nicht auf. Nach Fehlschlägen und Fehlern bemüht er sich um so mehr, es besser zu machen. So kommt er seinem Ziel, das er sich gesetzt hat, immer näher: Jesus Christus, in dem alle seine Wünsche und seine ganze Liebe zusammengefaßt sind. In den bevorstehenden heftigen Auseinandersetzungen braucht Karl diese innere Stärke, die letztlich ein

Geschenk der Gnade ist. Sein Leben zeigt, daß die Beschlüsse, die er faßt, nicht zerbrechlich, aus einer momentanen heroischen Stimmung heraus gefaßt sind, wie dies oft bei Jugendlichen der Fall ist, sondern daß es sich hier um einen spirituellen und moralischen Entwurf, einen Lebensplan handelt, den er treu erfüllen wird.

So festigt Karl sein Inneres in einer Zeit, als die Nazis ganz systematisch die Machtübernahme vorbereiten, um den Aufgaben gewachsen zu sein, die er schon innehat und die noch auf ihn zukommen. Er bildet seinen Charakter aus und achtet besonders darauf, daß sein Glauben immer lebendig bleibt und tiefer wird. Mit einer für einen Jugendlichen eher ungewöhnlichen Sicherheit bezieht er den Körper, den Geist und die Seele in diese Erziehungsbemühungen ein. Man spürt deutlich, daß er, weil er sich ganz Gott geweiht hat, auf seinem Lebensweg auf wunderbare Weise geführt wird.

8.
Auf der Suche nach einem größeren Horizont

Über die Jahre bis zu seiner Abiturprüfung sind keine besonderen Ereignisse zu berichten, mit Ausnahme der Fahrten in den Ferien. Die Sehnsucht nach Ausweitung seines Horizontes wird hier spürbar. Während die ersten Hefte seines Tagebuches noch zahlreiche Reiseberichte enthalten, beschränkt er sich später, gegen Ende seiner Jugendzeit, auf die Beschreibung nur zweier Reisen: Die erste führt ihn im August 1929 auf die Insel Rügen, die zweite, drei Jahre später, in die Schweiz.

Am Samstag, 3. August 1929, startet eine Gruppe, unter ihnen Karl, mit Dr. Vinnenberg als Leiter. Obwohl dieser nun schon in Münster arbeitet, hält er die Verbindung mit seinen Wandervögeln aus Kleve aufrecht. Wie jede große Reise beginnt auch diese mit einer Meßfeier. Der Zug bringt sie dann nach Telgte, einem Wallfahrtsort zur Schmerzhaften Mutter Gottes, wo sie zwei Tage bleiben. Vier Kameraden aus Telgte kommen hinzu, und gemeinsam mit ihnen fahren sie dann weiter nach Hamburg.

Begeistert beobachtet Karl das Treiben im großen Hafen der Hansestadt, einer der reichsten Städte der Welt. Neugierig beobachtet Karl das bunte Treiben dieser Weltstadt mit ihrer Überaktivität. Auch wenn er sich nicht fremd vorkommt, so gibt es doch vieles zu entdecken, was er noch nie in seinem Leben gesehen hat, wie zum Beispiel an einer Straßenkreuzung eine Verkehrsampel, dieser «automatische Schupo», wie Karl schreibt. Mit weit aufgesperrtem Mund beobachtet er auch die riesigen Überseedampfer, die von Hamburg aus in alle Häfen der Welt auslaufen. Vom 132 m hohen «Michel» betrachtet er das emsige Treiben zwischen Elbe und Alster. Lange verweilt er schließlich im berühmten Tierpark Hagenbeck, wo alle möglichen Tierarten in naturgetreuer Umgebung gehalten werden.

Seine freien Stunden verbringt er damit, das Tagebuch zu schreiben. Zehn Seiten widmet er Hamburg. Bemerkenswert ist, daß er morgens etwas früher aufsteht als die anderen, um bei der Messe zu dienen. Dann geht es weiter nach Lübeck, Rostock und Stralsund. Mit dem Fährschiff fahren sie schließlich auf die Insel Rügen.

Die Gruppe verbringt zehn wunderschöne Tage auf der Insel. Das Meer, der Flug der Vögel, die Fauna und Flora der Insel sind in seinem Tagebuch geschildert; er organisiert Spiele, rudert auf das Meer hinaus und zündet das Lagerfeuer an. Da die Gruppe nur einen sehr schmalen Geldbeutel hat, sind die Essensportionen knapp bemessen: morgens Suppe, mittags Nudeln und Dörrobst, abends Tee oder Milch und Butterbrote. Und das bei der Seeluft, die so sehr Appetit macht! Mit sehnsuchtsvollem Blick, aber nicht mit Bitterkeit, schaut Karl auf die «Portionen für Mädchen». So ist es nun einmal, da kann man nichts ändern, warum sich also beklagen? Diese Fähigkeit, sich jeder Situation, wie schlimm sie auch sein mag, anzupassen, diese Genügsamkeit charakterisiert Karl ganz treffend. Am letzten Morgen werden die Zelte abgebrochen und der Lagerplatz sorgfältig gereinigt. Zu Fuß marschieren sie dann nach Binz, wo alle einen Linseneintopf erhalten und als Nachtisch, welch ein Genuß, Schokoladenpudding mit Vanillesoße, wovon Karl ganz besonders schwärmt. Diese Mahlzeit wurde ihnen von der Ferienkolonie «Stella Maris» als Belohnung für eine mit Bravour gespielte Kasperletheateraufführung geschenkt, die die Gruppe aus Kleve bravourös beherrscht.

Der Bericht dieser Reise umfaßt ungefähr 60 lebendig geschriebene und sorgfältig redigierte Seiten. Dazwischen sind Zeichnungen, Fotos und Postkarten, topographische Karten und Eintrittskarten jeglicher Art eingeklebt. Mit Interesse und

Freude kann man dieses lebendig geschriebene Tagebuch eines 15jährigen durchblättern. Karl gelingt es, einen kleinen Teil des Erlebten festzuhalten.

9.

«In Pracht und Hoheit gewandet»

Drei Jahre später steht eine große Auslandsreise auf dem Programm. «Die große Fahrt beginnt! Köln — Luzern.» Auf 100 Seiten erzählt Karl in bunten Farben von dieser Odyssee.

Geplant und vorbereitet wurde die Reise in Marienthal am 18. Juni 1932 zusammen mit «Walter», der aus Münster gekommen ist. Für die Fahrt in die Schweiz starten Karl, Willi und Alfred in Kleve, Walter stößt erst etwas später zu ihnen. Vom Anfang bis zum Ende ist diese Fahrt faszinierend, und auch an Dramatik fehlt es nicht.

Karl ist 17 Jahre alt. Er trägt die Verantwortung für die kleine Radgruppe. Man spürt, daß er reifer geworden ist. Nicht mehr der kleine Junge, sondern ein Mann erzählt: Seine Berichte sind keine photographischen Darstellungen von Erlebnissen mehr, sondern er reflektiert und interpretiert nun das, was ihm widerfährt. Auch seine Schrift ist straffer, entschiedener und harmonischer geworden.

Am 12. August sind Karl und sein Bruder Willi nach Kevelaer gefahren, um die Gruppe unter den Schutz der Mutter Gottes zu stellen. Mehr als 1300 km legt die kleine Gruppe in 17 Tagen mit dem Fahrrad zurück.

Zuerst geht es rheinaufwärts nach Köln, Koblenz und Mainz. Sie übernachten in Zelten in der Nähe eines Bauernhofes. Das Gespräch mit dem Bauern, um die Erlaubnis zum Zelten zu erhalten, führt Karl mit psychologischem Geschick. Er fragt in seiner offenen, fröhlichen Art höflich, ob es einen Platz zum

Zelten gebe. Nachdem das Mißtrauen des Bauern sich gelegt hat, fragt er dann weiter: «Kann ich ein wenig Milch bekommen?» Nachdem er sie erhalten hat: «Erlauben Sie mir, sie in der Küche warm zu machen?» Und während er sie auf dem Feuer erhitzt, fragt er, ob die Gruppe sich frisch machen kann. Der Bauer wird jedoch für sein Entgegenkommen entschädigt. Abends erzählt Karl ihm und seiner Familie Geschichten, und sie singen Lieder miteinander.

Hinter Koblenz, wo sie für zwei Mark eine Uhr erstehen, die gerade die Fahrt übersteht, machen die Radfahrer am berühmten Bingerloch Station. Das weit entfernte Ziel und die Hundstage lassen ihnen jedoch wenig Zeit, die Schönheiten dieses Weges zu genießen. Doch in Mainz nehmen sie sich die Zeit, die alten Kulturdenkmäler der Stadt Gutenbergs zu bewundern. Karl ist begeistert von der Erhabenheit des riesigen Domes: ein Schmuckstück der rheinisch-romanischen Kunst und ein wahres Museum mit seinen Grabmälern und Altären mit dem mittelalterlichen Figurenschmuck. Mit einer feierlichen Messe beginnen die Abenteurer die Erkundung dieses Schatzes der westlichen Zivilisation.

In Worms dann übernachten sie in einer zufällig gefundenen Unterkunft.

Da diese von unzähligen Flöhen heimgesucht ist, stehen sie schon um 7 Uhr morgens am Fuß des Domes, von einer Art heiligem Schauder erfaßt von der Majestät und wunderbaren Mächtigkeit dieser Gottesburg aus dem zwölften Jahrhundert, einem Meisterwerk der romanischen Kunst des Rheinlandes. Karl läßt sich während der Messe von dem feinen Schwung des vom Rundbogengewölbe beherrschten Schiffes begeistern, «ohne den Obolus beim Küster entrichtet zu haben». Den werfen sie aber in einen Opferkasten, als sie nach der Messe die Kirche verlassen.

Die vier setzen ihre Reise fort. Am Straßenrand zwischen Mutterstadt und Speyer rasten sie unter einer riesigen Eiche. Ihr Festmahl: frische Milch und Brot, das nach Holzofen und vollem Korn duftet. Unter der Eiche studiert Karl ihr Kontobuch.

Die Reise wurde durch großzügige Spenden ermöglicht, und nach der Rückkehr muß die Abrechnung stimmen. (Sie vergessen nicht, den Spendern Karten zu schreiben. Das Sponsoring hat seine Regeln, und Karl versteht sich sehr gut darin.) Ein Foto zeigt ihn unter dem Baum mit dem Kontobuch. Bevor es aber weitergeht, müssen Hosen geflickt werden, es wird gerechnet, das Tagebuch geschrieben, und es werden neue Pläne geschmiedet.

Dann nähern sie sich der berühmten Kaiserstadt Speyer. Von weitem schon sehen die Radfahrer den prächtigen Dom aus rosafarbenem Sandstein, der sich von den gelben Weizenfeldern der Umgebung deutlich abhebt. Ehrfürchtig steigen sie in die Krypta hinab, wo acht deutsche Kaiser und Könige begraben liegen.

Abends sind sie dann in Bruchsal, der Residenz der Fürstbischöfe von Speyer, deren Schloß eines der prächtigsten barocken Anlagen Deutschlands ist. Die Nacht verbringen sie bei Onkel Wilhelm: «Wir nehmen eine gute Atzung zu uns, halten noch ein Plauderstündchen mit Onkel Wilhelm und verschwinden gegen 22 Uhr in die Falle.»

Als sich die Radfahrer aus dem flachen Land des Niederrheines dem Schwarzwald nähern, sind sie so fasziniert, daß Karl beinahe lyrisch schreibt: «Dunkle Wälder, und darüber glänzt der Sommerhimmel. Wir radeln durch die badischen Dörfer mit ihren Fachwerkhäusern. Die Pflaumenbäume locken am Straßenrand. Frohes badisches Land! Mein Herzchen, was willst du noch mehr?» Und es gibt ein Festmahl: Reineklauden und Kümmelbrot. «Wie herrlich, unser schönes Deutschland so kennenzulernen!»

Auf der Höhe von Straßburg steigt ein den Deutschen damals allgemein gängiger Gedanke in ihm auf: «Ach wär' doch Straßburg noch deutsch, dann ging's nun zum deutschen, katholischen Dom...» Ein flüchtiger, vergänglicher Gedanke. Andere Bilder treten an dessen Stelle: «Allmählich wird's dunkel, der Tag hat sich geneigt... wir fahren weiter durch den Mondabend. Malerisch ist die Fahrt durch ein altes Dörfchen. Schwarzwaldlandschaft im silber-goldenen Licht des Mondes.»

Neue Begeisterung weckt der Anblick des Freiburger Münsters. Mit seiner Gabe, die Dinge mit der Frische des ersten Schöpfungstages zu sehen, setzt ihn der Anblick des berühmten Münsterturmes, der eine viereckige Grundfläche hat und ab dem ersten Drittel seiner 115 m achteckig wird, in Staunen. Mit Begeisterung geht er durch das figurenumkränzte Portal: «Wir schreiten hinein ins Innere und staunen. Singender Raum — alles Hoheit, Kraft, Schwung: Stein, Glas, Fenster, Edelsteine, Metall. Raum der Gotik!» Wie nachhaltig Karl von der Schönheit des Münsters beeindruckt war, beweisen acht Zeilen, die er nach fast vier Jahren noch ins Tagebuch hinzufügt.

Halt in Weil an der schweizerischen Grenze. Karl fällt es sichtlich schwer, sich von der Lieblichkeit und Schönheit des badischen Landes zu lösen. Diese Begeisterung für Baden ist sicherlich auch vier Jahre später in ihm noch lebendig, als er nach Freiburg zurückkehrt, um dort zwei Semester zu studieren. Am Sonntag, 21. August 1932, wacht die kleine Gruppe in ihrem Zelt auf, das sie ganz in der Nähe der Schweizer Grenze aufgeschlagen haben: «6 Uhr. Zelt abgebrochen. Sachen fertig. Dann zum nahen Kirchlein. Ich beichte. Alle Schwäche, Laschheit, allen Neid und Kameradschaftslosigkeit sage ich dem Priester. Mir wird wieder froh und leicht, echter Sonntag und Auferstehungstag im Herzen.»

An der Grenze wechseln sie Geld. Oh, wie wenig! Die Räder werden vom Zoll plombiert, und sie müssen zu ihrem Unglück 20 Mark Pfand pro Person hinterlegen. Ein Vermögen für die kleine Gruppe!

In Basel dann beginnt die Entdeckung der Schweiz. Die Begeisterung an diesem ersten Tag ist so groß, daß Karl nur noch im Telegrammstil beschreibt.

In den nächsten Tagen mühen sie sich mit den Bergpässen ab. Die schwindelerregenden Schluchten der Aare versetzen sie in Taumel: «Trunken vom Licht der Sonne und Schönheit der Landschaft stehen wir und staunen, staunen und sehen uns nicht satt.»

Als die Nacht hereinbricht, macht sich Karl auf die Suche nach einem Bauernhof, um Milch zu bekommen. Er hat Schwierigkeiten, sich dem Bauern verständlich zu machen, da dieser nur seinen alemannischen Dialekt, das Schwyzertütsch, spricht. «Es beginnt... zu regnen. Wir futtern im Zelt bei Taschenlampenlicht. Bald ist's Stille nach dem Abendgebet. Das leise Trommeln des Regens ist gute Schlafmusik – wir schlafen wie die Bären – schwermüde nach dem harten Sonntag. Ich träume noch vom Tag, von billiger Schweizer Schokolade, von dem erfrischenden Bad im Rheinstrom... Hunde kläffen in die letzten Augenblicke – dann Stille der Nacht.»

Über Zürich schreibt er nur zwei Zeilen ins Tagebuch. Die eisige Stadt Zwinglis und der Bankiers inspirieren ihn augenscheinlich nicht. Einsiedeln dagegen mit seiner herrlichen barocken Abtei und vor allem der Schwarzen Madonna aus der Klosterkirche bewegt ihn tief. Die Ave-Maria-Rufe bei der Lichterprozession bewegen ihn sehr und inspirieren ihn zu einer Hymne an die Gottesmutter: «Der Gruß der Engel an die reinste Jungfrau – damals gesprochen in der Stille des einsamen Kämmerleins – heute dagegen dringt er hinaus als Preis- und Flehruf aus tiefstem Leid und stillster Herzensfreude in heiliger Nachtstille über die Sterne zum Herzen der Gottbegnadeten, der Mutter Christi, der heiligen Frau, der verklärten Magd des Herrn. – O Innigkeit des flehenden singenden Betens. Stille ernste Gesichter von Müttern. Eckige, vergrämte, feste Männerantlitze, jetzt überströmt sie ein Leuchten erfüllter Sehnsucht, ein wundervolles Gefühl der Geborgenheit. Sie sind daheim – bei der Mutter. Es ist, als schauten alle das liebliche, leidgeläuterte, liebeschenkende Antlitz der himmlischen Frau. Sie – unsere milde Königin. Salve Regina. Das singt und klingt in die stille sternhelle Nacht...

Die Lichter verlöschen, die Menschen gehen auseinander. Wir stehen allein auf dem Klosterplatz.»

Obwohl es ihnen schwerfällt, reißen sie sich von diesem schönen Ort los und setzen ihre Fahrt fort. Der Ausblick des Vierwaldstätter Sees läßt Karl Worte aufschreiben, die eher Gebet als Beschreibung sind. Der Lobgesang des Psalmisten kommt ganz selbstverständlich über seine Lippen, um die Gefühle, die ihn angesichts der Schönheit des Sees bewegen, — besser als menschliche Worte dies können — auszudrücken: «Du meine Seele, preise den Herrn! Gewaltig groß bist du, Herr, mein Gott, in Pracht und Hoheit gewandet.» (Ps 104,1)

10.
Das Drama

Nun ist der Augenblick gekommen, wo diese wunderschöne Zeit ein jähes Ende findet. Als die Gruppe sich auf den Heimweg macht, nimmt das Drama seinen Anfang.

«Alles nur das Werk einiger Sekunden», notiert Karl im Tagebuch. Er sieht seinen Bruder Willi röchelnd und stöhnend am Straßenrand liegen. Er blutet aus einem Ohr und ist bewußtlos. Ein Auto hält an, und die Insassen stellen die grausame Frage: «Ist er schon tot?» Die Worte durchbohren Karls Herz wie ein Schwert.

Sie wollten gerade mit ihren Rädern mit voller Geschwindigkeit einen Steilhang nahe bei Schwyz hinunterfahren. In jugendlichem Übermut warnt Alfred Willi, daß er ihn überholen will. So fährt er etwas zur Seite, um den Weg frei zu machen, trifft mit der Pedale einen Felsblock am Straßenrand und stürzt jäh, wobei er mit dem Kopf hart auf der Schotterdecke aufprallt.

Lange angstvolle Minuten vergehen, bis ein Krankenwagen den Verletzten ins Krankenhaus nach Schwyz bringt. Karl und seine Kameraden kehren schweren Herzens in den kleinen Ort zurück, deren nüchterne Schönheit sie noch am Morgen bezaubert hatte. «Schwere Minuten sind's bis dort. Das Unglück hat uns hart mitgenommen, aber bange und ängstlich sind wir nicht. Ich bete ununterbrochen: Herr, erhalte mir meinen Bruder!» Im Krankenhaus erfahren sie, daß Willi zwischen Leben und Tod schwebt. Es wird sich in dieser Nacht entscheiden, sagt ihnen der Arzt. Mittags bringen ihnen die Schwestern ein kräftiges Essen: «Jetzt rächt sich die Natur: Wir futtern wie die Bären — alles weg, ratzekahl, selbst das noch Nachgebrachte.»

Schweren Herzens machen sie sich ohne ihren kleinen Bruder auf den Rückweg. Nur schwer können sie am ersten Abend unter ihrem Zelt einschlafen. «Ich denke an Willi und denke, ach, er könnte mir doch mal sterben, und Nachricht käme erst in Mainz und dann — ach, dann könnt' er schon begraben sein. Das packt mich so und läßt mich nicht los, daß ich einige Zeit bitter weine. Und das löst und macht ruhig. Ich bete und schlafe dann... Unser Geschick steht in Gottes Hand allein. Und... ihm vertrau'n wir!»

Wieder legen sie viele Kilometer mit dem Rad zurück, und allmählich gewinnt auch die Freude wieder Oberhand. In Heidelberg, wo sie am 28. August ankommen, sind sie ganz fasziniert von dieser Hochburg der deutschen Romantik. Das Tagebuch singt ein Lied von der «unvergleichlichen Stadt, die keine vergleichbare an Neckar und Rhein kennt». In Mainz beruhigt sie ein postlagernder Brief: Willi ist gerettet.

Am Donnerstag, 1. September 1932, geht es dann nach Kleve zurück. «Die erlebnisreiche Schweizer Fahrt ist zu Ende... Ein Herz voll Erlebnis und Kraft hat sie uns geschenkt. Immer mehr muß ich versuchen, noch mehr selbstloser Kamerad zu werden! Danket dem Herrn für seine Gaben!»

*

*   *

Während dieser Periode 1931-32, der Zeit vor der Machtübernahme durch die Nationalsozialisten, bereitet sich Karl auf sein Abitur vor und übernimmt gleichzeitig die Verantwortung als Leiter der katholischen Jugend des Bezirks Kleve, der die Bereiche Rees, Geldern und Kleve umfaßt. Er gründet Gruppen, berät sich mit den Verantwortlichen der Ortsgruppen, organisiert Treffen, Zeltlager, Fortbildungsveranstaltungen. Oft treffen sich die Jugendlichen in der «Mühle», einer alten Windmühle, auf einer Anhöhe gelegen, die ganz baufällig von der Gruppe aus Kleve seit 1929 gemietet und restauriert worden ist. Karl investierte viel Energie in diese Sache, aber es ist schön für die Gruppe, ein eigenes Zuhause zu haben. Auch seiner alten Leidenschaft, dem Kasperletheater, opfert Karl viel Zeit und führt andere Jugendliche in diese Kunst ein. Ohne viel Stunden zu nehmen, hat er auch das Klavierspielen gelernt.

Außerdem spielt er Gitarre. Er versteht es, eine zauberhafte Atmosphäre zu schaffen, in der sich die Jugendlichen wohlfühlen. Auch der Gesang, begleitet von Klavier, Gitarre oder Flöte, trägt dazu bei, und Karl schöpft reichlich aus dem Repertoire der deutschen Volkslieder und der Lieder der katholischen Jugend.

Außer für diese Aktivitäten interessiert er sich für das kulturelle Leben, für Theater und Konzerte. Als Baß singt er im Chor, der die «Heilige Elisabeth», ein Oratorium von Joseph Haas, aufführt. Auf zwei Seiten erzählt er im Tagebuch die Einzelheiten der «Missa solemnis» von Beethoven, die er eines abends hörte. «Gerade komme ich aus der "Missa solemnis" von Beethoven. So etwas Herrliches, fast Übermenschliches bekam ich bisher noch nicht zu hören. Das prächtige "Kyrie" mit dem innig flehenden "eleison". Welch ergreifendes Gebet. Dann das "Gloria" — himmelanstürmend — Gott, dem Herrn mit allen Kräften zujubelnd. Fast zuviel "pater omnipotens" und doch überwältigend! Prächtige Stimmungen bis zum Schluß! Dann wieder das unvergeßliche Gloria! Gloria! Der Chor jubelt es außer sich noch über das Orchester hinaus!»

Jeden Teil dieser Messen beschreibt er so mit emphatischen Worten, die mit der Überzeugung enden: «Jetzt habe ich erkannt, daß Beethoven der größte Musiker aller Zeiten ist!»

Karl schaut sich auch gerne religiöse Filme an. «Ein Opfer des Beichtgeheimnisses» nach dem Roman von P. Spillmann S.J. hat ihn beeindruckt, und er liest das Buch, nachdem er den Film gesehen hat. Er nimmt an Veranstaltungen in der Stadt teil, die ein ziemlich reiches kulturelles Angebot bietet. So notiert er seine Eindrücke, nachdem er Felix Timmermans, den flämischen

Schriftsteller, gehört hat, dessen Hauptwerk «Pallieter» während des Krieges erschien. «Timmermans, ein gemütlicher, dicker "Onkel". Er liest uns aus seinem demnächst erscheinenden "Franziskus" vor. Gemütvoll, lebenssprühend, kräftig, derb und unzüchtig kann er in seinem Flämisch erzählen!»

Im Gymnasium ist Karl ein guter Schüler. Streng urteilt er über Lehrer, deren Eignung ihm unzureichend erscheint. Da er selbst pädagogisch sehr begabt ist, hat er auch ein hohes pädagogisches Ideal. Am 8. April 1932 kommt Karl in die vorletzte Schulklasse, in die Unterprima, die mit der Abschlußklasse, der Oberprima, gemeinsam unterricht wird.

Aus dieser Zeit stammen die Vorsätze, die er in ein Notizbuch geschrieben hat, um sie später ins Tagebuch zu übertragen:

1. Beim Aufstehen das Kreuzzeichen.
2. Morgengebet sprechen und meditieren.
3. Vor der Schule ein kurzes Gebet im Namen Christi.
4. In der Versuchung den Schutzengel und die hl. Jungfrau anrufen.
5. Besonders in Mathe anstrengen. In den Sprachen die gewonnenen Erkenntnisse beibehalten.
6. Oft die heiligen Sakramente empfangen.

Es gibt bei Karl keine Trennung zwischen profaner und sakraler Welt, vielmehr ist die Spiritualität in das konkrete Leben eingebunden. Der Glaube ist der Sauerteig des ganzen Lebens, jederzeit, bei Tag und bei Nacht.

2. Teil

Der spirituelle Kampf

11.

«Dies ater Germaniae», ein schwarzer Tag für Deutschland

1932 ist ein entscheidendes Jahr. Die Kräfte, die zur Auflösung der Weimarer Republik beitragen, werden immer mächtiger. In dieser Situation gibt uns Karls Tagebuch Zeugnis davon, daß ihn mehr denn je die politischen Ereignisse beschäftigen, die er mit großer Aufmerksamkeit verfolgt.

Seine ganze Sympathie gilt Heinrich Brüning, dem Präsidenten des Zentrums, der katholischen Partei im Reichstag. Seit März 1930 ist Brüning Reichskanzler.

Karls Bewunderung für diesen großen und aufrechten Mann, den die demokratischen Parteien im entscheidenden Augenblick, als Hitlers Aufstieg noch hätte gestoppt werden können, im Stich ließen, kommt in den Aufzeichnungen seines Tagebuches von Pfingsten 1932 zum Ausdruck: «Brüning, das Ideal! – In der Art dieses Mannes kämpfen.» Karl kommt gerade von einem Zeltlager, einem Bundestreffen, zurück, bei dem die verschiedenen Organisationen der katholischen Jugend zusammenkamen. Die Verantwortlichen trafen sich in Marienthal bei Wesel im Rheinland. Sie sprachen nicht viel über das Zeltlagerleben unter freiem Himmel, sondern vielmehr stand die konkrete politische Situation im Vordergrund. Nach einem Referat zum Thema «Die Politik und wir» machte Karl seine Aufzeichnungen über Brüning. Diese politische Bildung muß im Rahmen der großen Anstrengungen der Katholiken gesehen werden, dem gefährlichen Marsch Hitlers an die Macht entgegenzuwirken.

Seit Brüning Reichskanzler ist, ist er gezwungen, mit Hilfe von Gesetzesdekreten zu regieren. Die wirtschaftliche und finanzielle Situation ist miserabel. Der Reichstag lähmt sich selbst immer wieder durch ewige Streitereien und Gegeneinanderagieren. So steht der Reichskanzler ständig unter Beschuß sowohl von der Seite der extremen Rechten, den Nazis, als auch von den Kommunisten, aber auch durch die protestantischen Nationalisten.

Wohl konnte Brüning am Anfang seiner Kanzlerschaft einige politische Erfolge in der Außenpolitik aufweisen, aber leider findet er keine ausreichende Unterstützung im Ausland, um die Woge des Nationalsozialismus einzudämmen. Vor allem Frankreich ist taub gegenüber seinen Appellen. Brüning gerät so immer mehr in die Defensive. Im April 1932 wird Generalfeldmarschall Hindenburg wieder gewählt. Der 85jährige Reichspräsident sieht sich gezwungen, den Reichskanzler am 30. Mai aus seinem Amt zu entlassen.

Am gleichen Tag schreibt Karl mit einer dunklen Vorahnung in sein Tagebuch: «Sturz Brünings! Dies ater Germaniae.» Ein schwarzer Tag für Deutschland. Das letzte Hindernis gegen den Nationalsozialismus war damit übersprungen. Acht Monate noch, und der greise Reichspräsident wird Adolf Hitler bitten, das Kanzleramt zu übernehmen, die legalste Sache von der Welt. Eine Rechtmäßigkeit, die sehr schnell mit Füßen getreten wurde.

Mit der Zeit funktioniert das Zusammenspiel der Institutionen auf gefährliche Weise immer weniger. Am 4. Juni schreibt Karl: «Der neue Reichskanzler Franz von Papen löst den Reichstag auf, weil nur die Deutschnationalen ihm Gefolgschaft leisten. Das Zentrum bekämpft Papen aufs schärfste.» (4.6.32)

Diese Auflösung des Reichstages war schicksalsträchtig. Nach der Reichstagswahl erreichten die Nazis, die zur Zeit der Reichskanzlerschaft Brünings im Reichstag nur 107 Sitze hatten, am 31. Juli 1932 230 Sitze.

Sechs Monate später ist Hitler Reichskanzler. Das Schicksal Deutschlands ist besiegelt. Das von Karl Leisner auch...

Am 30. Januar 1933 übergibt Hindenburg Hitler die Macht. Es ist der dunkelste Tag in der deutschen Geschichte. Nach weniger als drei Monaten räumt der Reichstag Hitler die Sondervollmachten ein, die er Brüning verweigert hatte. Die Vollmachten werden Hitler durch «das Gesetz zur Behebung der Not von Volk und Reich» gewährt, das berühmte «Ermächtigungsgesetz».

Auch das Zentrum gibt zu diesem Gesetz seine Zustimmung. Hitler bekommt für drei Jahre alle Vollmachten, die notwendig sind, die wirtschaftlichen Verhältnisse im Reich wieder zu verbessern und die angeschlagenen Wirtschaftszweige neu zu beleben. Aber das Zentrum ermächtigte ihn damit zugleich, alle subversiven Aktivitäten zu bekämpfen und zu unterdrücken.

Bald wurde jedoch klar, was die Nazis unter subversiv verstanden: alles, was sich ihnen entgegenstellte, nicht nur was die Sicherheit des deutschen Staates gefährdete, sondern eben alles, was mit der nationalsozialistischen Ideologie nicht übereinstimmte.

Hitler wandelte ohne das geringste Zögern seinen demokratischen Auftrag, der zeitlich begrenzt war, in eine unbegrenzte, schrankenlose Machtergreifung um.

Mit Hilfe der verbrecherischen Horden der SA und der SS errichtete er nach und nach den größten Mordapparat aller Zeiten. Er tat dies mit einem Zynismus sondergleichen, womit er lange Zeit das deutsche Volk wie auch die demokratischen Regierungen meisterhaft bluffen konnte.

Der eine Wille Deutschlands, das ist von nun an die dämonische Formel des Führers, der in sakrale Höhen entrückt wird. Die Geisteskrankheit und ihre Dämonen — Legion ist mein Name (Mk 5,9) — werden das Land in eine vorher nie gekannte Katastrophe treiben.

Durch das Ermächtigungsgesetz wurden die Sondervollmachten auf eine rechtliche Basis gestellt, die die Koalitionsregierung unter Hitlers Vorsitz als Folge des Reichstagsbrandes vom 27. Februar 1933 erhielt. Karl ließ sich von der offiziellen Erklärung nicht täuschen und hinters Licht führen. «Die Nazis haben das Feuer an den Reichstag gelegt», schrieb er am 2. März in sein Tagebuch.

Drei Tage später waren die letzten Reichstagswahlen. «Ganz Deutschland wählt», schreibt Karl. «Was wird dann kommen? Wird die Wahrheit oder die Lüge den Sieg davontragen, das Geschrei oder das demütige Handeln, Hitler oder Brüning? O Gott, schenke uns den Sieg. Wenn wir das nicht erreichen, bleibt unser Geist trotzdem fest, indem wir das Ergebnis annehmen. Wir beten weiter. Herr, dein Wille geschehe.»

Es ist sicherlich nicht Gottes Wille, der Hitler zur Macht verhilft. Ausschlaggebend für seinen Sieg ist vielmehr der freie Wille des Menschen. Gott respektiert die Freiheit des Menschen, auch wenn noch so viel auf dem Spiel steht. Aber das Schlechte, das Hitler zur Macht verhalf, wird durch seine eigene Gesetzmäßigkeit der Zerstörung und Auflösung zu Fall kommen.

Aber noch zwölf Jahre mußte man warten, bis die Nazis am Ende waren.

Am 5. März geben die deutschen Wähler den Nazis 288 Sitze im Reichstag. Das ist noch nicht die absolute Mehrheit, da der Reichstag 647 Sitze umfaßt.

Es sind jedoch die wenigen Stimmen der deutschnationalen Volkspartei, die den Ausschlag geben. Ihre 52 Stimmen verhelfen Hitler zur Macht. Er wird sich aber nicht lange damit aufhalten. Ohne Skrupel benutzt er das Ermächtigungsgesetz, den Rechtsstaat auszuhöhlen: Die politischen Parteien werden verboten, die föderalistische Struktur des Reiches, das sich aus Ländern zusammensetzt, wird umgewandelt, und es entstehen neue Gaue, regionale Verwaltungseinheiten, die von einem Nazi-Gauleiter geleitet werden.

Die nationalsozialistische Partei wird der einzige Träger staatlicher Gewalt. Jede soziale, kulturelle und wirtschaftliche Aktivität muß von nun an Ausdruck der offiziellen Ideologie sein. Auch der Einzelne ist eingefangen in ein Netz von Überwachung, Kontrolle und der überall drohenden Denunziationen. Die Kinder und Jugendlichen sind in ihrer Erziehung dem Nazi-Staat ausgeliefert.

Karl ist gerade 18 geworden. Er ist sich der nationalen Tragödie ganz klar bewußt, während den meisten Deutschen erst zehn Jahre später, bei der Kapitulation der IV. Armee in Stalingrad, die Augen aufgehen.

Wenn wir vor der Geschichte redlich sein wollen, so müssen wir den 5. März 1933 als den Tag ansehen, von dem ab Karl zu einer Minderheit von Deutschen gehört, die ganz und gar klar sehen, wohin es gehen wird.

Eine genaue Analyse des Resultates der letzten freien Reichstagswahl ergibt, daß diese Minderheit vor allem in den Regionen stark ist, in denen der katholische Glaube noch eine große Rolle spielt.

Eine Woche nach den Reichstagswahlen fanden Kommunalwahlen statt. Die Nazis sind weiter auf dem Vormarsch. «Schlechter Ausfall für das Zentrum im Rheinland und Westfalen», schreibt Karl. «Feigheit und Wahlmüdigkeit. In Kleve Zentrum Ia gehalten.» Von 30 Sitzen errangen das Zentrum 16, die Nazis 9, die KPD 2 und die SPD 1.

*

*　　　*

Ende März 1933 bekräftigt Karl noch einmal die Notwendigkeit einer festen inneren Haltung ohne Kompromisse.

Nach einer Fastenpredigt schreibt er: «Johannes! Nicht sentimental, sondern mutig unter dem Kreuz, fest, felsig! — (Boanerges — Donnersohn). So auch wir Christen mutig im Glauben und — wie er — stark in der Liebe. *Nos autem credidimus caritati* (Wir aber haben der Liebe geglaubt) — kein Stacheldrahtchristentum, sondern frohes Mittunchristentum!» (31.3.1933)

In dieser Geisteshaltung befindet sich Karl am Ende des Schuljahres. Gute Noten hat er in Religion, Deutsch, Französisch, Hebräisch, Geschichte, Geographie, Musik und Zeichnen.

Auch Latein und Griechisch sind zufriedenstellend, aber in Mathematik ist er ungenügend. «Ich muß besser werden», schreibt er. Er hat nun die letzte Klasse des Gymnasiums, die Oberprima, erreicht.*

---

*Im Januar 1989 zeigte mir Herr Riße, der Direktor des ehemaligen Staatlichen Gymnasiums von Kleve und Vorstandsmitglied des Internationalen Karl-Leisner-Kreises das Original dieses Zeugnisses. In diesem Gymnasium kam dank der Initiative seines Direktors eine Ausstellung über Karl Leisner zustande, die zu zahlreichen Fragen und Diskussionen bei den Schülern anregte. Ein Porträt des ehemaligen Schülers wurde auf dem Flur vor dem Büro des Direktors angebracht.

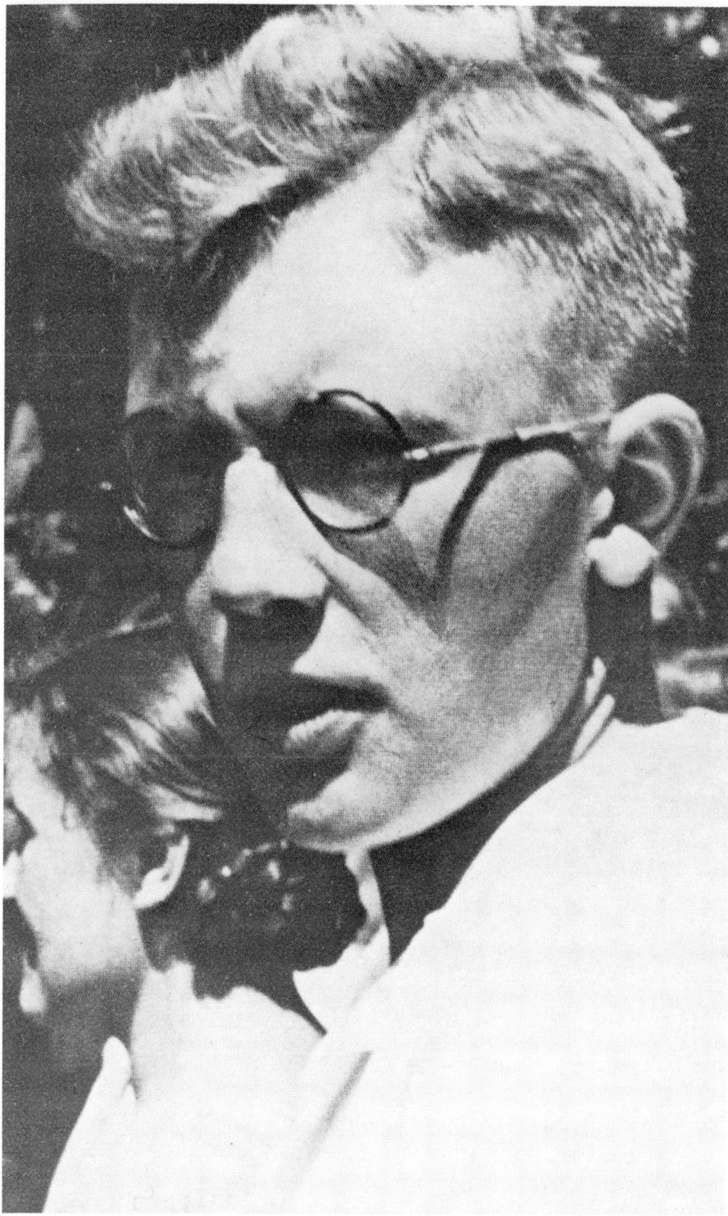

Karl Leisner als Jugendführer im Alter von etwa 17 Jahren

Karl Leisner mit einer Jungschargruppe (Niederlande, 1934)
(Foto KNA-Bild, Frankfurt)

Karl Leisner mit seinen Eltern, seinen drei Schwestern
und seinem Bruder Willi

Der Bischof von Münster, Clemens August
Graf von Galen (1878-1946)

Michael Kardinal Faulhaber, Erzbischof von München
und Freising (1869-1952)

Der Hohe Dom zu Münster in Westfalen, in dem Karl Leisner im März 1939 zum Diakon geweiht wurde
(Foto Muddemann, Münster)

Das Sanatorium
«Fürstabt-Gerbert-Haus»
in St. Blasien/Schwarzwald,
in dem Karl Leisner am
9. November 1939 von
der Gestapo
verhaftet wurde
(Foto-Rogg, St. Blasien)

Karl Leisner im Häftlingskrankenbau des KZ Dachau
vor seiner Priesterweihe

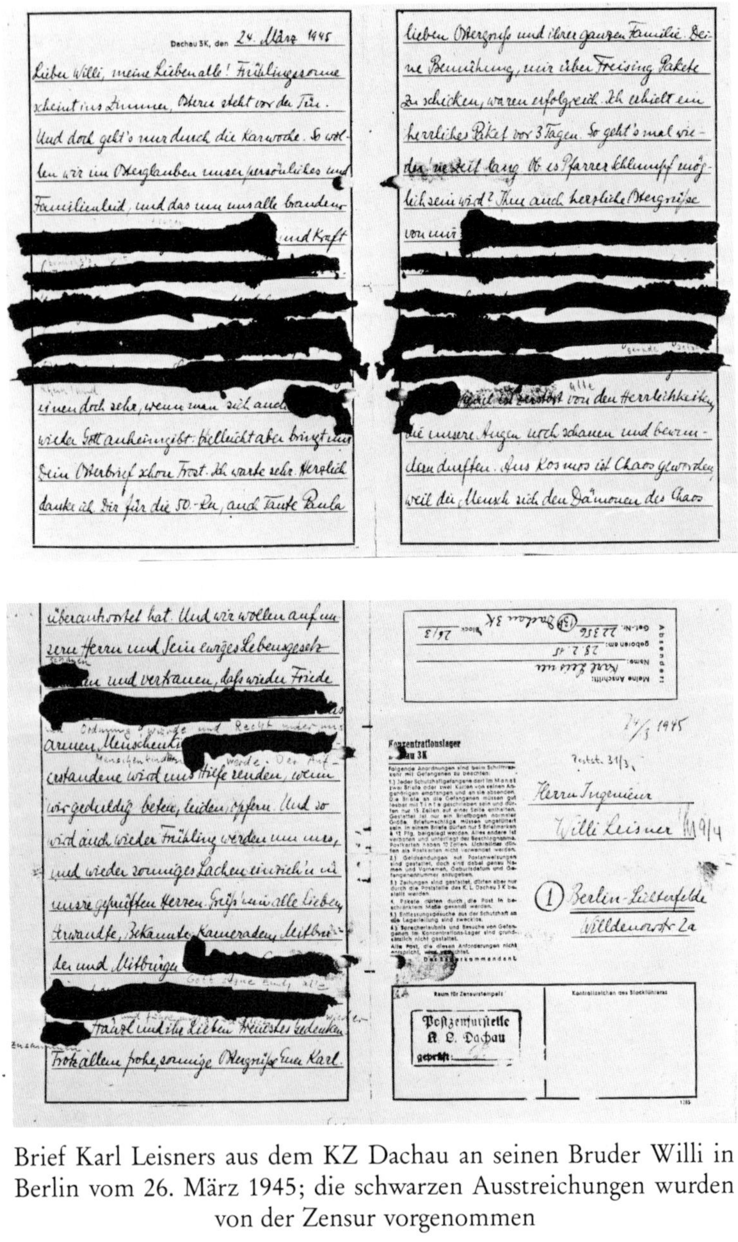

Dachau 3K, den 24. März 1945

Lieber Willi, meine Lieben alle! Frühlingssonne scheint ins Zimmer, Ostern steht vor der Tür. Und doch geht's nur durch die Karwoche. So wollen wir im Osterglauben unser persönliches und Familienleid, und das um uns alle branden [redacted] und Kraft [redacted] einen doch sehr, wenn man sich auch wieder Gott anheimgibt. Vielleicht aber bringt uns Dein Osterbrief schon Trost. Ich warte sehr. Herzlich danke ich Dir für die 50.- RM, auch Tante Paula lieben Ostergruß und ihrer ganzen Familie. Deine Bemühung, mir über Freising Pakete zu schicken, waren erfolgreich. Ich erhielt ein herrliches Paket vor 3 Tagen. So geht's mal wieder 'ne Zeit lang. Ob es Pfarrer Schlumpf möglich sein wird? Ihm auch herzliche Ostergrüße von mir [redacted] von den Herrlichkeiten, die unsere Augen noch schauen und bewundern durften. Aus Kosmos ist Chaos geworden weil die Mensch sich den Dämonen des Chaos überantwortet hat. Und wir wollen auf unseren Herrn und Sein ewiges Lebensgesetz [redacted] und vertrauen, daß wieder Friede [redacted] armen Menschenki[redacted] erstandene wird uns Hilfe senden, wenn wir geduldig beten, leiden, opfern. Und so wird auch wieder Frühling werden um uns, und wieder sonniges Lachen einziehn in unsere geprüften Herzen. Grüß' mir alle Lieben, Verwandte, Bekannte, Kameraden, Mitbrüder und Mitbürge[redacted] Hänsel und ihre Lieben. Herzlichstes Gedenken. Trotz allem frohe, sonnige Ostergrüße Euer Karl.

Meine Anschrift: Name: Karl Leisner
geboren am: 28.2.15 Gef.-Nr. 22356 Block 26/3
Dachau 3K

Konzentrationslager Dachau 3K

24/3 1945
Postst. 31/3.
Herrn Ingenieur
Willi Leisner 9/4
(1) Berlin-Lichterfelde
Wildenowstr. 2a

Raum für Zensurstempel
Postzensurstelle K. L. Dachau
geprüft:
Kontrollzeichen des Blockführers

Brief Karl Leisners aus dem KZ Dachau an seinen Bruder Willi in Berlin vom 26. März 1945; die schwarzen Ausstreichungen wurden von der Zensur vorgenommen

Msgr. Gabriel Piguet, Bischof von Clermont-Ferrand/Frankreich (1887-1952), der Karl Leisner am 17. Dezember 1944 im Konzentrationslager Dachau zum Priester weihte

Karl Leisner in Dachau bei seiner Priesterweihe
(Foto KNA-Bild, Frankfurt)

Für sein Primizbild, das sein Mithäftling Bruder R. Tijhuis O.C. malte, wählte Karl das Motto: «Sacerdotem oportet offerre» (Ein Priester muß opfern); die gefesselten Hände erheben den Kelch

Das Sanatorium in
Planegg (Bayern), in
dem Karl Leisner starb
(Foto H. Bertram, München)

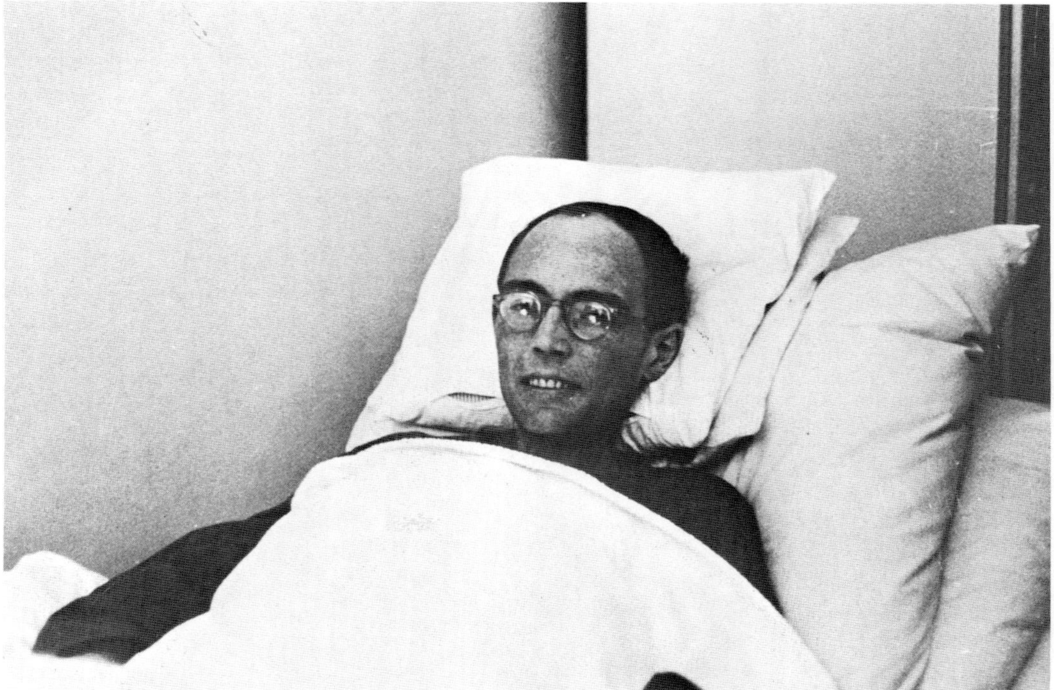

Karl Leisner auf seinem Schmerzenslager im Sanatorium in Planegg bei München

Bischof Tenhumberg von Münster, ein Jugendfreund Karl Leisners (gestorben 1979), bittet Papst Paul VI. am 7. Dezember 1977 um die Seligsprechung Karl Leisners

Ruhestätte Karl Leisners im Xantener Dom
(Foto N. Bullmann, Xanten)

Priesterweihe Karl Leisners im KZ Dachau; Ausschnitt aus dem Eucharistie-Fenster von Paul Weigmann, Leverkusen, an der Südseite des Xantener Doms

(Foto Sommer, Xanten)

12.
Schönstatt 1933

Die beiden letzten Klassen des Gymnasiums werden in einem gemeinsamen Klassenraum unterrichtet. So kommt Karl als Schüler der Unterprima mit Joseph Vermeegen, einem Kameraden der Oberprima, in Kontakt. Er hat gerade sein Abitur abgelegt und will auf die Universität gehen; was er aber genau machen soll, weiß er noch nicht. Um hierin größere Sicherheit und Klarheit zu gewinnen, hat er sich vorgenommen, in Schönstatt in der Karwoche an Einkehrtagen teilzunehmen zum Thema «Ein Vorbild der Heiligkeit für die Jugend heute».

Joseph Vermeegen wohnt in Goch, einer kleinen Stadt am Niederrhein, aus der auch Karls Eltern stammen. Durch Pastor Schmitz, seinen Religionslehrer am Gymnasium in Goch, wurde er auf die Schönstattbewegung aufmerksam.

Joseph Vermeegen macht nun Karl auf die Einkehrtage aufmerksam. Sie sind für den Jungscharführer der katholischen Jugend im Bezirk Kleve äußerst interessant, handelt es sich doch um eine Fortbildungsveranstaltung für Leiter der Jugendbewegung. Karl läßt sich das nicht zweimal sagen.

Am Mittwoch, 5. April 1933, starten sie mit dem Fahrrad in Goch, das etwa zwölf Kilometer südlich von Kleve liegt. Zu viert — zwei Kameraden schließen sich ihnen noch an — erreichen sie nach zwei Tagen ihr Ziel. Bis Schönstatt haben sie gut 250 km zurückgelegt.

Sie haben Glück, denn sie sind gerade noch rechtzeitig zum ersten Vortrag eingetroffen. Pater Menningen spricht über die «Apostolische Gymnasiastenbewegung».

Karl dringt nun in die fremde Welt einer sehr eigenständig geprägten kirchlichen Bewegung ein, die seine spätere innere Entwicklung auch beeinflussen sollte.

Die Schönstattbewegung wurde von Pater Joseph Kentenich ins Leben gerufen. Mit neun Jahren machte Joseph Kentenich eine Erfahrung, die sein ganzes späteres Leben prägte.

In einer sehr schwierigen Zeit stellte seine Mutter ihre Mütterlichkeit unter den Schutz Mariens. Und gerade hierin liegt die Wurzel der Spiritualität Schönstatts; diese persönliche Erfahrung Kentenichs wird bestimmend für die Bewegung.

In der Mitte dieser Spiritualität steht der Liebesbund mit Maria, die persönliche Bindung an die Mutter Gottes, die in einem feierlichen Akt besiegelt wird. Dieser Akt wird als ein Vertrag angesehen, der beide Partner bindet. In diesem Liebesbund überläßt man sein ganzes Leben der Gottesmutter. Von nun an ist sie es, die denjenigen oder diejenige durch das Leben führt und Orientierung schenkt, die sich mit ihr in dieser besonderen Weise verbunden haben. Das ist nicht nur geistig gemeint, sondern handfest konkret, so wie bei einer jungen Mutter, die den ganzen Tag bei ihrem Kind ist. Wenn man diesen Bund in aller Treue lebt, empfängt man als Jünger Jesu nach und nach immer vollkommener das Charisma der Hingabe, welches den Geist der Kindschaft schenkt, den Jesus fordert, um in sein Reich zu gelangen (Mt 18,3). Aus dieser Hingabe erwächst eine wunderbare innere Sicherheit; der Gläubige erfährt sich als Instrument Gottes. Er braucht keine aufsehenerregenden Taten zu vollbringen, geht seinen Weg der Heiligkeit so gut wie möglich und versucht, das alltägliche Leben bescheiden und unauffällig, aber mit Liebe zu leben.

Maria, die Magd der Herrn, ist selbst ein Werkzeug des Sohnes. Sie führt seine Jünger zu ihm in einer großen Treue zum Evangelium. Und Jesus führt sie zum Vater. Das Eigentliche der Spiritualität Schönstatts ist so die große Liebe zum himmlischen Vater.

Das Gründungsdatum der Schönstatt-Bewegung ist der 18. Oktober 1914. Als Grundungsurkunde gilt die Einleitung des Vortrags, den Pater Kentenich an jenem Tag vor einer Gruppe Jugendlicher der «Marianischen Kongragetion» hielt, die er sechs Monate zuvor gegründet hatte. Den Vortrag hielt er vor etwa zwanzig Studenten, die bald danach an die Front im jüngst entbrannten Weltkrieg gesandt werden sollten. Sie baten die Gottesmutter hier in dieser Kapelle «ihren Thron aufzuschlagen, ihre Schätze auszuteilen und Wunder der Gnade zu wirken». Das Kapellchen solle von nun an zu einem Wallfahrts — zu einem Gnadenort werden.

In diese geistige Welt wurde Karl hineingestellt.

Die ganze Karwoche ist ausgefüllt mit Vorträgen, in denen die Botschaft der Bibel mit dem täglichen Leben dieser gefährlichen Welt, in der die jungen Exerzitienteilnehmer leben, verbunden werden.

Alle Vorträge werden von P. Menningen im Geiste Schönstatts gehalten. Karl fühlt sich von ihnen sehr angesprochen. Zwölf Seiten seines Tagebuches, im Telegrammstil geschrieben, geben ein beredtes Zeugnis davon.

P. Menningen beschreibt zunächst die geistige Verfassung der deutschen Jugend. Die Meinung der Masse dominiert. Die freie Persönlichkeit, die Verantwortung übernimmt, ist durch die offizielle Ideologie, durch das ewige Wiederholen der Slogans verbogen. Aber das wird nicht ewig Bestand haben. Die Jugend muß sich auf den Tag vorbereiten, an dem dieses Unterweltsregime gestürzt wird. Auf die perversen Theorien der Nazis gibt es nur eine Antwort der Christen: sich innerlich aufbauen.

Man muß den Feind durch den Geist besiegen, ein stillschweigender Kampf, in dem man sich auf Maria, die Mutter des Lebens, stützen kann.

Dann beschreibt Pater Menningen die Situation der katholischen Jugendbewegungen. Sie wurden im Frühjahr 1933 von den Nazis zwar toleriert, aber doch immer wieder stark angegriffen. In Schönstatt sieht man die zukünftige Katastrophe und den ungeheuren Massenmord schon voraus.

Bekenner des Glaubens will man durch Bibelerklärung und theologische Vorträge vorbereiten, um sich in einem geistigen Kreuzzug ganz Gott überantworten zu können.

P. Menningen wiederholt immer wieder, daß das nicht in Lärm oder erregten Diskussionen geschehen kann, sondern nur in der Stille, in der man Gottes Stimme hören kann. «Ich will sie in die Wüste hinausführen und sie umwerben.» (Hos 2,10)

Um in Gott zu leben, muß man sich ganz von ihm erfüllen lassen und das eigene Ich, das so sehr dominieren will, in den Hintergrund stellen.

Karl tat dies mit Freude. Er notiert in sein Tagebuch: «Alles, was ich tu', will ich gut, klug, edel und lebendig, glutvoll, ergriffen tun. Fort mit allem Schein, aller Leere; kein Ich? Kult mehr, sondern Gottes — Christus — Maria — Ergriffenheit!»

Um dieses Ziel zu erreichen, hat sich Karl in Schönstatt eine sehr nützliche Methode des spirituellen Lebens angeeignet, durch die man seine inneren Regungen unter Kontrolle halten kann. Es handelt sich um eine Art Tagebuch, um einen «Ordnungsplan des geistigen Tagesablaufs».

In einer Tabelle sind die geistigen Übungen eingetragen, die man täglich erfüllen will. Die Liste wird jeweils individuell zusammengestellt. Schönstatt läßt jedem die Freiheit, seinen persönlichen Schwerpunkt zu wählen. Auf dieser Liste stehen Punkte wie pünktliches Aufstehen, Morgengebet, Gewissenserforschung, Messe, Rosenkranz, geistige Lesung, eine gute Tat, Helfen, Abendgebet. Abends kreuzt man die Punkte auf der Tabelle an, die man während des Tages auch wirklich erfüllt hat.

Diese ständige Kontrolle schärft das Gewissen, so daß ein innerer Wachstumsprozeß gefördert wird, indem man wirklich etwas tut und nicht nur beim guten Vorsatz hängen bleibt.

In der zweiten Hälfte der Exerzitienwoche erhalten die Teilnehmer praktische Ratschläge, wie sie am besten Jugendgruppen ins Leben rufen können, und auch einiges über die Organisation dieser Gruppen. Die Leiter der Schönstattbewegung der Gymnasiasten nehmen diese konkreten Anregungen mit Überzeugung und Sachverstand an. Auch Karl macht hier viele neue Erfahrungen, um junge Menschen führen zu können.

Es waren zwölf Vorträge in fünf Tagen. Der Gymnasiast aus Kleve fehlt beim letzten, denn er unternimmt einen Spaziergang im nahen Westerwald. Das Erwachen des Frühlings, das Gezwitscher der Vögel, das schattige Licht des Unterholzes, die ersten Blumen, all das erfüllt seine Seele. In dieser Verfassung schreibt er ein Gedicht, dessen letzte Verse lauten:

«Es summt und brummt, es bebt und schnaubt — lebt, leuchtet. Leben — Leben — Luft!

Nur du meine Seele; du lebst noch nicht?»

Karl fährt am Osterdienstag mit dem Fahrrad wieder nach Hause zurück, während sein Freund Joseph Vermeegen schon früher abgefahren ist. Vermeegen hat sich entschieden, Priester zu werden. Am Ostermontag hat er das Einverständnis seines Vaters erhalten.

Diese Exerzitien in der Karwoche sind für Karl sehr wichtig gewesen. Noch zwei Jahre später schreibt er in sein Tagebuch: «Ostern 1933, die herrlichen Schönstattexerzitien. Von da ab Wende zum Apostolat in der Jugend.» (22.7.1935)

Bis zum Ende seines kurzen Lebens wird Karl der Schönstätter Spiritualität treu bleiben, die ihn so mächtig in der Karwoche des Dämmerungsjahres 1933 ergriff. Karl Leisner wird bis zu seinem Tod ein echter Schönstätter bleiben. Seine tiefe Verbundenheit mit Schönstatt bezeugt er «als treues aktives Mitglied in der Gemeinschaft seiner Theologen- und später Schönstatt-Priestergruppe im KZ Dachau» (P. Hermann Gebert). Er wird seinen leidvollen Weg bis zum Schluß als Schönstätter beschreiten mit jener innigen marianischen Liebe zur Gottesmutter deren Quelle aus dem Liebesbündnis entspringt.

13.

«Für echte Freiheit kämpfe ich»

Auf dem Heimweg nach Kleve hat Karl den Kopf voller Ideen und Vorhaben. Sein Herz ist erfüllt von Vorsätzen, die er in dieser besonderen Situation seines Lebens beschlossen hat.

Drei Wochen später gibt sein Tagebuch wieder Zeugnis von seiner wiedergefundenen Ruhe nach diesen Tagen in Schönstatt.

«In der Karwoche war ich in Schönstatt. Ich habe die Tagung der Gymnasiastenbewegung des apostolischen Bundes mitgemacht und innerhalb der Tagung zweieinhalb Tage Exerzitien. Ich habe dort so viele schöne und gute Vorsätze und Pläne gefaßt. Jetzt heißt es sie in die Tat umsetzen. Jetzt beginnt die ernste Arbeit.

Ich bin jetzt auf Oberprima, habe also das letzte Jahr der Penne zu durchlaufen. Es muß also jetzt zum Endspurt gestartet werden. Ja, es wird allerhand zu knacken und zu beißen geben. Mancher verfluchte Nazilehrer wird mir eine Falle stellen wollen, mich hindern wollen, mein Abitur fein zu bauen. Aber ich bleibe meiner Überzeugung treu. Erst in Sturm und Feuer zeigt's sich, ob die Überzeugung stark wie ein Baum und fest wie Stahl und treu wie Gold ist. Ich bleibe meinem politischen Ideale treu...

Aber wie soll ich mich zu Hitler und den Nazis stellen? Soll ich mitlaufen, mitschreien, mitziehen? Nein, das tue ich nicht; es sei denn, daß man mich mit Gewalt oder Staatsgesetz dazu zwingt, aber innerlich folge ich ihnen nicht.

Der Drill, die Schnauzerei, die Lieblosigkeit gegen die Gegner, ihre fanatische, tamtamschlagende Nationalitätsbesessenheit kann ich nicht teilen. Ich bin aber trotzdem Deutscher und liebe mein Vaterland und meine Heimat. Aber ich bin auch und an erster Stelle Katholik.» (2.5.1933)

Dann zieht Karl eine Parallele zwischen Hitler und Brüning. Er stellt fest, daß ohne eine internationale Zusammenarbeit das Massaker nicht mehr aufzuhalten ist. «Genug politischer Senf!» schließt er, und er fügt hinzu: «Ich bleibe deutscher Katholik, bin für ehrliche, friedliche Außenpolitik... aber nicht für diese Gesinnungsknebelei und Unterdrückung.» Und er schließt das Bekenntnis seiner politischen Überzeugung mit den Worten: «Für echte Freiheit kämpfe ich.» (2.5.1933)

Einen starken Einfluß dieser Tage finden wir auch in den Vorsätzen, die er am 19. Mai 1933 in sein Tagebuch notierte:

«Das Tagebuch soll ab heute mein Kontrollbuch des Seelenzustandes, der Arbeit in Schule, Gruppe und Familie, meines äußeren Benehmens, ob es klug, fein und recht war, sein. Eigentlich war es das ja schon immer. Aber jetzt soll es eine Tageskontrolle Tag für Tag werden. Jeden Abend will ich meinen schriftlichen Rückblick (Gewissenserforschung) und einen zukunftsweisenden Ausblick tun. Gott, gib du deinen Segen dazu. Gib mir klaren, starken Verstand, ein treues Gedächtnis, einen ungetrübten Wahrheitssinn und eine überlegene Schau, die unerbittlich alles Schlechte erblickt, es richtig einschätzt und die erfolgreichen Abwehrmaßnahmen ergreift: Dazu schicke mir, Herr, Kraft durch deine Gnade.

Frisch und froh, beginn ich so!

1. Heute morgen in der Schule: Zu hitzig beim Disput, so daß sogar unlogisches Geschwätz herauskam. Vorsatz: politische Gespräche meiden oder sogar ruhig abtun.
2. Beim Übersetzen zu aufgeregt. Ruhig und klar denken!
3. Den Gruppenabend spannender gestalten... Nicht so langweilig werden. Mehr straffe Innenzucht!» (19.5.1933)

Am nächsten Tag, 20. Mai, erforscht Karl von neuem sein Gewissen. Er stellt fest, daß er sich beim Lateinlernen zu wenig angestrengt und konzentriert hat. Er kommt ja nun in die Oberprima und steht kurz vor dem Abitur.

Karl hat sich den Film «Melodie der Welt» angeschaut. «Beim Film nicht so viel durch sinnlichen Reiz locken lassen!» «Bei aller Arbeit mehr Zucht und Ordnung, immer überlegen, ob nicht zwei oder drei Fliegen mit einer Klappe zu schlagen sind. Tages-, Wochen-, Monats- und Jahresplan aufstellen.

Ziel des Jahresplans:

1. Bis Herbst gutes Zeugnis.
2. Abitur muß "2" werden.
3. Wahl des Berufs (Beten!) und Streben nach allseitiger Bildung und Vollkommenheit (Selbstschule).
4. Aufbau der Gruppen zu einem gestrafften Organismus. Kluft: Graue Hose, hellgrünes Hemd; Scharschnur: Rot-Grün. Zwei Gruppen: St. Werner und St. Jörg.
5. Aufbau von St. Werner: Weiterführen zu einer starken Jungmannschaftsgruppe. Ziel von St. Jörg: Lebendiges Jungentum ist starke, straffe Zucht und Gehorsam.

Gleich Montag frisch und straff loslegen! Beide Gruppen als bewußt katholische Jungen erziehen. (Große Schwächlinge werden bald gehen!) Und nun mit Gott ran. "Omnia ad maiorem Dei gloriam!"» (Alles zur größeren Ehre Gottes, Amen, Alleluja.)

Mit dieser großen Entschlossenheit und Bestimmheit für einen 18jährigen, der in einer so feindlichen und fanatischen Umwelt leben muß, schließt Karl seine Eintragung.

Tags darauf, an Christi Himmelfahrt, gibt Karl sich Rechenschaft darüber, was er den ganzen Tag gelernt hat. Der Tag brachte viel Arbeit mit sich. Am Nachmittag hat er einen Artikel über die «Gemeinschaftsarbeit der katholischen Jugend» redigiert, den er für die Zeitschrift «Katholische Jungwelt» geschrieben hatte. Dann bekennt er: «Gewissenserforschung gut, aber etwas zu schnell!»

So ist er in Zeitdruck geraten, denn am Abend muß er noch zur Probe des Kirchenchors. Er verspätet sich. Später notiert er ins Tagebuch: «Zu spät gekommen. Zuerst Pflichtbewußtsein und Pünktlichkeit.» Und noch spät in der Nacht überdenkt er den Verlauf des Tages: «Nicht mehr so viel politisieren (vgl. Apologia Sokrates cap. 19) und vor allem sachlich und fein und vernünftig bleiben beim Reden mit andern! Schärfer vor dem Schwätzen durchdenken! Im Reden üben... Beruf und Familie und die anderen Menschen nicht vernachlässigen!

Ferner zu merken: demütiger sein! Nicht immer so gerne geschickt von sich zu sprechen anfangen, den anderen mehr Lob und ehrlichen Beifall zollen. Innerlich bescheidener werden.» (24.5.1933)

Karl betet eine Novene, d.h. neun Tage vor Pfingsten bereitet er sich in besonderer Weise auf das Fest vor:

«In der Pfingstnovene, jeden Tag: Zur Messe mit Kommunion, Lesung in der Hl. Schrift; Beten mit Kraft um Kraft; für rechtes Wirken in allem (Beruf, Gruppe, Selbsterziehung, Schönstatt); weiter für Schönstatt; weiter im Geiste Gottes und Christi.» (17.6.1933)

14.
Geistiger Kampf

Karl ist weder ein Übermensch noch ein Heiliger, der einfach aus dem Himmel gefallen ist. Auch er muß einen harten spirituellen Kampf ausfechten. Auch er hat seine Schwächen. Und er muß oft einer erdrückenden Vielzahl von Verpflichtungen nachkommen: sein Abitur vorbereiten, mehrere Gruppen von Jugendlichen leiten, dem Kirchenchor gehört er an. Aber er tut alles mit frohem Herzen, ja alle diese Verpflichtungen schenken ihm eine kritische Wachheit sich selbst gegenüber. Drei Wochen nachdem er die Novene zu Pfingsten gehalten hat, schreibt er am 17. Juni 1933: «Ja, da oben hab' ich wunderschöne Worte hingeschrieben. Ach, wie wenig folgerichtig hab' ich gehandelt. Die Folge: Verfallen in meinen alten Fehler — heute kam es böse durch — ganz böse! Bah! Ich komme mir so schlecht und elend vor. Und doch — mit unermüdlicher Willensanstrengung will ich weiter Gutes tun, das Gute mir wieder erarbeiten. Nicht durch eine Schlappheit auf die Dauer schlapp werden! Nein! Sondern mit noch gewaltigerer Kraftanstrengung, mit noch größerem Willen wieder vorwärts! Erst will ich stille Rückschau halten: Wie ist es wieder so gekommen? Ehrlich, los! Ich habe die letzten Wochen für die Gruppe geschafft wie ein Pferd... Dann habe ich mich letzte Woche etwas "gehen lassen". Nicht sündhaft war ich, wenigstens nicht mit Willen, aber auch nicht klar. Es mag wohl etwas durch Überarbeitung gekommen sein. Das geht einfach nicht immer: so spät zu Bett und trotzdem nichts ordentlich für die Schule gemacht. Und deshalb morgens früh wieder raus. – So mache ich mich "kaputt". – Die "Auspumperei" kann und darf nicht so weitergehen. Vielmehr muß ich meine aufgebrauchten seelischen und körperlichen Reserven wieder frisch auffüllen – und zwar mit großer Kraft, unbeugsamem Willen, starkem Mut, tiefer Gläubigkeit, fester Einsicht und einsichtiger Klugheit muß ich da ans Werk gehen. Allgemeine "Richtlinien" nützen da wenig, sondern sind höchstens wertvolle Stützen. Aber eins nützt, tut not, eine geistige Tagesordnung.

Die will ich nun mit Gottes Hilfe aufstellen.

Was tue ich morgens, wenn ich wach werde? Sofort raus! In einem Satz! Bezeichnen mit dem Zeichen des Kreuzes! Dann gleich frische Wäsche und Turnübungen. Darauf Verrichten des Morgengebets. Dann sogleich an die Tagesarbeit, die tags vorher fest bestimmt wird. (Wenn möglich aber vorher Schriftlesung!) Dann, wenn eben möglich (keine nötige Arbeit!) in die hl. Messe mit Kommunion. Am besten tags vorher geistige Vorbereitung der Messe! Dann zur Schule nach einem kleinen Gebet! Dort mutig und stark und aufmerksam arbeiten! Aufgeschlossen sein allem Guten. Allem Schlechten gegenüber "immun" sein!

Nach der Schule: Ordnung schaffen auf der Bude! Dann seelische Abspannung. Wenn möglich: die stille Stunde. Gegen 15 Uhr Beginn der Schularbeit. Recht schnell und scharf arbeiten mit geistiger Hochspannung. Danach kurze Abspannung! Sammeln der zerstreuten Gedanken. Sonstiges! Vorbereitung des Gruppentreffens. Solide arbeiten. Sprachen lernen, lesen! Gegen 19 Uhr Abendessen. Vorher eine Viertelstunde Ruhe schaffen; dann kann ich in die Familie.

Bis 20 Uhr Abspannung. Von 20 bis 20.45 Uhr Beschließen des Tageswerks in Gebet, Lesung der Schrift, geistige Vorbereitung des nächsten Tages und innerliche Ruhe. (Gewissenserforschung = Rückblick!) Gegen 21 Uhr zu Bett.» (17.6.1933)

Diese guten Vorsätze faßt er in hochgespannten Stunden, halten muß er sie jedoch im normalen grauen Alltag. So berichtet sein Tagebuch eine Woche nach der Gewissenserforschung und den Vorsätzen vom 17. Juni von Rückschlägen: «Zu "2" *dies pugnae ordinis* (zwei Kampftage für die Ordnung) hatte ich die Tage machen wollen – ja, das kann ich fast nicht mehr. Ich bin fast drei Wochen *inordine plenus* (vollkommen unordentlich). Woher kommt das? Ich bin erstens meinen in Schönstatt gefaßten Vorsätzen untreu geworden. Zweitens bin ich überarbeitet, und zwar durch meine geistige Unordnung und Unzucht. Das muß wieder anders werden. So kann ich nicht ein Jungenführer sein, nie! Erst recht kein katholischer.

Jetzt will ich mir für die nächste Woche ein paar wenige Grundsätze, Vorsätze einhämmern, die ich ausführen will und muß.

1. Das Morgenaufstehen sofort.
2. Das Morgengebet gut und tief.
3. Der *Tagesgedanke* in Hinrichtung und Beziehung zum Tageswerk.
4. Berufspflicht.
5. Der Jungführer! Die Kraftquellen. Beispiel! Kein Theaterspieler! Selbstzucht!
6. Die Lesung der Hl. Schrift.

6a. Lesen, Lesen! (Zeitung weniger).

7. In der Schule gesammelt und frisch!
8. Nach der Schule ruhige Arbeit oder Ruhe schaffen in der Seele und im Geist.
9. Die Kleinigkeiten!
10. Die Vorbereitung von Fahrt und Lager! (Nicht nur äußerlich, sondern auch innerlich! Z.B. in der Familie ein ganz anderer Kerl werden!)
11. Der einsame, ehrliche, betende, suchende Karl!

Da virtutem, Domine. Gib du mir die Kraft dazu, Herr.» (26.6.1933)

An diesem Sonntag – fünf Monate sind seit der Machtergreifung Hitlers vergangen – hat Karl eine seltsame Begegnung mit zwei Personen auf dem alten Friedhof, mit Hermann Ringsdorf und dem «Langen». Schnell haben sich die perversen Ansichten der Nazis in den Köpfen der Leute festgesetzt.

«Sie meinten, Nationalsozialist sei heute gleich Deutscher; wer kein Nazi sei, habe in Deutschland nichts mehr zu tun. Sie meinten, die politische Einheit müsse dasein, nur eine Partei (= Volk) dürfe es geben.» (25.6.1933)

Dieser Ansicht stellt Karl das Gesetz der christlichen Liebe entgegen. Das Gespräch wurde an einem Thema aufgehangen, an dem sich die Geister schieden, nämlich an der «Gleichschaltung», der Angleichung der Ansichten und Meinungen an die Ideologie der Nazis. Karl konnte nicht sagen, was seine tiefste Überzeugung war; das wäre zu gefährlich gewesen. Es begann damals im Jahre 1933 die Zeit, daß einer dem anderen in Deutschland mißtraute. So beschränkte er sich darauf, ihnen gegenüber die christliche Moral zu verteidigen. Aber in der Abgeschiedenheit seiner Kammer schrieb er in sein Tagebuch: «An Dr. Brüning glaube ich und glaube ich noch und für immer. An Hitler aber glaube ich nicht, weil er nun eben nicht glaubhaft erscheint. Ich vertraue nicht auf seine Worte. Er macht ihrer eben zuviel. Brüning hat nie so viel geredet, daran aber glaubte ich, weil ich wußte, daß er ein grundsatztreuer, echter Christ und Katholik war. Von Hitler glaube ich letzteres wenigstens nicht fest. Alles ist so unklar, so verschwommen! Man weiß nicht, was ist sein Endziel... Aber ich will nicht schwätzen, sondern zu Gott beten um Hilfe und Rettung in dem seelischen Zwiespalt. Aber zwingen laß ich mich nicht, denn ich bin frei!»

Es war wohl ein Gespräch voller Symbolkraft auf dem alten Friedhof an diesem Sonntag, 25. Juni 1933. Die Werte, die die Größe Deutschlands ausmachen, sind in den Köpfen einer großen Zahl von Deutschen gestorben. Karl läßt sich nicht verwirren. Er hat feste Prinzipien, und er kann sich auf einen unerschütterlichen Glauben an Jesus Christus stützen.

In der geistigen Strenge und im moralischen Verhalten bleibt er ein freier Mensch. Er fühlt schon undeutlich, daß er dafür den Preis bezahlen muß.

15.
Wie Parzival

In diesem Monat, im Juni 1933, wird der geistige Kampf in der Seele Karls immer heftiger. Zwei Tage, nachdem er wieder Ordnung in seine Lebensführung gebracht hat, schreibt er: «Dienstag, 27. Juni 1933. Es irrt mein Herz umher, bis es — o Gott — ruhet in dir. Denn du, Gott, bist die Ordnung, die Schönheit, die tiefste Ruhe, du gibst Frieden, den die Welt nicht geben kann, du gibst uns schon hier auf Erden Ewigkeit, wenn wir in dir ruhen, leben in dir.

Mein ganzes Leben muß also viel gottgebundener, gottverbundener, gotthingegebener sein; es *muß* nicht sein, aber *ich will* es so haben; demütig darum bitten, suchen, ringen und danach streben. Wie Parzival will ich sein: Ein strahlender, geläuterter Ritter Gottes, ein Gottsucher. Ich will mich immer tiefer versenken in die tiefe Gedankenwelt Schönstatts und meine Notizen aufarbeiten im Buch des Lebens. Denn ohne Gottesliebe und Freude der Seele komme ich zu nichts. Mit Gott werde ich aber alles in mir haben! *Da virtutem, Domine!* (Stärke mich dafür, Herr.)»

Dieser Text gibt gut die Gedanken und Wünsche Karl Leisners wieder, des 18jährigen Gymnasiasten, der kurz vor dem Abitur steht. Sie geben uns Auskunft über die strenge Planung seines Tagesablaufs. Gewiß gibt es Höhen und Tiefen, aber im allgemeinen sind seine Tage doch von den Idealen, die er sich am 17. Juni notiert hat, geprägt. Obwohl selbst noch jung, ist er schon ein Vorbild für die Jugend geworden.

Wie Gold im Feuer geläutert wird, so muß auch er durch das Feuer der Prüfungen.

Gerade am 2. Juli wird er frontal vor eine solche Prüfung gestellt. Auf Anordnung der Nazis werden die Jugendheime der katholischen Verbände geschlossen und konfisziert. Das bedeutet auch das Ende für die «Mühle», die mit viel Liebe vom Quickborn und von den Wandervögeln restauriert wurde. Hier hatten sie in den letzten Jahren ihre schönsten Stunden verbracht. Am anderen Morgen wurde Karl mit vier seiner Kameraden zum Direktor gerufen, der sie aufforderte, folgende Erklärung zu unterschreiben: «Die unterzeichnenden Schüler erklären sich bereit, jede provokatorische und verleumderische Haltung gegen die Regierung und ihre Politik zu unterlassen.»

Während sie diese Erklärung unterschreiben, hat der Direktor in Wirlichkeit versucht, einen Aufschub für die fünf Schüler zu erwirken. Mehrere seiner Lehrerkollegen forderten, daß Karl die Schule verlassen solle. Man wollte seine Zulassung zum Abitur vereiteln.

Dr. Verleger, sein Deutschlehrer, ist sein Hauptgegner. Einige Zeit später schreibt Karl am 22. Juli 1935 über diese Zeit:

«In der Schule immer stärkere Auseinandersetzungen... Wir werden als katholische Aktivisten als Staatsfeind verschrien. Prof. Dr. Verleger tut sich hervor in der Katholikenfresserei. Wir werden aber nur immer stolzer und – wenn's auch manches trübe Stündlein, wo es einem bange wurde, gab – wir hielten das katholische Banner der Jugendbewegung hoch.»

Karl ist von den Nazis schon sehr früh aufs Korn genommen und dann von der Gestapo erfaßt worden, ein Beweis für den stets größer werdenden Riß, der durch die Bevölkerung geht, die den Nationalsozialismus erleiden muß, wie es dieses seltsame Gespräch auf dem alten Friedhof bezeugt, wo ihm zwei Bekannte aus Kleve zu verstehen geben, daß er in Deutschland nichts mehr verloren habe.

Er ist aber sehr weit davon entfernt, seine moralischen Grundsätze aufzugeben, vielmehr stärken die Feindseligkeiten seine Entschlossenheit. Und er bleibt überzeugter denn je

Gruppenführer. Jedoch wird er vorsichtiger in dem, was er sagt, ohne aber jemals mit seiner christlichen Glaubensüberzeugung hinter dem Berg zu halten oder seinen Einsatz als Christ in der Gesellschaft zu ändern.

Im August machte er trotz der jüngsten Begebenheiten und Warnungen mit seiner Gruppe eine schöne Fahrt auf die Nordseeinsel Baltrum, wo sie drei Wochen lang zelteten.

Das weite Land hier im Norden hatte es ihnen angetan. Am Horizont das Meer, seine stärkende Luft, das ewige Geplätscher seiner Wogen. Die Spiele am Strand, das gute Essen und auch die Momente der Sammlung. Und die tägliche Messe als Höhepunkt des Tages. Sie singen, sie machen Wettläufe in den Dünen, bespritzen sich mit Wasser, ganz außer sich. Sie stürzen sich in die endlosen Wassermassen, die im Hin und Her von Ebbe und Flut rauschen. Nachts, die Gruppe zusammen mit Karl, verbunden mit dem Sternenhimmel, im Mondschein, wandern sie an der Brandung vorbei.

Um das Gefühl des heiligen Schauers, der ihn überfällt, richtig ausdrücken zu können, bedient er sich der französischen Sprache, der Sprache, in der er seine tiefsten Gefühle am besten ausdrücken kann: «Alors nous nous promenons le long de la mer», schreibt er. (Wir gehen am Meer entlang.) Für ihn bringt der fremde Klang der Sprache einen höheren Inhalt dieses an sich banalen Satzes zum Ausdruck.

Die Jungs können sich kaum von diesem Ort ihrer Träume trennen. Schließlich geht es mit den Fahrrädern wieder nach Hause.

In der Nähe von Xanten machen sie einen Umweg, obwohl ihnen auf ihrem Fahrrad der Wind heftig ins Gesicht bläst, um nach Marienbaum zu fahren, einem Marienwallfahrtsort. Sie danken hier Gott und der Muttergottes für die schöne Fahrt und beten für das Zeltlager der Jugend in Marienthal, das drei Tage später anfängt.

In Marienthal beschränkten sie sich bewußt auf das Allernötigste. Karl praktiziert das monastische *vivere parvo*, das einfache Leben der Mönche, wozu ihn die Umstände bis an sein

Lebensende zwingen und ihm manchmal schwere Opfer aufbürden werden.

Am 7. September stöberte er in einer Buchhandlung herum, wo er plötzlich «Das Leben Christi» von Papini entdeckte, einen Bestseller von europäischem Rang seit seinem Erscheinen 1921. Wie gerne hätte er das Buch gekauft. Aber er mußte erst warten, bis er das Geld dafür zusammen hatte.

Karl ist seit Ostern in der letzten Klasse des Gymnasiums: das ist seine Hauptsorge. Er ist ein ernster und gewissenhafter Schüler. Seine guten Leistungen schützen ihn davor, daß er von der Schule fliegt. Er urteilt streng über seine Lehrer, die ihnen die Naziideologie aufdrängen wollen und Verwirrung unter den Schülern anrichten.

Er mißtraut diesen Duckmäusern und Federfuchsern, die den Führerkult in den Unterricht bringen. Karl schämt sich ganz besonders für die sogenannte «Vererbungs- und Rassenlehre». Diese Lehre war als Pflichtfach für den Unterricht vorgeschrieben worden. Und sie fand ihre Anbeter unter den Lehrern, die den jungen Deutschen diese Theorie vermitteln wollten.

In diesem Zusammenhang führt Karl an verschiedenen Fronten einen ununterbrochenen Kampf. Zunächst mit sich selbst, gegen die dunklen Kräfte seines eigenen Herzens, die seinen geistigen Schwung lähmen wollen. Er erlitt Rückschläge, die ihn in eine dunkle Ungewißheit stellten. So gibt es auch dunkle Passagen in seinem Tagebuch, wie die vom 14. Oktober 1933:

«Ja, da steh ich nun mit meiner Weisheit, mit all meinen guten Vorsätzen vor einem Fiasko sondergleichen. Vor lauter Vorsätzen keine Tat. Der Weg zur Hölle ist ja bekanntlich mit guten Vorsätzen gepflastert. Allem Anschein nach war meine bisherige Arbeit Pflastern des Weges zur Hölle und ein beständiges Sich-Nähern an die Hölle. So unmäßig wie in diesen drei Tagen bin ich selten gewesen, so sans barrière. Pfui, ich will diese *vilitates mentis et visus et facti* (diese Gemeinheit des Geistes, des Blickes und des Tuns) nicht verschönen. Es ist haarsträubend. Um mehr als ein Jahr bin ich zurückgeworfen. In diesem Monat will ich es gut gemacht wissen. Ich will? Kann ich überhaupt schon richtig wollen, verzichten? Ich muß trainieren an Leib und Seele. So will ich mir also als Gedanken für den Rest des Oktobers: *castitas in omnibus* (Keuschheit in allem) vornehmen. Ein neuer, frischer, keuscher, reiner, klarer Quell soll meinen Geist, meinen Leib, meinen alten Menschen durchfluten. Neues Leben!»

Auch hier sieht man, daß Karl die Kraft hat, sich von einem Fehlschlag zu erholen. Er wirft einen klaren Blick auf sich selbst, urteilt schonungslos über sich und reißt sich dann aus den Schwierigkeiten heraus, um sich ganz der göttlichen Gnade anzuvertrauen.

Während seines ganzen letzten Schuljahres wird ihm nach und nach eine wunderbare kostbare Zukunftsperspektive immer deutlicher. Er trifft die große Entscheidung seines Lebens. Um klarer zu sehen, macht er Exerzitien, — die zweiten in diesem Jahr — bei den Jesuiten in s'Heerenberg, wo ihm in der Stille der Zurückgezogenheit eine große Gewißheit erwächst:

«Es waren feine, nachdenkliche Tage. Die Einsamkeit gab mir Kraft und endgültigen Mut, die Bürde des Priesteramtes zu wagen. Tage des Gebetes waren es. Die bösen Versuchungen kamen und wurden siegreich bestanden.» (7.11.1933)

Die Entscheidung ist ihm immer klarer geworden, aber er wird noch manche Anfechtung zu bestehen haben.

Das Jahr, das nun zu Ende ging, war das Jahr der 1900-Jahrfeier des Todes und der Auferstehung Christi. Man feierte ein «Heiliges Jahr». Nachdem Karl einen Artikel zur Romwallfahrt gelesen hat, schreibt er: «Vorige Tage las ich die diesjährige Dezember-Nummer der "Wacht". Sie erzählte ganz wundervoll von der Romfahrt des Verbandes, die aus Anlaß des Hl. Jahres 1933/34 stattfand, das uns an das 1900jährige Gedächtnis des Kreuzestodes Jesu Christi, unseres Herrn und Gottes, erinnern soll. — Beim Lesen der Berichte über das Erlebnis des ewigen Rom schlug mir das Herz hoch vor Freude und Stolz und Kraft bei dem Gedanken, wie gefestigt wir in der katholischen Kirche stehen und wie wenig wir besorgt sein brauchen.

In tiefer Erkenntnis und leuchtender Klarheit stieg vor mir die Millionengemeinschaft der Kirche auf. Ich war ergriffen, und ich spürte den richtigen wahren Sinngehalt der Romwallfahrten, der da ist, uns das Gefühl der Gemeinschaft mit der großen Weltkirche zu geben.

Als ich dann erst die festen, klaren, machtvollen Worte unseres Heiligen Vaters an die deutsche katholische Jugend las, in denen er von der unbesiegbaren Macht des Gebetes sprach und uns allen zurief, diese unsere blanke, unbezwingbare Waffe tapfer zu gebrauchen, da wurde mir ruhig und stolz ums Herz, und es wurde mir klar, daß die junge Kirche in Deutschland nie und nimmer untergeht, wenn wir beten. Herrlich strahlte die große, wahre Würde des gemeinsamen Vaters der Christenheit in mir auf. Wie stolz können wir auf unsern lebenden Stellvertreter Christi auf Erden sein.» (20.12.1933)

Der Winter 1933-34 hat Einzug gehalten, und die Abiturprüfung rückt immer näher. Karl wird unruhig. Die schriftlichen Prüfungen finden Ende Januar statt. Am 8. Februar 1934 schreibt er: «Eine verfluchte Stimmung hat sich seit dem Schriftlichen in mir breitgemacht. Ich werde den Gedanken der Angst vor dem Abitur nicht los. Habe ich etwa in der Vorbereitung irgendeinen Fehler gemacht? War die tägliche Kommunion nicht eine zu große körperliche und geistige Anspannung, und trug sie nicht zu dieser Aufregung bei...? Dann aber die große Sorge um unseren Generalpräses Wolker, die war's, die mich aufrieb...» (8.2.1934)

Karl stand nämlich jeden Morgen etwas früher auf, um die Messe zu besuchen. Er hatte sich diesem Anspruch gestellt in diesen Tagen, die ihn ja stark beanspruchten. Dagegen bewahrheitete sich Gott sei Dank nicht, was befürchtet worden war, daß nämlich Präses Wolker verhaftet werden sollte. Wenigstens dieses Mal ging es noch gut...

Die Prüfungen jedoch nahmen ihren Lauf. Karl machte eine "2" in Religion, in Latein, Griechisch, Französisch und Musik; eine "3" in Hebräisch, Geschichte, Geographie, Mathematik, Physik, Zeichnen, Turnen und auch in dieser schrecklichen «Erb- und Rassenlehre».

Nach so vielen Sorgen wegen seiner Abiturprüfung, die sich nicht so sehr auf den Zustand seiner Kenntnisse bezogen als vielmehr auf den Argwohn, mit dem ihn seine Lehrer, die Nazis waren, betrachteten, — sie saßen ja schließlich in der Prüfungskommission — ist seine Freude übergroß, bestanden zu haben.

Um sich von den großen Anstrengungen des Mündlichen zu erholen, besucht er ein Konzert. Mozart und Brahms, deren wunderbare Musik sein ganzes Inneres erfüllte, geben ihm seinen Frieden wieder.

Karl hat nun einen Abschnitt seines Lebens hinter sich gebracht. Wie Parzival hat er zu den Waffen gegriffen. Wie er, ist er für die Jugendlichen, deren Führer er war, ein Vorbild edler Ritterlichkeit geworden. Was vor ihm liegt, ist noch das Härteste, die Suche nach seiner inneren Einheit und die Entdeckung des Graal. Er findet ihn, und er wird sein eigenes Blut mit demjenigen Jesu Christi vermischen, mit dem einzigen Opfer, das zu feiern er die Gnade bekommen wird...

16.
«Christus, du bist meine Leidenschaft»

Karl hatte sein Abitur in der Tasche, und er konnte seiner Lebensentscheidung, vor die er nun gestellt war, nicht mehr ausweichen. Sein Vater hätte es lieber gesehen, wenn er anstatt auf die Universität zu gehen, seine Laufbahn als Beamter im Staatsdienst begonnen hätte. Karl ließ sich davon aber nicht beeinflussen. Ein großer Ehrgeiz wurde von Tag zu Tag in seinem Herzen immer stärker. Warum sollte er nicht den königlichen Weg des Priestertums einschlagen? Ein Weg voller Disteln und Dornen, gewiß. Ein enger und schwieriger Weg. Aber das ist die richtige Herausforderung für Karl. Er tut einen großen Sprung ins Unbekannte und setzt sein ganzes Leben ein, in dieser von der Naziideologie vergifteten Atmosphäre, die Deutschland wie ein immer dichter werdendes Netz von Schlechtigkeit eingarnt. Im Gebet wurde ihm seine Entscheidung immer gewisser. Es bestärkte seinen Wunsch, der im Dezember in s'Heerenberg bei den Exerzitien so lebendig in seinem Herzen war. Er will Priester werden, wenn es Gottes Wille ist.

So bewarb er sich für den Eintritt ins Collegium Borromäum in Münster, das Konvikt der Diözese Münster. Philosophie und Theologie belegen die Studenten an der Universität. Zusätzlicher Unterricht und die spirituelle Ausbildung der Priesteramtskandidaten übernimmt das Borromäum. Sie müssen acht Semester studieren, das sind ganze vier Jahre, bis sie ins Priesterseminar aufgenommen werden. Von diesen acht Semestern sind zwei Semester sogenannte «Freisemester», in denen die Studenten für ein Jahr an einer anderen Universität studieren können; sie müssen sich ein privates Quartier suchen und dürfen nicht in einem Konvikt wohnen. Dieses Jahr soll dazu dienen, daß der Kandidat sich in einer freien Umgebung nochmals prüft, ob er zum Priester berufen ist. Aber eine große Enttäuschung wartet auf Karl. Weil sich zu viele Kandidaten angemeldet hatten, wurde die Aufnahme der jüngsten um ein Jahr verschoben. Um seine Zeit sinnvoll zu nutzen, meldet er sich zum «Reichsarbeitsdienst», «RAD», den alle jungen Männer vor dem Militärdienst leisten müssen. Er erhält seine Einberufung nach Friedrichsfeld. Aber am 30. April 1934, einen Tag, bevor er zum RAD abfahren will, erhält er einen Brief aus Münster, daß seine Rückstellung annulliert wurde, und daß er sich doch am 7. Mai vorstellen soll. Mit viel Glück gelingt es ihm, seine Einberufung zum RAD wieder rückgängig zu machen.

Aus den Worten seines Tagebuches spürt man noch regelrecht seine Freude und Dankbarkeit. «Also — es ist Gottes hl. Wille, daß ich dieses Jahr schon das Studium der Gottesgelehrtheit beginne! Drum auf, mit heiligem Mut, stolzer Kraft, tiefer Demut, ganzer glänzender Reinheit, festem Glauben, starker Hoffnung und glühender Liebe ans hohe, heilige Werk. Fleißig, sparsam, tüchtig, strebsam ran an die Arbeit! Gott hilft gern! Ihm gilt meine Zukunft, mein Leben, mein Beruf! Herr, Gott, du mein König... du lenkst in wunderbarer Weisheit und Güte die Geschicke aller Menschen.

So hast du mich armen, schwachen, sündigen Menschen durch eine Zeit der Versuchung und der Schwachheit hindurch geführt, um mich jetzt zum heiligsten und höchsten Amt — zum Priestertum — zu berufen... O gib doch, du gütiger Vater, daß ich die Vorbereitungszeit auf diesen hehren Beruf, — dich zu vertreten —, aus deinen unerschöpflichen Lebensquellen in Klarheit und Demut gestalte!

Christus, du bist meine Leidenschaft. Heil!» (1.5.1934)

Am 5. Mai 1934 tritt Karl Leisner ins Borromäum in Münster in Westfalen ein. Dieser Tag ist zu einem wichtigen Punkt auf dem Weg seiner Kreuzesnachfolge geworden.

Ein junger Mann von 19 Jahren beginnt sein Studium. Er ist ein hochaufgeschossener Bursche von 1,80 m, kräftig gebaut, mit athletischen Schultern. Ein Junge, der sich wohl in seiner Haut fühlt, mit offenem und ehrlichem Gesicht. Was man jedoch nicht weiß, ist, daß diese Ausstrahlung auch der Ausdruck seines festen Willens ist, Gottes Heiligkeit anderen Menschen erfahrbar zu machen.

Geistig hat er eine Reife erreicht, die für sein Alter überdurchschnittlich ist. Das schnelle geistige Wachstum seiner Jugendjahre kann man gut in seinem Tagebuch verfolgen. Es ist ein einzigartiges Dokument, das es erlaubt, lückenlos die Entwicklung seiner inneren Reife zu verfolgen. Durch die Praxis, regelmäßig ein Tagebuch zu führen, hat er sich nach und nach einen harmonischen, starken und klaren Stil erarbeitet. Er bedient sich des Tagebuches als eines präzisen Werkzeugs für seine große Fähigkeit zur Analyse, dank derer er ausgewogene und personenbezogene Urteile fällen kann. Seine Urteile sind gewiß stark von seiner Umwelt geprägt, vor allem durch einen aktiven und lebendigen Katholizismus. Er fragt immer mehr nach dem Warum der Dinge, so daß seine Positionen immer durchdachter werden. Er hat gelernt, den «Massenmenschen» zu demaskieren, der immer nur die Slogans wiederholt und sich wie ein Schaf in einer Herde verhält. Karls Verhaltensweise ist hier exakt das Gegenteil. Er nimmt sein eigenes Verhalten stets unter die Lupe. Und er tut es schonungslos. Dieser junge Deutsche will frei sein. Und er ist es, und dies bemerkenswerterweise in einem Deutschland, auf das sich der Nationalsozialismus wie eine bleierne Last gelegt hat.

Was seine Moral anbetrifft, so ist dieser junge Mann von großer Feinfühligkeit. Die Zehn Gebote sind für ihn kein äußeres Gesetz, dem man sich wohl oder übel beugen muß, nein, sie prägen sich in das Herz ein, sie sind Triebfeder und Atem des Lebens. Und wenn bei ihm von Zeit zu Zeit die sündhafte Natur, die in Unordnung geratenen Sinne, die Oberhand gewinnen, besiegt er sie doch immer wieder. Das Schlechte erzeugt immer noch ein größeres Gut. Der Fall dient seinem geistigen Fortschritt. Und er hat bald gelernt, daß er sich zuerst selbst annehmen und auch lieben muß, um auf moralischem Gebiet immer größere Fortschritte zu machen, d.h. man muß die erstaunliche Realität, die man ist, lieben, nämlich Bild Gottes zu sein (Gen 1,26). Diese Realität zu lieben und zu verehren, heißt, daß uns ein innerer Blick des Glaubens mehr Wahrheit über die Dinge enthüllt als ein rein äußerer, d.h. sich ohne Zögern danach ausstrecken, das zu werden, was wir eigentlich sind.

Jede Verschleierung der Gottebenbildlichkeit des Menschen ist für Karl unannehmbar. So schreibt er abends am 8. Februar 1934, nachdem er nach einer Gruppenstunde durch die Straßen der Stadt geschlendert ist: «In der Gruppe nur fein und versöhnend sein. Kein Wort des Hasses oder der Hetze! Edel sein!» (8.2.1934)

Karl hat ganz außerordentliche spirituelle Fähigkeiten entwickelt. Mit 19 Jahren hat er eine ganz außergewöhnliche innere Festigkeit erreicht. Er glaubt mit seiner ganzen Existenz. Sein Glaube ist ihm zur unverletzlichen tiefen Natur geworden und dessen katholische Ausprägung zu etwas ganz Natürlichem, wie wenn frisches Wasser ganz rein aus einer Quelle sprudelt. Das Katholische ist ihm in Fleisch und Blut übergegangen. Und er ist stolz darauf.

Am 12. Februar 1934, dem zwölften Jahrestag der Krönung Papst Pius XI., stellt er die großen Verdienste dieses Papstes in seinem Tagebuch heraus. Er hat soeben Matthäus 16 und Johannes 21 gelesen, zwei Stellen, die die Funktion und den Primat des Petrus behandeln.

«Wie herrlich ging mir der tiefste Sinn und das große Gut des Papsttums auf, besonders an unserem Pius XI. Welch unermeßliche Gnade ist doch von seinem Wirken ausgegangen: Christkönigfest! — Friedensreich der Gotteskinder — seine gewaltigen Rundschreiben: — Casti connubii — Quadragasimo anno... Katholische Aktion! Belebung der Missionen! — Eine gewaltige Welle des Katholizismus geht unter Pius XI. durch die Welt. Katholische Lebensfülle allein kann sie retten. Wie mächtig steht doch heute wieder der Katholizismus und das Papsttum darin, ruhig und fest als der ragende Fels, der nicht wankt. Gott, Dank für unsern Papst! Gebet weiter für unseren Papst und die Kirche.»

Lebendige, christliche Überzeugung, stark verwurzelt und strahlend: Das ist der Glaube Karl Leisners, als er die Schwelle des Borromäums überschritt, am 5. Mai 1934.

Drei Monate vorher, zu Beginn der Fastenzeit, am 8. Februar, schreibt er aus ganzem Herzen: «Die heilige Zeit der Eingezogenheit beginnt auch für mich! Ich möchte doch gerne — Priester werden!»

Er nahm sich vor, jeden Tag die Messe zu besuchen, die ganze Fastenzeit hindurch. Die Eucharistie bleibt ihm die Quelle, aus der er schöpft und sich stärkt auf dem dürren Weg, der vor ihm liegt, so weit das Auge reicht...

17.
Frühjahrssonnenwende

Am Sonntagabend, 6. Mai 1934, beginnt Karl mit einem neuen Heft seines Tagebuches, und er schreibt in einem etwas scherzhaften Ton:

«Nun, mein liebes Tagebuch, ich habe dir allerlei Neues zu berichten. Seit gestern abend stecke ich im Collegium Borromäum zu Münster. – Nach aller munteren Arbeit im Klever Jungscharbezirk habe ich mich in einen "Kasten" verirrt, wo alles fein nett und geregelt zugeht. Was, da staunst du! – Nun es ist aber ein guter "Kasten", in den ich mich gesteckt habe. Er ist für werdende Priester, für Studenten der katholischen Gottesgelehrtheit. Ich hoffe, daß ich mit Gottes starker Hilfe es mal so weit bringe, als Gesalbter des Herrn am Altare Gottes das hl. Opfer darbringen zu dürfen. Gott hat sich meine Schwachheit auserkoren, wie ich inständig hoffe und worum ich täglich beten will. Gestern kam ich um 17.30 mit dem D-Zug in Münster an. Mein lieber Walter, mein ehemaliger Religionslehrer in Kleve, mein Gruppenführer, dem ich so vieles Gute und Schöne zu verdanken habe, holte mich ab und begleitete mich zum Collegium Borromäum. Etwas ungewohnt kam mir das ganze noch vor. Etwas verwirrt, zerstreut und auch wohl etwas müde von der langen Fahrt, kommt mir alles etwas "spanisch" vor. Um 8.15 in der Kapelle, die mir einzig gefällt, eine feine Predigt des Direktors über ein Wort des Philipperbriefes: "Ich vergesse, was hinter mir liegt und strecke mich aus (oder jage nach) auf das, was vor mir liegt."

Feine Gedanken! Wir verlassen Heimat, Eltern, Freunde, Kameraden — liebe und traute "Gewohnheiten". — Jetzt geht's mit Macht aufs große Ziel: das Priestertum. Wir vergessen auch Sünden der Vergangenheit. So schreiten wir mutig, mit Reue im Herzen, aber doch frohen, starkmütigen Herzens unserem hohen Beruf entgegen — jetzt gleichsam schon ein priesterliches Leben führend.»

Am Sonntagmorgen besucht Karl die Messe im Dom. Er verbringt die meiste Zeit des Tages mit Walter Dr. Vinnenberg, seinem alten Kaplan aus Kleve, der nun Lehrer für Religion und Sport an einem Gymnasium in Münster ist. Sie unterhalten sich über das Leben im Borromäum, wo eine strikte Disziplin herrscht, und sie sprechen über Probleme der Jugend, die ihnen so auf dem Herzen brennen. Ins Borromäum zurückgekehrt, lernt er zuerst einmal den Tagesablauf und die Statuten kennen. Dann beschließt er diesen denkwürdigen Sonntag mit einem Besuch der Andacht im Dom, die mit dem sakramentalen Segen schließt. In der Einsamkeit seines kleinen Zimmers meditiert er noch einige Stellen aus der heiligen Schrift, an denen die Berufung durch Gott zur Sprache kommt. Vor dem Schlafengehen zieht er eine Tagesbilanz und faßt folgende Vorsätze: «Tiefere Demut. — Mehr Umgänglichkeit. — Weg von der Ichsucht — dann: tiefere Ruhe, Bewußtsein der Geborgenheit in Gott. — Ruhe, nicht Hast!» (6.5.1934)

Der erste Abend bringt schon eine große Überraschung für die jungen Studenten. Der Bischof von Münster, Clemens August von Galen, kommt zu Besuch. Galen ist erst im Jahr zuvor zum Bischof ernannt worden. Er ist der große Mann, der sich so unerschrocken gegenüber den Nazis verhalten hat und der deswegen der «Löwe von Münster» genannt wurde.

Am Montag, 7. Mai, beginnen die Vorlesungen. Karl läßt den Unterricht nicht passiv über sich ergehen, sondern folgt ihm vielmehr mit einer kritischen Aufgeschlossenheit. Er ist sehr kritisch, was die Qualität der Vorlesungen betrifft, ihre Klarheit, ihre Kraft und die Originalität der Gedanken. Die Kirchengeschichte wird sein Lieblingsfach. Er erhält hierin einen sehr gründlichen Unterricht, während ihn das Fach «Apologetik» langweilt.

Er merkt wohl, daß dieses Fach sich überlebt hat. Die Apologetik kennt eine logische Beweisführung, mit der man aber den Menschen des technischen Zeitalters nicht mehr herausfordern kann, noch weniger den Menschen, der von Ideologien gefangen ist, noch die von den Medien manipulierten Massen. Die profane Welt hat keinen Zugang mehr zu den Beweisen der Glaubwürdigkeit der Dogmen oder gar zu vernunftgemäßen Beweisen der Existenz Gottes.

Die Philosophie wird aber eines seiner Lieblingsfächer. Der große Professor Peter Wust erzählt den Studenten von seinen eigenen Irrtümern in seiner Jugend und von seiner Berufung. Sein Geist sei an der Universität durch einen hyperkritischen, argwöhnischen und skeptischen Unterricht verwüstet worden. Er beschrieb ihnen, wie er zum Glauben zurückfand, wie er sich von der Philosophie Kants löste und wieder zu einem Katholizismus kam, der vom Geist der Gotteskindschaft geprägt war und sich an Christus orientierte (Mt 18,3). Karl ist von diesem Glaubenszeugnis stark beeindruckt.

Eine Vorlesung von Peter Wust — dieser Name taucht übrigens am häufigsten in seinem Tagebuch auf — über Fichte, den Apostel der Freiheit, lehrt Karl, daß man für alles offen sein muß, was in jedem Menschen schön und gut ist.

So öffnen sich bei den Studenten nach und nach die Fenster nach außen in einem katholischen Gedankengebäude, das ein wenig verriegelt ist. Karl studiert, wie er handelt: mit Eifer.

Jedesmal, wenn ihm eine Vorlesung ganz besonders gut gefiel, machte er eine lobende Bemerkung in sein Tagebuch. Im Borromäum richtet sich jeder Theologiestudent seine «Bude» nach seinem eigenen Geschmack selbst ein, einfach und schmucklos. Bei Karl sind Glanz und Überfluß innerlich. Die materiellen Güter interessieren ihn nur, soweit sie von einer unmittelbaren Nützlichkeit sind. Zu Hause oder auch im Ferienlager lebte er gewöhnlich sehr bescheiden. Diesem Zwang zur Einfachheit, zur Armut und schließlich zur materiellen Not kann er niemals entrinnen. Aber Mangel und Not haben es nie fertiggebracht, daß er sein frohes Wesen verlor. In seiner Studentenbude hängt ein Kreuz, aus zwei Ästen von Birkenholz gemacht, die er aus dem Reichswald mitgebracht hat, ein Bild der Mutter Gottes, Bilder und Photos von seinen Fahrten. In seinem Regal stehen einige Bücher: u.a. theologische Werke, die er braucht für das Studium, und seine Lieblingsbücher, die ihn überall hin begleiten. Karl liest viel.

In einem Heft schreibt er auf, was er alles in den Jahren 1934-1937 gelesen hat: u.a. die Nachfolge Christi, die Didache, Leibniz, Schiller, Kant, Fichte, Gilson, Guardini, Sartre, Nietzsche, Goethe und Pascal.

Die Bandbreite der Autoren bezeugt den Eifer des jungen Mannes, sich mit allen Geistesströmungen zu beschäftigen und auseinanderzusetzen. Alle Ideen werden immer im Licht des Glaubens gelesen und untersucht.

Aber das Studium ist nicht sein einziger Interessenschwerpunkt. Als er ins Borromäum eintrat, hat er seine Verpflichtungen für die Jugendlichen nicht aufgegeben. Im März 1934 sind ihm die Jugendgruppen des ganzen Kreises Kleve anvertraut, der aus drei Bezirken besteht: Kleve, Rees und Geldern. Er widmet sich seiner neuen Aufgabe mit gewohntem Schwung, nachdem er in seiner Heimatstadt Kleve mehr als fünf Jahre die treibende Kraft gewesen ist.

«Heute hier — morgen da! Wie ein "rasendes Ungeheuer" hetze ich durch den ganzen Kreis. Eine Scharstunde nach der andern. Alles klappt! Feine, frische Jungens, Begeisterung...! Brennende Herzen für Christus, unseren und meinen Führer, strahlende Jungenaugen, glänzende Bubengesichter! Das werden einmal Heilige! "Laßt die Banner wehen." — Wir halten die Treue. — Alles wird überstanden: Heiserkeit, Erkältung, Schlappheit! Wie ein müder Hund falle ich manchmal kurz vor und auch nach Mitternacht in die Falle», so schreibt er am 1. Mai 1934 in einem Rückblick auf die letzten Monate.

Konviktsdirektor Schmäing, der Leiter des Borromäums, den Karl wegen seiner Milde und Freundlichkeit sehr schätzt, läßt ihm freie Hand für seine Jugendarbeit.

Der Bischof von Münster, Clemens August von Galen, ernennt Karl zum Diözesanleiter der katholischen Jungschar. Angesichts des so sehr mächtigen Hitlerismus war der Bischof froh, einen so fähigen Jugendführer zu haben, der das seltene Charisma hatte, junge Leute mit Enthusiasmus sowohl auf die Gipfel der Berge als auch auf die Gipfel des inneren Lebens zu führen.

«Es ist eine feine, demütige Kunst der Behandlung junger (oder auch alter) Menschen zu einem vorschwebenden Ideal. – Auch ich möchte so gern einst ein Menschenkünstler, -bildner werden. Ja, es braucht dazu viel Liebe, feines, demütiges Hinhorchen, unendliche Geduld und Gotteskraft.» (27.6.1934)

Karl schrieb regelmäßig Artikel für die «Katholische Jungwelt», eine Monatszeitschrift für Jugendliche, die in Kleve herausgegeben wurde.

In der Juni-Nummer stellt er in einem Artikel die christliche Liebe dem Haßgeschrei der Nazis entgegen. Er stellt sein Ideal eines großen und starken Volkes auf, das christlich in der Liebe und im gegenseitigen Respekt verbunden ist.

In dieser Zeit erhalten seine eigenen patriotischen Gefühle immer mehr Gestalt als Antwort auf den unmäßigen Nationalismus der Nazis.

Durch die Post gibt er seine Anweisungen für die Gruppen im Kreis Kleve, die ihm besonders am Herzen liegen. Er erhält von ihnen einen Rechenschaftsbericht und eine Bitte um seinen Rat. «Überall lodernde Begeisterung über das Reich Gottes», schreibt er am 12. Juni, nachdem er Nachricht von einigen Verantwortlichen aus Kleve erhalten hat. «O Gott, in was für eine große, herrliche, schwere, schöne Zeit hast du in deinem allmächtigen Ratschluß uns schwache Menschen des 20. Jahrhunderts gestellt. Dank dir, gib uns Kraft!»

Er übt einen außergewöhnlichen Einfluß auf junge Leute aus, wie ein Zeuge, ein altes Mitglied einer Jugendgruppe von Vreden, bezeugt: «Karl ist Theologe und Diözesan-Jungscharführer; wir laden ihn zu unserer Jungschar nach Vreden ein. Karl hält eine Heimstunde. Er singt und spricht mit den Jungen wie ein großer Bruder. Dann spricht er mit ihnen von Christus und vom Reich Christi in Deutschland. Lied. Gebet (drei Ave).

Die Jungen sind so begeistert, daß sie Karl nicht aus dem Heim gehen lassen, nein, sie nehmen ihn auf ihre Schultern, viele Hände tragen ihn und bringen ihn nach draußen auf den Kirchplatz, ungeachtet der Hitler-Jugend, die drohend zuschaut (sie hat angesichts einer solchen Begeisterung nicht den Mut, in diese "verbotene Demonstration" einzugreifen). Am Abend: Wir sind mit einigen Jungführern um Karl. Wir spüren, das Erlebnis mit den Jungen hat Karl nicht stolz, aber froh gemacht. Er betont nur eines immer wieder: "Wir müssen dienen; Christus den Jungen künden."» (Pies, Otto, Stephanus heute, S. 44-45)

In Münster begeistert er sich immer mehr dafür, «auf Fahrt zu gehen». Nach der harten Arbeit des Studiums kann er sich so am besten entspannen. Und dann geht es über Land. Das ist seit seiner Jugend seine große Leidenschaft: neue Horizonte zu entdecken, Leuten zu begegnen, neue Sitten und Bräuche kennenzulernen.

An Pfingsten 1934 fährt er so mit 15 Jugendlichen von Kleve in die Benediktinerabtei Gerleve. Alle die Fahrradfahrer bilden eine lustige Gesellschaft. Die Natur im Frühlingskleid mit ihren Blumen, dem Vogelgezwitscher und ihren Düften gibt Karls Aufzeichnungen einen lyrischen Akzent. Er ist beeindruckt vom schönen Choralgesang der Mönche. Die majestätische Schönheit des Augenblicks hält ihn gefangen.

Nach den Pfingstferien geht es dann mit dem Fahrrad wieder nach Münster zurück, gut 100 Kilometer von Kleve entfernt. Der Zug ist für ihn zu teuer. Er durcheilt die Weite; sein Herz schlägt ihm vor Freude und Dankbarkeit: «Abschied von meinen Lieben! — Ich will euer wert sein, die ihr mir so unendlich viel Liebe, Nachsicht und Geduld schenktet...! Ade, mein liebes Heimatstädtchen, ade, ihr prächtigen Leute und Jungens alle... Ich ziehe aus, ein Mann zu werden! Gott, segne du alle, die mir um deines hl. Namens willen Gutes taten und tun, und verzeihe allen, die mir — vielleicht unbewußt — je irgend etwas Böses zufügten.» (28.5.1934)

Am Tag darauf, am 29. Mai, ist «Wiederbeginn des Studiums und des Betriebes. Kein Betriebsmensch werden!» (29.5.1934)

18.
Die Welt seines Innern

Im Borromäum nun beschäftigt sich Karl sehr viel mit seinem eigenen Verhalten. Abends stellt er eine «Bilanz» auf: «Mehr eingezogen, innerlich frei in Gedanken, Blicken und Begierden! Nicht sich gleich wahllos an alles hingeben. Tiefer, innerlicher, reiner, beherrschter!» (9.5.1934) «Nur noch straffer und willensbetonter muß ich werden, besonders beim Essen.» (21.6.1934)

Das Ergebnis sind nicht immer hohe feste Vorsätze: «Nun, da hab' ich's mal halt wieder erlebt, schöne Phrasen, aber schwer, sie zu leben!» «Mit mehr Schwung und viel schneller leben!» «Zeit nützen.» (11.6.1934)

Es gibt aber auch zahlreiche Augenblicke, in denen sein Inneres ganz erfüllt ist, in denen er den Heiligen Geist in seiner Seele erfährt, wie er neues Leben zeugt, Liebe und Begeisterung.

Und ihm sind auch Augenblicke geschenkt, an denen ihm ein neuer Aspekt des Glaubens bewußt wird. Nach einem Vortrag über den hl. Aloysius faßt Karl neue Vorsätze: «1. Die Augen beherrschen und manchmal geistig wenigstens niederschlagen. 2. Keine Menschenfurcht kennen... 3. Diese starke *poenitentia* (Bußgeist, Selbstzucht) soll uns zur *innocentia* (Unschuld) führen... Der hl. Aloysius fragte sich mit ganzer Seele bei allem, was er tat: *Quid hoc ad aeternitatem?* Was nützt das für die Ewigkeit?» (21.6.1934)

Die Selbstbesinnung beschränkt sich nicht nur auf das spirituelle Leben, sondern er will sich ganz, als ganze Person, bessern: «Noch eins: deutlicher und deutscher sprechen.» (2.9.1933)

«Aus der Sprache hört man das Wesen des Menschen. – Sprich, und ich sage dir, wer du bist.» (9.6.1933) Karl überlegt auch, wie er sich bei einer öffentlichen Rede ausdrücken soll: «Frei reden, nicht vorlesen.» Und er zitiert Kardinal Gruscha von Wien: «Die Predigt muß vom Handwerk den Fleiß und vom Kunstwerk die Schönheit haben.» (25.6.1933)

Auch seinen Körper vergißt er nicht. Am 14. Juli nimmt er an einem Marsch teil, den Rucksack auf dem Rücken, und erhält für seine Leistung das Reichssportabzeichen. «Kaputt wie ein Hund» kommt er nach Hause zurück. Samstags geht er zum Turnen und spielt Fußball. «Ich spielte rechter Verteidiger.» (26.6.1933) Er hatte hierfür eine echte Begabung. Bei all diesen Anstrengungen, sein Wesen zu bilden, wie ein Künstler sein Werk, ist er aber kein Einzelgänger. Im Gegenteil: Im Borromäum findet sich eine Gruppe von Schönstattleuten zusammen. Zwölf von 60 Studenten bilden die Gruppe, zu der Karl gehört, wie auch einer seiner Freunde, Heini Tenhumberg, der spätere Bischof von Münster.

Gemeinsam schöpfen sie Kräfte aus den Erziehungsmethoden, die von der Schönstattbewegung erprobt sind. So sind sie zu Vorträgen eingeladen, wie der am 26. Juni: «Originalität und Aktualität von Schönstatt.» Sie beten und meditieren zusammen. Auf spirituellem Gebiet hilft einer dem andern weiter, und sie unterstützen sich gegenseitig in Schwierigkeiten. Einer seiner Kameraden ist dringend nach Hause gerufen worden, weil seine Mutter schwerkrank ist: «Wir Schönstätter helfen alle mitbeten.» (17.6.1933)

Am 14. Juli 1934 findet in Münster eine große Treuekundgebung für Adolf Hitler statt. Karl unterstreicht die unvereinbaren Unterschiede zwischen dem christlichen Glauben und der Abgötterei der Nazis. Er ist sich gewiß, daß dies auf einen Bruderkrieg hinauslaufen wird. «Der Zusammenstoß ist unvermeidlich, davon bin ich mehr und mehr überzeugt», so Karl. Er stellt fest, daß das Volk sich an der Nase herumführen läßt, und er fleht: «Herr, hab Erbarmen mit unserem armen Volk, das so einfältig ist.» Es gibt auch eine «Arbeitsgruppe deutscher Katholiken», die dafür ist, sich mit den Nazis zu verbinden. Am 21. Juni singt ein gewisser Professor Täschner, Chef dieser Gruppierung, sein Loblied auf das Dritte Reich und seine Öffnung zum Katholizismus hin. Der größte Teil der Studenten, die ihn hören, lehnt die Ansichten dieses seltsamen Christen ab, den sie lautstark auspfeiffen. Diese Gegner schreckten vor einer Gleichschaltung nicht zurück. Karl fühlt sich stark überwacht.

Am 16. Juni hatte er noch immer keine offizielle Erlaubnis, damit er an der Universität mit dem Studium anfangen kann. Er vermutet eine Machenschaft, denn er ist der einzige, der auf die Zulassung noch warten muß: «Nette Sache! – Na, denk' ich, der Herrgott hat bis jetzt geholfen. Er hilft auch weiter!» (14.6.1934) Der Direktor des Borromäums beruhigt ihn. Wenn er die Erlaubnis des Staates nicht erhält, bekommt er diejenige des Bischofs, mit der er dann auch studieren könne.

Im Juli hat er sein erstes Semester bereits hinter sich. Seine Berufung hat sich durch das Studium gefestigt.

Die Sommerferien eröffnen ihm nun die Möglichkeit für ein neues unbekanntes Abenteuer, eine Fahrt mit Jugendlichen. Diesmal sind es drei Wochen Zeltlager mit 15 Jugendlichen über Mariä Himmelfahrt. Ein glücklicher Zufall wollte es, daß Karls Wahl auf Groesbeck in Holland fiel. Zahlreiche Schwierigkeiten stellen sich ihm zunächst einmal in den Weg. Er muß die Bedenken des Konviktsdirektors überwinden, der Reaktionen von seiten der Nazis befürchtet. Karl räumt diese und auch andere Schwierigkeiten mit Bravour aus dem Weg.

Er fährt nach Groesbeck und regelt das Finanzielle mit Kaplan Pulles, dem Geistlichen dieser holländischen Gemeinde. Mit viel Mühe erhält er dann grünes Licht von der staatlichen Behörde. Eine verrückte Vorfreude breitet sich in der Gruppe aus. Holland ist ganz nahe, aber es bedeutet für sie das Abenteuer eines unerforschten Landes.

Wie immer steht eine Messe am Beginn: «Die alten weiten Hallen unserer Stiftskirche schallen, hallen und tönen wider vom jubelnden Singen und Beten der Jungen.» (14.8.1938)

«In sauberer Marschkolonne mit Trommeln, Bannerflattern und frischem Jungengesang marschieren wir ins Dorf.» (14.8.1934) Die Holländer fragen sich perplex, ob es sich um eine Invasion der Hitlerjugend handle.

Die Weihe des Lagers zu Beginn, die Messe morgens, das Singen der Kirchenlieder und das Abendgebet bringen etwas Frieden in ihre Unruhe. Die Jungen sind Feuer und Flamme. Und Karl im siebten Himmel: «Wir fangen ein neues, herrliches Jungenleben an. Deutsche Jungen — Christusjungen...! Wir leben ein Leben der Gotteskinder in der Gnade voll Reinheit, Edelmut, Treue und Gefolgschaft für Christus, der unser oberster Lagerherzog ist. ...Stille der Nacht sinkt nieder über das Land. Dankbar singen unsere Seelen in die Stille Gott dem Herrn ein überströmendes Danklied "Lobet den Herren / Singet, danket Ihm".» (14.8.1934) So wacht ein 19jähriger über 15 Jungen, die noch ganz verträumt sind, am Ende eines wunderbaren Tages.

Spiele, Dauerlauf, Waldlauf, Trommelspielen, Lagerfeuer, religiöse Unterweisung und Besuch der Kirche: Die Gruppe der Jungen wird hier in einer wunderbaren Atmosphäre erzogen. Die Überlebenden sagen noch heute, wie stark sie hier geprägt wurden.* Das Lager von Groesbeck schien in ihren Augen das verlorene Paradies wieder herzustellen. Als sie wieder wegzogen, sind das Feld und die Umgebung ordentlich aufgeräumt und gesäubert. Karl duldet nicht die kleinsten Spuren von Abfall und Dreck. In der Natur wie in der Moral.

---

*1989 versicherte mir Johannes Düsing aus Gelsenkirchen, der an diesem Lager teilgenommen hat: «Für mich wurde Karl meine erste Leitfigur. Er blieb es auch später. Noch heute ist es mir zuwider, zu lügen oder zu fluchen. Und er, das ist gewiß, war ein Mann des Gebetes.»

19.
«Ich bin bereit, mein Leben hinzugeben»

Von diesem denkwürdigen Ferienlager zurückgekommen, wo alles zur vollkommenen Zufriedenheit verlaufen ist, fühlt Karl, daß er sich in die Stille zurückziehen muß, um neu zu bestimmen, wo er steht. Er zieht sich aber nicht an einen einsamen Ort zurück, sondern er braucht die große weite Landschaft, um wieder zu sich zu kommen. So schwingt er sich auf sein Fahrrad und macht ganz allein eine große Fahrt ins Saarland. Indem er Kilometer um Kilometer zurücklegt, kann er am besten über den Zustand seiner Seele, seines Verhaltens und seines Lebenssinns nachdenken. Und auch über die Folgen, die seine jüngste Ernennung zum Diözesanjungscharführer von Münster mit sich bringen.

Am 12. September schreibt er seine Reflexionen über sich selbst in seinem Tagebuch nieder, in dem sein innerer Zustand in diesem für ihn so entscheidenden Jahr am besten wiedergegeben ist.

Ich «war trotz meines Führerseins den Jungen gegenüber ein so wenig zielklarer, tapferer und treuer Mensch, daß ich erst hier nach einigen inneren Kämpfen zu jenem wahren Menschenbild erwachte, wiedererwachte, das zutiefst in mir hämmert und noch und endlich ans Licht will: Ganzer Deutscher, ganzer Katholik, ganzer christustreuer, starker Jungmann! Im Kampf standen sich der schwache, feige, weiche, sinnliche, schlampige Mensch und der verantwortungsfrohe, christusverbundene, zuchtvolle, reine, bescheidene, rechte Karl! — Zum

Mießmacher und Pessimist, zum Kriecher und Feigling, zum Verräter und Fahnenflüchtigen an Katholisch- und Deutschsein drohte ich zu werden: Das Steuer meines Schiffes drohte mir zu entgleiten — nein, ich nehme meine Seele, meinen Leib, mein Geschick in meine Hände und will es meistern — tapfer, treu und bescheiden: Ich will Held sein! Glaubensstark, siegesbewußt, hoffnungsfroh! Der Ruf Gottes dröhnt an meine Seele: Her, wach' auf, besinne dich: Du kannst's, wenn Ich die Gnade schenke — reichlich, in Fülle — und du willst, du mittust, mitgehst! Auf, du sollst mir meine Jugend führen, die jüngste Kirche in unserer Diözese; auf, stell' dich an die Spitze, den Bannerschaft gefaßt! Weise du andern den Weg. Ich — dein Herr und Meister — zeige dir den rechten Weg, den Weg des Lichtes, der — durch des Heiligen Geistes Gnade — führt zu mir, dem Ewigen, dem Ziel der Unendlichkeit, dem Quell alles Lebens! — Herr, ich hab' gerungen mit dem schwachen, selbstsüchtigen, feigen, sinnlichen Menschen in mir.

Mit deiner Gnadenkraft, die du mir Schwachem im Brot der Starken, durch dein heiliges Fleisch und Blut, geschenkt hast, will ich das schwere Jungführeramt aus deiner Hand entgegennehmen: Sei du mir Führer zum Licht, zu Dir, damit ich anderen den leuchtenden, hellen Weg zu Dir führen kann! Ohne dich kann ich nichts, mit dir alles! Ich verspreche dir — und schaue dir dabei in deine unendlich tiefen geistigen Augen, deren Licht mich erschauern läßt vor Furcht und Freude — dir verspreche ich feierlich: Herr, allmächtiger Gott: Dein Werkzeug zu sein, in Vollkommenheit will ich ständig mich verzehren. Alle Lebenskraft gehört dir von heute an! Wenn du willst, will ich dein Priester werden. Herr, gib mir deine Gnade dazu! Amen! Alleluja!

Deutsche Jungen soll ich führen! Deshalb weg mit allem Mißmut, hin zum Vaterland! Das Leben zu opfern muß ich bereit sein! Katholische Jugend hinführen zum deutschen Volk ist meine Aufgabe!

Deutsches Volk zu bauen durch heilige, katholische, deutsche Jungen! — In heißer Liebe hänge ich am deutschen Volk, will ich zu deutschem Volk: Alles Böse will ich vergessen, Gutes denken und wirken! Deutsches Volk soll wieder christliches, katholisches Volk werden wie einst in Zeiten der großen Kaiser und Führer, in den größten Zeiten deutschen Reiches, deutschen Volkes und Landes! Darum auf die Wälle mit hochgemutem, freiem Blick, mit freier, offener Stirn! St. Michael sei mir Helfer und Schutz- und Schirmherr, St. Georg ritterliches Vorbild und die hl. Gottesmutter sei mir eine mächtige Fürsprecherin und gebrauche mich als ihr und ihres Sohnes Werkzeug zu hl. Sendung in deutsches Volk! Mein Volk – hier meine Hand zu mutiger Verbundenheit! Mein Land – hier mein Herz, das suchend, liebend, hungernd, voll heißer Sehnsucht auf Fahrt und Großfahrt dies und das Volk sucht und immer wieder fand! – Auf, zu katholischer, deutscher Tat! Mit dir, Herr und Gott.» (12.9.1934)

Diesen lyrischen Dialog mit Gott und dem Vaterland kann man nur richtig verstehen, wenn man bedenkt, daß er in der aufgeladenen Atmosphäre dieser Zeit entstanden ist. Karl stellt hier den heidnischen Feiern, die die Nazis zum Ruhm des deutschen Nationalismus immer wieder begehen und als bevorzugtes Werkzeug für die Errichtung ihrer zukünftigen Herrschaft mißbrauchen, einen hymnischen Text entgegen, der seiner großen Liebe zu seinem Vaterland gewidmet ist.

Es sind prophetische Worte eines jungen Mannes, ein großartiges Zwiegespräch mit Gott und seinem unterjochten Vaterland. Sein Opfer wurde von Gott angenommen. Karl bleiben nur noch fünf Jahre in Freiheit und zehn Jahre des Lebens überhaupt. Das sind beinahe zehn Jahre des Leidens.

Während dieser Fahrt an die Saar überschreitet er bei Spicheren die deutsch-französische Grenze: Er ist sehr bewegt davon: «Heute ging's los nach Saarbrücken – Spicherner Höhen – Lothringer Boden (zum ersten Mal auf französischem Hoheitsgebiet).» (14.9.1934) Diese Ausdrucksweise offenbart vielleicht eine letzte Spur einer Verletzung des patriotischen Gefühls, die der deutschen Seele durch die Wiedererlangung der von Frankreich 1871 verlorenen Gebiete geschlagen wurde. Erst der

Zweite Weltkrieg und das Entstehen der Europäischen Gemeinschaft löschen die letzte Spur einer lange Zeit ununterdrückbaren Erregung aus.

*

* *

Das Jahr 1934 geht zu Ende. Bevor Karl von Münster nach Hause fährt, um dort die Weihnachtstage mit seiner Familie zu verbringen, eröffnet sich ihm eine großartige Möglichkeit. Zum ersten Mal in seinem Leben geht er in die Oper. Man spielt den «Fliegenden Holländer» von Richard Wagner. Vom höchsten Rang, den Platz für 60 Pfennig, schaut er dem Schauspiel mit großer innerer Bewegung zu. Er ist beeindruckt von der brillanten Technik, vor allem über die Szene, in der das Phantomboot herankommt, und bedauert es, vorher nicht den Spielablauf studiert zu haben, um so besser den Sinn verstehen zu können.

Es ist ihm unmöglich, irgend etwas vorzubereiten. Mehr als je zuvor wird er von seinen Aktivitäten verschlungen.

Die Aufgabe als Diözesanjungscharführer allein beansprucht schon seine ganze Zeit. Karl muß daneben auch noch studieren, was eigentlich ebenfalls seine ganze Zeit in Anspruch nimmt. So muß er immer eins auf Kosten des andern tun. Er überfordert sich. Um Mitternacht ist er «müde wie ein Hund» und «fällt in seine Falle».

Damit das Seelenleben bei diesen vielen Aktivitäten nicht erstickt, nimmt er sich vor, die Methode der «spirituellen Tagesordnung» von Schönstatt noch gewissenhafter anzuwenden. Die systematische und dauernde Kontrolle der Handlungen seines geistigen Lebens während des ganzen Tages erscheint ihm äußerst wichtig, damit er innerlich wachsen kann. Und wenn ihm diese Kontrolle zur Gewohnheit geworden ist, bleibt ihm immer ein Stück freie Zeit.

Karl will die Umstände und die Verfügbarkeit des Augenblicks nicht der zufälligen momentanen Verfassung seiner inneren

Befindlichkeit überlassen. Um sie zu ordnen und zu normalisieren, stellt er wieder die Liste mit den Punkten auf, die er sich vorgenommen hat zu erfüllen.

So schreibt er am 15. Januar 1935:

«Besonders was über Selbsterziehung gesagt wird, packt mich. Selbsterkenntnis ist Grundlage und Ziel aller Erziehung. Förderung, höchste Steigerung des Ich, des Besten in mir, meiner Eigenpersönlichkeit und ihrer Anlagen.» (15.1.1935) Und er schreibt zehn Verse von P. Kentenich in sein Tagebuch; zehn «Pädagogische Goldkörner»:

«Und eine Lust ist's wie er alles weckt
Und stärkt und neu belebt um sich herum,
Wie jede Kraft sich ausspricht, jede Gabe
Gleich deutlicher wird in seiner Nähe.
Jedwedem zieht er seine Kraft hervor,
die eigentümliche, und zieht sie groß,
Läßt jeden ganz das bleiben, was er ist,
Er wacht nur drüber, daß er's immer sei
Am rechten Ort, so weiß er aller Menschen
Vermögen zu dem seinigen zu machen.» (15.1.1935)

Kentenich beschreibt so den Erzieher, der auch Karl bei seinen Jugendlichen sein will. Als Diözesanleiter hat er etwa 1200 Jugendliche unter seinen Fittichen. Für einen Stundenten ist das eine riesiege Aufgabe. Wie sehr er sich auch bemüht, seine Zeit einzuteilen, er wird von den vielen Aufgaben verschlungen. So bleibt ihm kaum Zeit, sein Tagebuch mit ausgeruhtem Kopf zu führen. Seine Eintragungen sind oft nur noch im Telegrammstil gehalten. Die Schrift verrät die Hast und das Getriebensein, in das ihn der Stundenplan treibt. Zu den Hausstunden des Direktors kommt er immer auf die letzte Minute, worüber sich die Professoren ärgern. «Leisner ist da, wir können beginnen.»

Karl sieht sehr wohl ein, daß sich dieses ständige Hin-und-Hergerissen-Werden für ihn schädlich auswirkt. «Kurz nur eins», so schreibt er am 5. April 1935, «Zu viel Unrast, zu viel Betrieb: Das geht nicht so weiter — Tempo — Tempo! Heijo in die Falle, los: Ruhe, Besinnung. — Christus ist mir alles!» Und dann die Sorgen für die Examen. Die Professoren verlangen etwas. Der Student muß seinen Stoff beherrschen. Und es gibt viel zu lernen. Das Wiederholen beansprucht Zeit. Karl ist trotzdem zuversichtlich: «Es soll mich nicht schrecken — ach nein, trotzdem ich ja viel mehr bisher hätte ochsen können. Ich arbeite, wie's geht, so gut und das andere tut der Hl. Geist, den ich in allem so urkräftig spüre und atme, um den ich flehe und bete und ringe, hinzu, — ja Vertrauen! Wie vor'm Abitur.» (22.1.1935)

Am 11. Februar steht er vor der «langerwarteten Examenwoche. Ein frohes, mutiges, gottesstarkes Wort: Sucht zuerst das Reich Gottes, und alles andere wird euch hinzugegeben.» Mit diesem Eintrag vom 10. Februar wird das Tagebuch unterbrochen bis zum 5. April. Eine Zeit, randvoll mit Aktivitäten, liegt zwischen den beiden Daten. Die Prüfungen sind sehr anständig. Er kümmert sich nun noch mehr als früher um seine Diözesanaufgabe für die Jugendlichen.

Karl interessieren auch weiterhin die politischen Ereignisse. Das Referendum an der Saar erzeugt eine unglaubliche Gemütsbewegung in Deutschland. Er teilt sie um so mehr, da er das Saarland ja einige Monate vorher durch seine Fahrradtour kennengelernt hat.

«Schicksalstag für Deutschland! Das Saarland will heim! Gott geb' recht' Gelingen. Diese Woche ist mir eine eucharistische Opferwoche für Deutschland.» (13.1.1935) Am 15. Januar schreibt er einen begeisterten Brief an seine Familie. Er freut sich mit den 90% Saarländern, die für Deutschland optiert haben. «Die Saar ist frei.» Karl ist ganz mitgerissen, als er an einer Militärparade teilnimmt, die zur Ehre des deutschen Sieges an der Saar abgehalten wurde. Dieser seltene Augenblick nationaler Einheit inspiriert ihn zu einem Gedicht, dessen Schluß lautet:

Schenk und Deutschen wahre Einheit,
Gott, Du Schenker aller Freiheit!
Katholisch und deutsch — beides heißt treu!
Treu Gott, der Kirche und dem Vaterland. Herr, mach uns frei!

Nicht die geringste Spur des maßlosen Nationalismus der Nazis finden wir bei ihm. Und in dem gleichen Maße, wie er sein Vaterland liebt, kann er später Europa lieben. Die Liebe einer größeren Gemeinschaft muß ihre Wurzel in der Liebe zur nationalen Gemeinschaft haben. Familie, Heimat, Vaterland, der Bereich einer gemeinsamen Kultur, das sind die konzentrischen Kreise der natürlichen Identität einer Person. Und dies alles in Christus Jesus...

20.
Göttliche Ordnung und innere Freiheit

Trotz der Überfülle der Aufgaben und der Erschöpfung, die ihn manchmal buchstäblich niederschlägt, ist Karl normalerweise voller Leben, voller Schwung und Freude. «Licht, Leben in Fülle! Mein Wahlspruch», schreibt er an Lichtmeß, am 2. Februar 1935, am Ende eines fünfseitigen Lobliedes auf das Licht. Dieser Text, in einem markanten und eigenständigen Stil abgefaßt, bezeugt seine immer größer werdende Feinfühligkeit. Er ist sich dessen bewußt: «In diesen Tagen gehen mir täglich neue Freuden, Erfahrungen, Entdeckungen auf. Jeder Tag macht mich reicher, immer reicher an Wissen, Leben, vor allem aber an rechter Gnade und Tiefe.» (22.1.1935) Er gibt diesen inneren Reichtum an die Jugendlichen, die ihm anvertraut sind, weiter, an die Leiter, denen er Vorbild ist. Im Gegensatz zur immer größer werdenden Schar der Hitlerjugend wird ihre Zahl immer geringer, aber die Überzeugung dieses kleinen Restes ist um so stärker. Am 4. Mai berichtet er im Tagebuch von der mutigen Haltung einiger von ihnen am Gymnasium. Man beginnt, ihnen nachzustellen. In Münster schimpft sie ein Lehrer Kommunisten. «Ihr folgt doch Christus, und der war doch auch so eine Art Kommunist.» «Aber, Herr Lehrer, die Kommunisten sind doch gottlos und bekämpfen jede Religion, da hätte Christus sich ja unmöglich gemacht.» (4.5.1935) Der Lehrer jedoch predigt weiter die Ideen von Rosenberg, einem Rassenideologen der Nazis: «Das ist für die deutsche Jugend das richtige.» Die Gymnasiasten ergreifen die Gelegenheit beim Schopf;

sie fahren ihrem fanatischen Lehrer in die Parade, der sie für die nationalsozialistischen Organisationen anwerben will: «Solange der Weg der deutschen Jugend der Weg Rosenbergs ist, gehen wir nicht in die Hitlerjugend.» Mit Stolz gibt Karl diesen Dialog wieder. Christi Geist ist lebendig unter den Jugendlichen. Sie haben keine Schwierigkeiten, den radikal unvereinbaren Charakter der Naziideologie vom christlichen Glauben zu unterscheiden.

Solche Überzeugungen offenbaren ein persönliches Verhältnis zu Christus. In den Familien wird der Grundstein zu einer solchen Christusbeziehung gelegt, und hier ist auch der Ort, wo sie wachsen kann. Karl weiß, daß auch er stark von seiner Familie geprägt ist. Seine eigene Existenz sagt ihm, wo seine Wurzeln liegen. Oft ist es die geliebte Mutter, deren Frömmigkeit sich auch in den Herzen der Kinder festsetzt, in aller Selbstverständlichkeit, wie ihre Liebe. Am 4. Mai schreibt Karl: «Heute ist mein Muttertag. In Freude will ich betend und opfernd den Tag für meine gute, liebe Mutter weihen. Es soll ein echter, froher und frommer Tag werden, so als ob ich ihr heut abend Rechenschaft geben müßte. Mit Gott und Maria für meine Mutter!» (4.5.1934)

Rechenschaft geben! Gott und sich selbst, vor Gott. Das ist eine Forderung, um auf dem spirituellen Weg vorwärtszukommen. Unermüdlich wirft Karl einen kritischen Blick auf sich selbst. Er notiert seine Unvollkommenheiten, seinen Mangel an Entschlußkraft. Das Ziel, das er im Auge hat, ist ein vollkommenes Leben, und zwar in zweierlei Hinsicht: Er will sich, vor allem, da er Priester werden will, nach dem Rat des Evangeliums richten: «Seid vollkommen, wie euer himmlischer Vater vollkommen ist.» (Mt 5,8) Und er will würdig sein für den Auftrag, den er schon erhalten hat, nämlich der Jugend ein Führer zu sein. Deshalb seine häufigen Gewissenserforschungen im Lichte des Glaubens. So zieht er bei gewissen Gelegenheiten Bilanz, bei äußeren Ereignissen oder auch an bestimmten Tagen. So am letzten Mai nach der Maiandacht, als er sein erstes Semester gerade abgeschlossen hat, verbringt er eine längere Zeit in großer Sammlung. Er schreibt mit einer sehr harmonischen Handschrift, was auf einen tiefen Frieden schließen läßt, der ihn im Augenblick erfüllt. So blickt er auf das vergangene halbe Jahr zurück: «Vorüber die ersten Jahreshälfte. Festzustellen ein Rück- und Leerlauf in vielem, ... die göttliche hl. *«Ordnung»*, die innere gelöste *Gestrafftheit* — die wahre innere *Freiheit.*

Ordnung und Freiheit sind zwei wundervoll sich ergänzende, beschenkende, durchdringende Werte.

Ordnung herein *in die täglichen kleinen feinen Dinge:* Zimmer, Bücherbrett, Schrift, Briefwechsel, Aufstehen, Zunachtlegen, zu Tisch setzen, Essen und Trinken, Gang und Haltung auf der Straße, im Zimmer, allein und in der Öffentlichkeit...

Ordnung in das religiöse Leben meiner Seele — aus letzter Ehrfurcht und hl. Selbstliebe heraus! Morgens das Kreuzzeichen in Ehrfurcht und Kraft nach kraftvollem Erheben, dann auf in die Kapelle: Pünktlich da, Sammlung, tief atmen zu Beginn, gewärtig werden; ... beten in Sammlung und Wachheit.

Das *Meßopfer* — als *Morgen- und Tagesopfer, Heiligung zum Tagewerk* mit all seinen Klippen und Härten und Lockungen und Unvorhergesehenem. Und dann mehr *Mut* und mehr *Demut.*

Mehr Demut: Nicht schwatzen über eigene Leistungen — schweigend dienen. Bescheiden sein und ganz *still* und ehrfürchtig! Mehr Mut in Haltung, in Rückgrat, allem Morschen und Feigen und Laschen an mir (Gang, Zucht, Lust, Last, Drückebergerei) und in anderem. Straffheit und doch aus letzter Gesichertheit und Gelöstheit heraus. Gestalten den Tag in velocitate animi — Frische, Mut, schneller *Griffigkeit und Wendigkeit!* — dann auch die *schöpferische Pause!*

Raus aus dem erstarrten Dickpelz der Sünde — weg mit dem Bonzenbauch in jeder Beziehung.

Apostolus esse! In tota creatura corporis, spiritus animaeque! (Apostel sein mit allen Kräften des Körpers, des Geistes und der Seele!) Der frische, forsche, demütige, reine, fromme und mutige, strebsam studierende, innerlich freie, erlöste Jungmann. Der Sturmschar-Theologe.

Das Werk beginnt!» (31.5.1935)

Am Tag darauf, am 1. Juni, setzt er seine Selbstreflexion fort. Die gleiche feste Schrift zeigt seine innere Verfaßtheit. Wir sind in der Woche vor Pfingsten, in der die Novene abgehalten wird. Karl betet gerne die Novene, um sich auf die großen Feste des Kirchenjahres vorzubereiten. Er betrachtet den Inhalt des Festes, seinen Sinn und seine Fruchtbarkeit für das eigene Leben. Der Höhepunkt dieses Pfingstfestes 1935 wird das Diözesantreffen der Jugendlichen in Telgte sein, einem Marienwallfahrtsort in der Nähe von Münster. Karl hat diesen Tag mit viel Sorgfalt vorbereitet. «Das kommt nicht von Herzen, was nicht auch andere Herzen erreichen kann», schreibt er.

Gegen Ende dieses anstrengenden Semesters, wo er sich zwischen seinen Vorlesungen, den strengen Prüfungen und seiner Diözesanaufgabe für die Jugendlichen abrackerte, fühlt er sich müde: «In körperlicher und seelischer Beziehung bin ich überfüttert, überladen, verfettet.» (15.6.1935)

Am 29. Juni zelebriert der Bischof im Borromäum die Messe und gibt dabei den Seminaristen als Leitwort für die Ferien mit auf den Weg: «Ordnung und Nächstenliebe».

Karl hat die Prüfungen gut bestanden. Wenn er auch nicht immer die nötige Zeit hatte, viel zu studieren, so lernte er doch mit großer Intensität, von seinem Wissensdurst getrieben. Er hatte manchmal den Eindruck, Glück zu haben, indem er auf Fragen stieß, die er selbst hatte und ihn stark beschäftigten oder die er gerade vor dem Examen wiederholt hatte. Einmal warf er noch einen Blick auf seine Notizen, als ihm schon das Thema der mündlichen Prüfung bekannt war.

Das tat ihm nachher sehr leid, und er gestattet sich niemals mehr eine solche kleine Unkorrektheit.

Karl war ein «ritterlicher» Mann. Sein Ideal war der berühmte Reiter im Dom zu Bamberg. Dieses Bild findet man mehrere Male in seinem Tagebuch. Prächtig und in der Form vollendet steht dieses Bild eines schönen und heiteren jungen Mannes in seinem ritterlichen Gewand vor dem Blick des Eintretenden. Karl erkannte darin das lebendige Bild eines jungen Deutschen. Stärke und Anmut, Mut und Beherrschung zeichnen die Züge des Reiters. Und Karl fragt sich selbst, ob er nicht dieser Reiter sein wolle. Diese Plastik des 13. Jahrhunderts, ein Höhepunkt der deutschen Bildhauerkunst, bringt das hohe christliche Ideal zur Darstellung. Diese Geschichtsepoche scheint einen Augenblick lang einen der sehr seltenen Balanceakte fertiggebracht zu haben, wo sich eine hohe Kultur in der ursprünglichen Schönheit des Paradieses ausdrücken kann.

21.
Menschenfischer

Nach seiner Fahrt im Sommer, die schon Tradition geworden ist — es ging dieses Mal nach Flandern, wo er heimlich die Grenze überschritt —, und nach einer Zeit vieler Bildungsveranstaltungen und Treffen, gehen für Karl die Ferien mit einem sehr wichtigen Ereignis zu Ende: Einem Treffen von 75 Jugendgruppenleitern beim «General» am 19. und 20. Oktober 1935.

Der General, das ist Präses Ludwig Wolker*, der zuständige Seelsorger für alle Vereinigungen der katholischen deutschen Jugend für das ganze Reich. Seinetwegen machte sich Karl einige Monate später schwere Sorgen. Dieser solide Bayer mit den kräftigen Zügen eines Mannes aus den Alpen übt einen unwahrscheinlich starken und anhaltenden Einfluß auf die Jugendlichen aus. Stark wie ein Fels, aber weich unter seiner rauhen Schale, beherrschte er das Wort mit einer bewunderungswürdigen Treffsicherheit und mit einem Sinn für drastische Bilder, die mehr sagten als lange abstrakte Erörterungen. Er liebte die Jugendlichen, und sie kamen zu ihm zu Hunderten. Er hatte die kostbare und seltene Gabe, sie ganz und gar zu begeistern, sie mitzureißen in eine Art von Trunkenheit des ganzen Seins.

Karls Aufzeichnungen, die er einen Tag nach dem Treffen niedergeschrieben hat, geben hiervon beredtes Zeugnis. «Wolker

---

* Präses Wolker starb 1955, nachdem er am Wiederaufbau der Katholischen Jugendverbände Deutschlands nach dem Krieg federführend mitgewirkt hatte.

gab uns einen großen, neuen Blick in die Zeit, in unser Jugendreich, für die Wegbereitung Christi hinein in unsere Zeit für unser deutsches Volk. Er packte uns in tiefer Seele, riß uns heraus aus aller Kleinheit und allem Ich-Götzenkult zu den Höhen Gottes. "Parate viam Domini", "Bereitet dem Herrn den Weg". Hein W., Willi und ich stürmten in der Pause zusammen los in die Berge — ergriffen, in tiefer Seele, fortgerissen waren wir. Trunken schauten wir die in herrlichen Herbstfarben schimmernden Berghügel des Bergischen. Wir stürmten den Berg hinan, und alles ist uns neu aufgegangen. — Wir haben neue Sicht und Weite bekommen! Es ist unaussprechlich schön, was unser General uns alles gesagt hat.» (19./20.10.1935)

Daß er einen so tiefen Eindruck und eine so große Begeisterung entfachte, kann man kaum nur auf sein rednerisches Talent oder auf seine rein menschliche Ausstrahlung zurückführen. Präses Wolker war ein heiligmäßiger Mann. Der Geist, der durch seine Worte verkündet wurde, erfüllte die Herzen der Zuhörer mit dem Feuer der Liebe. Dieses Treffen in der wunderbaren Hügellandschaft um Altenberg, nordöstlich von Köln gelegen, bei dem wunderbaren Kloster, dieser unvergleichlichen Perle gothischer Zisterzienserkunst, hinterläßt eine tiefe Spur in Karls Seele. Mehr denn je ist er entschieden, Christus nachzufolgen und sich durch den Herrn zu einem Menschenfischer machen zu lassen. Noch nicht vier Monate danach wird Generalpräses Wolker von der Gestapo festgenommen, was Karl im Innersten erschüttert.

Indem Karl «auf die herrlichen vier Monate der Ferien mit ihren tausend Gottesgaben» zurückblickt, fragt er sich: «Bin ich Christus nähergekommen? Ich hab's versucht. Es gab Tage, wo es kläglicher Versuch blieb. Es hat aber auch Zeiten, Tage, Wochen, Stunden gegeben, wo's vorwärts ging.»

Er hat viel Glück und viel Freude in diesem gesegneten Sommer. Aber auch das Kreuz war niemals fern. Als er nochmals eine Fahrt für einige Tage unternimmt, erfährt er, daß einer seiner Studienkollegen, Bernhard Gerritzen, im Rhein ertrunken ist: «Am Freitagabend... höre ich, Bernhard ist schon beerdigt worden. Vorigen Sonntag stand ich mit ihm noch an der Christ-Königs-Kirche... und jetzt schon in der kühlen Erde.»

Ein Unglück kommt selten allein. So erfährt er am gleichen Tag, daß ein Klassenkamerad vom Gymnasium in Kleve an einer inneren Blutung gestorben ist. Am nächsten Tag fährt er mit einigen Kameraden um 5 Uhr früh morgens nach Düren zur Beerdigung von Paul Brückner. Er ist so früh aufgebrochen, um noch an der Messe teilnehmen zu können. Seine hl. Kommunion opfert er für Pauls Seelenfrieden auf und für die Bekehrung zweier Freunde, J.A. und W.J., die die katholische Jugend verlassen haben: «Ich bin erschüttert über ihren Abfall von Christus.» Karl führt ein langes Gespräch mit ihnen. Der Tod des gemeinsamen Freundes bringt sie näher: «Alle stehen wir im Banne des Todes – er vereint die Lebendigen.» Auf dem Heimweg dann erfährt er, daß einer seiner Kameraden vom Gymnasium sich Nietzsche und seiner Lehre verschrieben hat. Er ist der «Blut- und Rassenlehre» verfallen.

Karl schreibt weiter: «Er ist doch sehnsüchtig und brennt vor Glut, aber Gottes Geist hat ihn zur Zeit nicht mehr ergriffen.» Jan, ein anderer Kamerad, ist genauso dran. «Ach, ich muß noch viel inniger für sie beten, für sie, meinen toten und lebendtoten Kameraden.»

In Krefeld machen sie Rast: «Ich betrachte die Unrast der Großstadtmenschen und flüchte eben still in eine Kirche. Ein liebenswürdiges Fräulein füllt mir für 10 Pf. ein Hörnchen Eis. Sie versöhnt mich wieder mit dem Hasten der Stadt: ein edles Menschenkind!»

Karl seufzt: «Weiter, weiter! – Kaum zu Hause, geht's los mit einigen Kerlen aus den Jugendgruppen (den Älteren) nach Kehrum, zu v. G., die uns eingeladen haben. Tummeln, tollen, spielen, raufen, schwimmen! Erntearbeit, Pferde, Kühe, Hunde, Katzen, – Hühner, Futter echtester Art – alles, was ein Jugendherz begehrt. Wald, Felder, Bäche, Sonne! Zwischendurch nach Coesfeld Führerkurs. In Gerleve Jupp B. besucht und Treffen vorbereitet. Abends wieder daheim und in Kehrum.

Heijo und dann geht's los auf Großfahrt nach Belgien. Deo gratias aus jubelnd dankesvollem Herzen für all den Reichtum an Einsicht und Erleben. Drei Wochen Großstadt. Ein Land erschließt sich uns. Zwei Volksstämme verschiedener Rassen — Erinnerungen an den großen Krieg. Kaum daheim: Sa/So 24./25. August Füku in Freckenhorst. Sieben Mann. Lebendige Kameraden — im Schatten der alten herrlichen Gottesburg.»

Dieses unentwegte, rasende Hin und Her ist normal für Karl. Tag für Tag. Und immer unterwegs zu einer neuen Aufgabe und einem neuen Dienst. Ein Menschenfischer ist er geworden, der den Jugendlichen den Weg zu Gott eröffnet.

Er kehrt am Christ-Königs-Fest, dem letzten Sonntag im Oktober, ins Borromäum zurück, um die Herbstexamen abzulegen. Nach einem anstrengenden Tag hat er «ruhig schreitend im Zimmer den Rosenkranz gebetet, das gibt neue Vertiefung und Geistesfrische.» (27.10.1935)

Nach erfolgreich bestandenen Examen macht er Exerzitien. Bei Pater Kronseder, einem Jesuiten, lernt er die unauslotbare Tiefe der menschlichen Seele und der menschlichen Geschichte kennen. «Ich schwinge in tiefer Dankbarkeit und herrlicher erhabener Freude und habe einen ganz neuen Sinn und eine herrlich neue und tiefe Schau meines und des Lebens aller Menschen gefunden.

Voll Glück und Frieden vergeht ein Tag schöner und aufschlußreicher und glücklicher als der andere...

Ich möchte ein ganz neues großes Lied singen vor Freude und Glück, das mir in diesen Tagen geschenkt wurde!

O Sanctissima Trinitas! O Aeterna Caritas! O allerheiligste Dreifaltigkeit, o ewige Liebe.» (18.11.1935)

Am gleichen Abend schreibt er: «Gerade habe ich die hl. Messe vorbereitet für morgen: St. Elisabeth. Ich hab's getan aus Liebe zu meiner jüngsten Schwester, der lieben Elisabeth, unserem Lisken.

Ganz neue große Gedanken über das hl. Frauentum gingen mir dabei auf... Überhaupt geht einem eine Fülle und Gnade und Kraft auf Tag für Tag. Es ist ergreifend.

Alles muß langsam wachsen! Daran will ich immer denken. Und nun marsch in die Federn. Denk an den Beichtvorsatz: Demut in allem, stramme Zucht: Pünktlich in die Falle!» (18.11.1935)

Große Aufregung zu Anfang des Semesters: «Vorm Mittagstisch erzählt's mir Jupp K.: "Das Jugendhaus polizeilich geschlossen!" — wie 'ne — allerdings nicht unerwartet fallende — Bombe trifft mich, trifft uns alle diese Hiobsbotschaft. Voll Tapferkeit und Vertrauen auf unsere christliche Kraft weiter treu ringen und beten für Gottessache in der deutschen Jugend.

Den Schicksalen der Menschen und Völker ist Gott der Lenker... Meine Treue zur Jugend Christi soll nur noch täglich wachsen in der Not...! Für alle lieben "Führer" und Freunde opfere ich mein ganzes Tagewerk Gott dem Herrn!» (21.11.1935)

Einige Tage später dann die Nachricht, daß G.S., einer der Leiter der Katholischen Jugend, ins Gefängnis Moabit in Berlin eingeliefert wurde: «Unsere Herzen schlagen brennend. Vor Scham und Schmerz. Werden unsere Bischöfe sich das bieten lassen? Wutentbrannt gehen Bernd B. und ich zum Kasten zurück. Ich bin erst so recht zu keiner Arbeit fähig... Ein trauriger verpfuschter Tag!» (25.11.1935) Die Maschen werden immer enger gezogen für alle, die gegen die Nazis opponieren, für alle, die sich der Unterjochung des Geistes entgegenstellen.

«Verflucht sei der Zwang der Gewissen! Herr, erbarme dich deiner Völker», schreibt er am 21. Dezember, nachdem er mit einem Ehemaligen seiner Gruppe gesprochen hat, der diesen Zwang in der Hitlerjugend durchmacht und der sich an die Werte erinnert, die sie zu der Zeit lebten, als Karl noch ihr Gruppenleiter war.

22.
«*Ich will die Liebe leben*»

Mit seiner erstaunlichen Vitalität findet Karl bald seinen alten Schwung wieder. Am 26. November schreibt er in seinem Tagebuch: «Ich hab' mich wieder zur Arbeit aufgeschwungen.» Tags darauf ist er ganz begeistert von einem Kurs bei Professor Peter Wust über den hl. Augustinus. «Ich wurde wach bis in die Fingerspitzen hinein im Augustin-Kolleg bei Wust.» Dieser junge neukantianische Philosoph fand in den Gedanken des Bischofs von Hippo eine Quelle für seinen eigenen wiedergefundenen Glauben. Der hl. Augustinus, dieser Mann mit «urgewaltigen Elementarkräften, mit der heißen Leidenschaft im Blut, ... der unermeßlichen Wissensgier» bleibt gleichzeitig das «ewige Kind», das immer wieder den rechten Weg findet.

«In all seiner heißen Leidenschaft und Glut brannte aber am heißesten die große Sehnsucht nach Gott. So geht uns erst im Lichte dieses ganz großen Menschen Augustin sein Spruch vom "Cor inquietum (unruhiges Herz)" auf. Augustin, schon als junger Kerl von 16/17 Jahren griff ich nach seinen "Confessiones" (seinen "Bekenntnissen"), verstand sie aber nicht, weil ich mich nicht verstand. Ich stellte unwillkürlich meine Lebenserfahrungen an und heiße Gedanken an vergangene Glut (und doch ist sie noch in derselben Kraft in mir, in Seele und Leib!).

Sehnsucht in unendliche Fernen, zu dem ganz tief Menschlichen, zum Weib, zur Frau, zur Jungfrau. Wie eine Welle überströmt mich die gebändigte Jungmannskraft in all ihrer Gesundheit, schlummernde Kräfte schreien auf, wachen — und auch mein Cor inquietum ist voller heißer Liebesglut zu allen Menschen und durch sie und über sie und in ihnen zu Gott, dem Ewigdreieinigen. Aufs neue packt mich die Freude an allem, wie in den Glanztagen der herrlichen Exerzitien. Ich fasse tiefer des hl. Thomas Wort "Gratia supponit naturam" (die Gnade setzt die Natur voraus) — die Natur in ihrer ganzen Kraft und Glut und Leidenschaft und Hingerissenheit in ihrer ganzen geschöpflichen Urkraft — hell auf wach ich — Gott ruft all meine Kräfte wach — wach — wach sein, hellhörig! Scharfsinnig, mutig — klar, auf, auf! Ich spanne die Muskeln, ich atme tief, ich richte mich grad: Mensch, du, he, wach auf: Was steckt in dir, hol' alles raus, erziehe dich, wandle dich, aufgebrochen! Heijo, he heijo, Ahoi. Jubelnd stürze ich mich ins volle Leben, Deo trino, Duce et Imperatore! (dem dreieinigen Gott, dem Führer und Herrscher).

Ich kann gar nicht mehr schläfrig sein. Augustinus Wachheit und Glut und Leidenschaft hat mich gepackt...!

Ich spiele Gitarre. Töne locken, klingen, singen Lieder. Schwinge mit, Seele, schwinge dich auf zum Herrn, der uns (und für uns alles) so herrlich und groß und gewaltig erschaffen hat.

Gloria, Gloria Deo! Adveniat regnum tuum; Parate viam Domini! (Bereitet den Weg des Herrn!)

Ich bete jetzt zum Schluß den Rosenkranz für unseren Generalpräses Wolker und unsere Führerschaft. Amen.» (27.11.1935)

Karls Seele läßt sich froh emportragen wie auf Adlers Schwingen. Am 30. November wird ihm durch den «Messias» von Händel, den er hört, eine ähnliche mystische Erfahrung geschenkt. Die Übersteigung des Geistes und der Sinne, gewiß. Aber immer an Gott orientiert und letztlich lebend in ihm.

Die Vorlesungen nehmen jedoch mehr und mehr seine Kräfte und seine Aufmerksamkeit in Anspruch. Er ist ein unersättlicher Student, aber die Theologie allein kann seinen ungeheueren Wissensdurst nicht sättigen.

Sprachen liegen ihm. So lernt er während seiner Ferien in Kleve Englisch, Französisch, Flämisch und Italienisch. Die letztgenannte Sprache bringt er sich im Selbststudium bei. Unter seinen Kameraden im Seminar befindet sich ein Banater Schwabe, Lorenz Zimmer: «Ich möchte so gern von ihm ein wenig Rumänisch mitbekommen... Die Hirtenlieder sind im Rumänischen am schönsten...» (24.11.1935)

An diesem Sonntag, nach einem ereignisreichen Tag, einem Ausgang nach Marienthal und Wesel und einem Zusammentreffen mit Jugendlichen ist es Mitternacht, als er «in die Falle fällt», ohne den Rosenkranz gebetet zu haben. Das Studienjahr neigt sich seinem Ende zu. «Es war das Jahr, das ich der jüngsten Kirche, unserer Jungschar, besonders durch Schulung der Jungscharführer schenken durfte. Sicher war ich nicht in allem Vorbild und hab's immer recht gemacht, aber versucht hab' ich's mit viel Schwung und Liebe. Es hat mich herumgewirbelt durch die ganze Diözese, zu viel Jungen und jungen Führern hat's mich gebracht. Christus hatt' es mir befohlen durch seinen Stellvertreter, und ich bin ihm gefolgt. Er sollte mir Kraft und Ziel sein.

Schwere Opfer, bitteres Leid, harten Kampf, unermüdlich christliche Opferkraft hat das Jahr der Bewährung gebracht. Tapfer und geduldig, ohne Bitterkeit, mit freier, klarer Seele haben wir uns durchgekämpft und stehen jetzt vor dir, unserem Herrn, und bitten: "Christus segne unser Stehen und Gehen. Gib uns den Glauben, der Berge versetzt. Mach uns gegen List und Hieb gewetzt. Laß uns in dir niemals vergehen!

Herr, segne unsere Kirche und ihre Hirten auf der ganzen Erde Rund, segne und erleuchte mit deiner ganz besonderen Kraft unsere deutschen Oberhirten und alle deutschen Priester!"» (30.11.1935)

Seine Weihnachtsferien verlebt Karl in Kleve bei seiner Familie.

Froh stehen sie vor der Krippe und tauschen kleine Geschenke aus. Karl besucht etliche Familien, die vom Unglück verfolgt sind, um sie zu trösten und ihnen zu helfen, soweit es in seinen Kräften steht.

Für das neue Jahr wählt er sich sein Leitwort: «Demut, Eifer, Mut, Zucht. Diese vier Lichter mögen in mir brennen und das neue Jahr erleuchten.»

Am Dreikönigstag geht es nach Münster zurück: «Der Zug fährt. Ich schaue auf meine schöne Heimatstadt, die im Glanz der winterlichen Abendstimmung daliegt.... Immer wieder bin ich tief ergriffen und schmerzlich berührt, wenn ich von ihr Abschied nehme, der alten Herzogsstadt mit der stolzen Burg und Stiftskirche auf hohem Hügel. Clivia! Civitas Cliviensis. Stadt des Hügels, am Hang...

Neu bist du mir — Mensch-geworden. Neues Teilnehmen an dir, du Ewiger und doch Zeitnaher, hast du mir übervoll geschenkt.

Und jetzt geht's ans neue Studium für dich, für dein Reich...

Wie bin ich froh, bin ich froh, froh, froh... Benedicamus Domino!» (6.1.1936)

Das Glück dauert nicht lange. Am 8. Februar finden wir in seinem Tagebuch schon eine lange Klage:

«G. S. schon sechs Wochen bald in Berlin. Er liegt im Gefängnislazarett. Der General am Donnerstagabend, 22 Uhr, in Düsseldorf abgeführt...

Herr, verschone unser Volk und Land, auch wenn wir leiden und büßen müssen für die Sünden vieler vor uns und mit uns!

Wohin treibt uns Satans Heimtücke und listtrunkene Schläue und infernalische Bosheit? Wo sind Recht und Liebe — alles fehlt davon, weil sie nicht mehr da sind. Deshalb müssen wir Getauften, Gefirmten und wundersam Gestärkten die Liebe leben.

Helden der Liebe. Wir besiegen und machen zunichte den Haß. Wir singen, auch wenn wir sterben müssen.» (8.2.1936)

Um seine Entschlossenheit zu bekräftigen, zitiert Karl ein langes Stück aus dem Hohen Lied der Liebe des 13. Kapitels aus dem ersten Brief des Apostels Paulus an die Korinther. Und Karl schließt diese Passage: «Hier schreib' ich's nieder: Ich will der Liebe leben, ich will die Liebe leben. Ich will durch und mit und in der Liebe leben... Durch Leben im Dreieinigen in und mit Christus und Maria allen alles!» (8.2.1936)

Diesen brennenden Wunsch nach einer alles umfassenden Liebe, die er leben will, koste es, was es wolle, nährt Karl durch

Schriften, die seine Vision des Christlichen vertiefen und erweitern. Er liest «Pfingstgeist über uns» von Laros, eine Meditation über die Sieben Gaben des Hl. Geistes: «Sonne leuchtet draußen und drinnen.» (19.2.1936)

Dieses Werk wird sehr gut durch die Schrift «Christliche Bildung in heutiger Zeit» des Historikers Karl Thieme ergänzt, der gerade zum katholischen Glauben konvertiert ist. «Abends noch fiebernd gelesen... Schade, daß das verboten ist! Ich las es mit Begeisterung und Leidenschaft... eine hl. Begegnung mit Gott und den Menschen.» Die Menschen machen ihn glücklich, wenn sie in der Gemeinschaft mit Christus stehen. Aber er leidet an ihrem moralischen Elend. An Fastnacht macht er einen Spaziergang durch die Stadt. Mehrere Begebenheiten prägen sich ihm stark ein und regen ihn zu langen Überlegungen an: «Futtern und Suff! In den Altbierstuben eine schmuck-kokette Kellnerin beobachtet. Ein verführerisches Frauenzimmer.»

Um 7 Uhr geht er in eine Wirtschaft in der Ludgeristraße. «In einem Nebenzimmer kneipten in wüst-gemeiner Weise Studenten mit Dirnen (oder konnte man sie noch anders nennen). Versoffen, wüst, leer, geil, ekelhaft sahen die Kerle aus. Ein Fräulein kam nach draußen an die Tür. Ich sah's. Personifizierte Sinnenlust. Aufgedunsenes Gesicht — falschglänzende Augen — gereizter Leib, aufgequollen. Die Brüste prall und ganz — entweiht das Mädchen- und Jungfrauentum. Sie steht in der Tür und holt frische Luft. Frauen verstohlen verdrückt... ein kerngesundes Prachtsweib. Entweihte Natur, entweiht durch Sinnenkitzel und Unreinheit...! Maria — Eva. Erbsünde, Gefahr, Geilheit, Völlerei, Laster! Das echte christliche Menschenbild aber sieht ganz anders aus... Wir müsen sein im Leben: Lumen ad revelationem gentium (Licht zur Erleuchtung der Heiden). Ich kann gar nicht recht schlafen. Ich denke immer noch an das arme Menschenkind...» (2.2.1936)

Im gleichen Monat Februar wird Karl mündig: «Voll Jubel und Kraft werde ich mir dessen bewußt. Im Kalender stehe(n) die Worte: "Werde 21 heute. Sei mündig! Sei junger Mann! Bleib' Junge!"

Junges Herz behalten das Leben lang. Immer mehr weiten zum deutschen, christlichen Mann!» (28.2.1936)

23.
Rom und der Heilige Vater

An Ostern 1936 hat Karl sein vierter Semester in Münster hinter sich gebracht. Acht Semester müssen die Theologen damals an der Universität studieren und das letzte Jahr im Priesterseminar, bevor sie geweiht werden. Jeder Student aber erhält auch zwei «Freisemester», die er an einer Universität seiner Wahl verbringen kann. Karl will nach Freiburg im Breisgau. Er hat es noch von einer Fahrt durch Baden im August 1932 in guter Erinnerung. Das Münster mit dem hohen, spitzen Turm, der vor dem Hintergrund des Schloßberges in den Himmel ragt, faszinierte ihn durch seine Schönheit. Das alles war ausschlaggebend für seine Wahl der Stadt der Markgrafen von Baden, Nachkommen der Zähringer, die hier im zehnten Jahrhundert eine Befestigung erbauten, die sich stolz eine «freie» nannte. Daher kommt der Name der Stadt: Freiburg.

Karl hat einen Sinn für den guten Ruf dieser Stadt, für ihr großes kulturelles Angebot, für die schönen Gebäude, Zeugen einer reichen Vergangenheit, für die Museen und die universitären Einrichtungen.

Am 21. und 22. März 1936 nimmt er an der letzten Diözesansitzung der katholischen Jugendführer teil. Er gib seinen Posten als Diözesanjungscharführer ab. Die strengen Einschränkungen für die konfessionellen Jugendbewegungen durch die Nazis — es sind ohnehin die einzigen Gruppen, die seit 1933 gerade noch geduldet werden — macht ihm seinen Abschied leichter. Er merkt auch, daß er nicht mehr die Kraft hat, die vielen Aktivitäten der letzten zwei Jahre fortzusetzen. Er will sich von nun an mehr auf sein Studium konzentrieren, denn er weiß um seine Lücken. Die Vorbereitung auf das oberste Ziel, das Priestertum, muß Vorrang haben vor jeder anderen Überlegung.

Am Montag, 30. März 1936, nimmt Karl den Zug nach Basel, mit dem er abends in Freiburg ankommt. Und so beginnt ein neuer Abschnitt in seinem Leben.

Wir wissen nicht viel über sein Studium an der Universität in Freiburg. Das Tagebuch weist eine große Lücke vom April 1936 bis März 1937 auf, denn die Hefte seines Tagebuches für diese Zeit sind verlorengegangen.

Karl wohnt in der Hansjakobstraße privat. Wie es bei Studenten üblich ist, mietet er sich ein Zimmer mit Frühstück. Er fährt mit seinem Fahrrad zu den Vorlesungen und ißt in der Mensa. Morgens geht er zur Messe in eine Privatkapelle, die sich ganz in der Nähe seiner Wohnung befindet. Der Caritasdirektor der Diözese feiert hier täglich die Eucharistie.

Leidenschaftlich versuchte er immer wieder, neue weitere Horizonte für sein Leben zu erschließen. So hat er seit mehreren Jahren einen großen Traum: eine Fahrt nach Rom.

Und dieser Traum wurde von neuem in ihm mächtig. Er wollte an Pfingsten, zwei Monate nach seiner Ankunft in Freiburg, in Rom sein. Dafür gewinnt er ohne Schwierigkeiten zwei Freunde als Begleiter: Max Terhorst und Josef Köckemann, die wie er auch Mitglieder der katholischen Jugendbewegung sind.

Die Reise dauert drei Wochen, wobei sie mehrmals eine Zwischenstation einlegen. Zum Teil reisen sie mit dem Zug, zum Teil durch Autostop, den Rucksack auf dem Rücken.

In den 14 Tagen ihres Rom-Aufenthaltes wird sich für die drei deutschen Studenten etwas ganz Unverhofftes ereignen. Sie werden Tage erleben, die sie in ihren kühnsten Träumen nicht erwarteten.

Dienstags vor Pfingsten begannen sie ihre systematischen Erkundung der Ewigen Stadt. Morgens werfen sie verstohlen ein Empfehlungsschreiben in den Briefkasten Kardinal Caccias, des

Privatsekretärs Pius XI. Pater Konstantin Noppel, ein Jesuit, hatte ihnen die Empfehlung vor ihrer Abfahrt mitgegeben. Karl hatte ihn vor noch nicht allzulanger Zeit in Freiburg kennengelernt.

P. Noppel war Direktor des Germanicums, des deutschsprachigen theologischen Studienhauses in Rom, das 1552 von Ignatius von Loyola gegründet wurde. Im Pontificum Collegium Germanicum et Hungaricum wohnen Priesteramtskandidaten aus den Diözesen der deutschsprachigen Länder und aus Ungarn, die in Rom studieren. Zwischen P. Noppel und Kardinal Caccia bestand seit seinem römischen Aufenthalt eine enge Freundschaft.

Die drei werfen — ohne sich große Hoffnungen zu machen — ihr Empfehlungsschreiben in den Briefkasten des Kardinals. Auf die Rückseite des Umschlags haben sie ihre Adresse «Kolpinghaus, via Pettenari» geschrieben. Als sie am gleichen Tag vor dem riesigen 312 erbauten Konstantinbogen standen, hält plötzlich eine große Limousine. Jemand streckt den Kopf aus dem hinteren Fenster des Wagens und fragt in gutem Deutsch: «Sind Sie vielleicht Leisner, Köckemann und Terhorst?» Staunend stellen sie sich vor; der Unbekannte ebenfalls: Es ist Kardinal Caccia, der sie für den nächsten Tag ins Staatssekretariat zum Mittagessen einlädt.

Am nächsten Morgen zogen sie ihre schönsten Hemden an, reinigten gründlich ihre Hosen und brachten ihre Schuhe auf Hochglanz. Punkt 12 Uhr klingelten sie am Portal des Palais. Ein Diener in Livree öffnete ihnen und bat sie einzutreten. Sie hatten kaum zwei Schritte getan, da rutschte Max Terhorst auf dem spiegelglatten Parkett aus und lag der Länge nach auf dem Boden. Gleichzeitig erschien auch die hohe Gestalt des Kardinals an der Tür. Der imposante Lombarde lachte schallend und half dem jungen Deutschen wieder auf die Füße.

Bei Tisch erzählt ihnen der Kardinal, wie er sie am Konstantinbogen erkannt hatte. Sie trugen nämlich die Uniform der deutschen Jugendbewegung: weißes Hemd, graue Hose, schwarzer Gürtel. Ein Jahr zuvor hatte die Jugendbewegung eine Wallfahrt nach Rom mit mehreren tausend Teilnehmern organisiert. Der Kardinal war tief beeindruckt von dem großen Eifer und Schwung und von der Treue dieser jungen Leute, die alle ihre Uniform trugen, eben die gleiche, wie sie Karl und seine Freunde anhatten.

Nach dem Mittagessen gab ihnen der Kardinal Eintrittskarten für die Vatikanischen Museen und die Vatikanische Bibliothek und auch numerierte Eintrittskarten für das Pontifikalamt an Pfingstsonntag. Und eine Karte für eine allgemeine Audienz beim Papst. Am Freitag vor Pfingsten sind sie exakt um 10.30 Uhr vor dem Portal des päpstlichen Palastes. Sie geben einem der zwei Schweizer Gardisten ihre Einladung. Dieser mustert die drei Jungen mit einem erstaunten Blick, dann schaut er sich die Eintrittskarten genauer an, geht weg, kommt dann wieder, gefolgt von einem Offizier der Garde. Diesem ist ihr Erscheinen schon angekündigt, und er bittet sie, ihm zu folgen. Gemeinsam gehen sie eine monumentale Treppe hinauf, dann durch mehrere Säle, in denen sich verschiedene Gruppen von Personen aufhalten. Der Offizier geht immer weiter, die drei Jungen auf den Fersen bis zu einem letzten Saal.

Dann zeigt er auf eine sehr schöne Tür gegenüber und murmelt: «Das ist das Arbeitszimmer des Papstes», und er fügt hinzu: «Man wird Sie bitten, einzutreten. Warten Sie hier.» Die drei Jungen trauen ihren Ohren nicht. Sie wissen nicht, daß es sich um eine Privataudienz handelt. Pius XI. will aus erster Hand erfahren, was sich im Hitlerdeutschland abspielt, vor allem durch junge Deutsche, deren Generation von den Nazis besonders umworben ist.

Ein Diener näherte sich und bat sie einzutreten. Pius XI. saß hinter einem großen Schreibtisch und war damit beschäftigt, Papiere durchzusehen. An seiner Seite stand Kardinal Caccia. Der Papst erhob sich, kam ihnen entgegen und sagte mit einem Lächeln: «Fioretti Germaniae – die Blüte Deutschlands.» Auf die Einladung des Papstes setzten sie sich an einen kleinen Tisch, und der Papst fragte sie, aus welcher Diözese sie kämen. Als er Münster hörte, rief er in bewunderndem Ton: «Ah,

Bischof von Galen, der Löwe von Münster.» Es war das erste Mal, daß Karl diese Bezeichnung hörte. Pius XI. stellte ihnen Fragen über die katholische Jugend. Max Terhorst erzählte später: «Karl war mit dieser Frage in seinem Element. Er war ja mehrere Jahre lang Diözesanjugendleiter und konnte so zahlreiche Details erzählen. Jupp und ich waren froh, so einen Reporter bei uns zu haben.»

Pius XI., der sich sehr freute, die jungen Leute zu hören, fragte sie, wie sie über die Alpen gekommen seien, und erzählte ihnen von seiner Leidenschaft für den Alpinismus und von seinen Leistungen als alter erfahrener Alpinist. «Wir fühlten uns wirklich in Begleitung eines väterlichen Freundes, der voll Güte war», sagte später Max Terhorst.

Nachdem sie seinen päpstlichen Segen empfangen hatten, traten die drei Studenten in ihrer saloppen Kleidung den Rückzug durch die verschiedenen Säle an.

Am übernächsten Tag war das feierliche Pontifikalamt von Pfingsten. Der Kardinal bat sie, nicht in Hemd und Hose zu kommen, sondern sich im Germanicum Soutanen auszuleihen.

Schon um 6 Uhr früh stehen sie auf dem Petersplatz. Es war ein milder, schöner Frühlingsmorgen. Viele, viele Menschen strömten herbei. Viertel vor 9 Uhr stellen sich die drei Deutschen, in Soutane und mit einem großen römischen Hut auf dem Kopf, am großen Portal der Peterskirche vor. Der Gardist nimmt die Eintrittskarten, mustert die drei Jungs in ihren schlecht sitzenden Soutanen mit einem skeptischen Blick wieder von oben bis unten. Dann blickt er erneut auf die Karten, verneigt sich und bittet sie, ihm zu folgen. Durch den Hauptgang führt er sie in Richtung der Säulen des Bronzebaldachins. Sie gehen am Altar vorbei und werden auf ihre Plätze in die Apsis geführt, ganz in die Nähe des päpstlichen Thrones. Hier sitzen sie mitten unter dem diplomatischen Korps, umgeben von Leuten mit vielen Orden und Ehrenzeichen. Die Kardinäle und einige Bischöfe sitzen in der ersten Reihe des Chorgestühls. Was für eine Überraschung, als sie unter ihnen ihren eigenen Bischof, Clemens August von Galen, mit seinem Generalvikar bemerken.

Die Liturgie ist ein Fest für die Augen, die Ohren und den Geist. Ihre Herzen waren ganz und gar davon bewegt, besonders im Augenblick der Wandlung, als die silbernen Trompeten unter der hohen Kuppel erschallten.

Drei Stunden lang dauert das Festhochamt. Am Schluß bricht tosendes Klatschen aus, als Pius XI. auf der sedia gestatoria die Kirche verläßt.

Aber dieses Ereignis ist nicht die letzte Überraschung für die drei jungen Leute.

Am Pfingstmontag lädt sie Kardinal Caccia noch einmal ein. Nachmittags fahren sie mit dem Kardinal in dessen Auto nach Castel Gandolfo.

Sie sitzen auf der großen Terrasse der päpstlichen Villa und trinken Kaffee. Von hier aus können sie die wunderbare Schönheit des Albaner Sees, der Berge und der römischen Landschaft überblicken. Sie weihen den Kardinalstaatssekretär in den Alltag, die Hoffnungen und Befürchtungen der katholischen Jugend gegenüber den Nazis ein und führen so das Gespräch, das sie mit dem Papst begannen, fort. Abends dann läßt sie der Kardinal wieder nach Rom zurückbringen und macht mit ihnen einen Umweg durch die wunderschöne Landschaft und die römischen Castelli.

Sie erreichen Rom über die Via Appia, als der Abendhimmel sich über die Stadt senkt.

Als Karl wieder in Freiburg ist und studiert, bleiben ihm die Erinnerungen an diese Pfingsten 1936 als ein kostbarer Schatz im Gedächtnis.

*

* *

Zu Beginn seines zweiten Semesters an der Universität Freiburg ereignet sich eine Veränderung in seinem Studentenleben. Eine Dame, die ihn jeden Morgen in der Privatkapelle bei der Messe sieht, fragt ihn, ob er bei ihr wohnen wolle. Sie ist Mutter einer großen Familie und beherbergt normalerweise einen

Seminaristen. Als Gegenleistung für Logis und Kost soll er ein wenig die neun Jungen der Familie bei den Hausaufgaben beaufsichtigen.

Karl ist sehr gerne damit einverstanden, zumal es mit seinen Finanzen nicht mehr besonders rosig aussieht. So zieht er in die Neumattenstraße 18 um, nicht weit von seiner ersten Wohnung.

Er verlebt in diesem Haus schöne und auch sorgenvolle Tage. Er wird Zeuge eines glücklichen Familienlebens einer Familie mit zwölf Kindern. Der Vater, Dr. Ruby, stammt aus Freiburg. Er ist in leitender Stellung bei einer Versicherung. Sein schönes Haus hat er erst einige Jahre vorher gebaut. Die Mutter kommt aus der Eifel; ihre starken und eingewurzelten Überzeugungen verraten ihre bäuerliche Herkunft. Sie steuert ihr Boot mit Meisterschaft und fürchtet sich nicht, wenn sie auf dem Markt ihre Einkäufe macht, ihre Meinung zu sagen, die von den Nazis als subversiv angesehen wird. Die Familie lebt ein überzeugendes Christentum. Sechs der Buben werden Priester. Zwei von ihnen sterben während des Krieges in Rußland.

Das harmonische Familienleben berührt Karls tiefstes Innere. Er fragt sich, ob nicht auch er berufen wäre, eine Familie zu gründen. Elisabeth, die älteste Tochter, hilft ihrer Mutter im Haushalt. In Wirklichkeit zieht sie neben ihrer Mutter ihre Geschwister groß. Sie ist zart und zurückhaltend, von großer Sanftmut und ganz ihrer Aufgabe in der Familie hingegeben.

Karl wirft einen keuschen und fragenden Blick auf sie. Könnte Gott ihn nicht berufen haben, mit ihr eine Familie zu gründen, in der ähnliches Glück herrscht? Er hütet lange dieses Geheimnis für sich selbst, ohne sich irgend jemandem zu öffnen, vor allem nicht gegenüber Elisabeth. Erst durch einen Brief, als er längst schon Freiburg verlassen hat, teilt er ihr auf eine unendlich scheue, keusche Art sein Geheimnis mit, das ihn für den Augenblick so verwirrte. Die Stimme, die ihn rief, Priester zu werden, ist in keinem Augenblick auf dem Grund seines Herzens verstummt. Der Kampf, den er nun ausficht, ist schmerzlich.

24.
Beim RAD, beim Reichsarbeitsdienst

Der 21. März ist der letzte Tag Karls in Freiburg. Im Gästebuch der Familie Ruby findet sich noch ein Eintrag, der seine Gefühle großer Dankbarkeit zum Ausdruck bringt. Er fährt nach Münster ab, wo er Examen im Alten Testament und in Kirchengeschichte ablegen muß. «Das tollste Examensstück, was ich mir je geliefert habe.» (1.4.1937)

Er hat ein langes vertrauensvolles Gespräch mit einem seiner Professoren, der ihn bittet, in Gottes Namen eine Entscheidung in seinem inneren Kampf zu fällen, der ihn quält. «Mächtig klingt in mir das seelische Erleben der letzten dreieinhalb Monate nach. Dunkel steht vor mir die Zukunft», schreibt er am 1. April. Und er fügt hinzu: «Die Kar- und Ostertage daheim lassen ruhig werden das stürmische Herz, das da mit Gott ringt.» Im Laufe der Osterwoche bekommt er seinen Stellungsbefehl. Er muß in das Arbeitsdienstlager nach Dahlem in Sachsen.

Der Arbeitsdienst wurde der deutschen Jugend schon von 1932 an angeboten, schon vor der Machtergreifung Hitlers. Er sollte sowohl ein Zivildienst sein als auch eine soziale Maßnahme gegen die Arbeitslosigkeit. 1935 schreiben ihn die Nazis zwingend vor und ändern seine ursprüngliche Zielsetzung. Er dient von nun an der ideologischen Indoktrination der Jugend und einer versteckten militärischen Vorbereitung. Alle Jugendlichen beiderlei Geschlechts sind gehalten, vom 18. Lebensjahr an daran teilzunehmen.

Karl hat schon Beziehungen zu Sachsen. Einige Jahre zuvor war eine Gruppe von Kommunionkindern aus der Diaspora mit ihrem Pfarrer Gewinner bei ihnen in Kleve. Karl kann sich an diesen Priester wenden und Kontakt mit ihm aufnehmen. Er ist glücklich darüber. «Den Seinen gibt's der Herr im Schlaf», schreibt er.

So macht er sich mit dem Segen seiner Eltern auf den Weg. Morgens aber hat er noch ein langes Gespräch mit Dr. S. über seine Berufung: «Drum prüfe, wer sich ewig bindet.»

«Ernst und schwer klingen die Worte in mir nach. Eine schwere Zeit der Prüfung, der Härte, des Ringens um Mannestum und Lebensberuf steht mir bevor, ernster und schwerer als ich mir dachte. – Dunkle Zukunft! O unbeständig's wildes Herz... Meine liebe Mutter segnet mich, und dann gehe ich zur Bahn, nachdem wir allen daheim Lebewohl gesagt haben... Mutig hält mein Mütterlein aus und gibt mir noch die letzten guten Ratschläge zur Schonung der Gesundheit. – Vater und Erwin Nielen kommen noch zur Sperre. Ade. Bleib' brav und tapfer! – Wir beten für dich... Die Stadt liegt im abendlichen Vorfrühlingsnebel... Mir greift's wiederum ins Herz. Werd' ich... reifer zurückkommen?» (1.4.1937)

In Dortmund macht er Zwischenstation. Er trifft sich mit seinem Bruder Willi, der hier Ingenieurwesen studiert, und mit seiner Schwester Paula. Der wunderbare Frühlingstag konnte aber die starke Spannung, die er in sich fühlt, nicht abbauen. Um Mitternacht geht die Fahrt wieder weiter. Er liest im Zug auf Italienisch die Enzyklika «Mit brennender Sorge», die Papst Pius XI. gerade gegen die Nazis veröffentlicht hatte und die ein enormes Echo in der Welt auslöste. «Der Ernst der Zeit hämmert auf mich ein», schreibt Karl mit seiner feinen Wahrnehmung der Dinge.

Er ist nun in Oschatz, zwischen Leipzig und Dresden gelegen. Hier trifft er sich mit Pfarrer Gewinner, begleitet ihn zu einem Krankenbesuch, sie besichtigen die kleine Stadt und ihre Kirche, die evangelisch ist, die aber «noch an die große katholische Zeit in vielem» erinnert. Mit dem Pfarrer ißt er zu Mittag bei der Gräfin Harbuval, die zum katholischen Glauben konvertiert ist. Er schmückt die katholische Kapelle, einen alten Tanzsaal, der sehr schön in ein Gotteshaus umgewandelt wurde, mit Blumen. Später beten er und der Pfarrer den Kreuzweg. Dieser bringt ihn dann nach Dahlem:

«Mit frischem Mut schreite ich den Hügel an zum Eingang. Dort wird schon von frischen Rekruten gefegt. – Zur Schreibstube, vor der die hohen Führer versammelt stehen, zu Pf. Werner, dem ich meinen Stellungsbefehl gebe. Damit beginnt meine Dienstzeit!» (3.4.1937)

Trotz der inneren Auseinandersetzung, die schmerzlich anhält, fühlt man bei Karl eine starke Entschlossenheit, als Christ in diesen neuen Lebenskreis einzutreten. Was ihn aufwühlt, ist seine Berufung, keineswegs sein Glaube. Sein Glaube ist lebendiger, mitreißender denn je. Seine Entschlossenheit zeigt sich auch an der Schrift des Tagebuches. Die Buchstaben sind regelmäßiger und energischer geschrieben als normalerweise. Zum ersten Mal in seinem Leben ist er in eine Umwelt gestellt, die für die geistige Dimension des Menschen vollkommen verschlossen ist.

In Kleve, Münster und Freiburg war er in einem Milieu integriert, das durch den katholischen Glauben geprägt war. Er zieht sich jedoch nicht auf sich selbst zurück. Das ist undenkbar bei ihm, der so stark extrovertiert ist. Vom ersten Abend an hat er ein gutes Verhältnis zu seinen Kameraden: «Mit Stark versteh' ich mich glänzend. Er trägt das gold'ne H.J.-Abzeichen und war viel auf Fahrt. Schneidiger, massiver Kerl, aber ehrliche Haut.» (3.4.1937)

Jedoch ist er auf der Hut. Er ist sich bewußt, daß er unter Nazis ist. Vor Leuten wie Stark, von denen ihn alles trennte, konnte er nicht offen und ehrlich sein. Karl war aber entschlossen, Christus zu bezeugen, im RAD wie überall sonst, auch wenn es seine Meinung über die Nazis betraf. So konnte er sich auch hier seine innere Freiheit bewahren. Er verabscheute diesen Zwang des Geistes, aber die Klugheit forderte von ihm, daß er sich ihr beugte.

Am nächsten Tag, dem ersten Sonntag nach Pfingsten «weckt uns das Horn (um 6 Uhr). Raus! Riesentamtam, Frühsport – oh, es geht mit Dampf los. – Ich denke an daheim, an die kirchliche Feier und an alles Schöne. Aber sonst ist Betrieb: Sachenfassen den ganzen Tag! Das erste «Sich-Beriechen» beginnt. Gutes Futter! Ich bete kurz dazu wie daheim.» (4.4.1937)

In einem Brief, den er am gleichen Tag nach Hause schreibt, schildert er das Lager. Es ist ein Viereck aus Holzbaracken, die stabil gebaut sind und die um einen großen Platz stehen. Ungefähr 140 sind dort aufgebaut, in zwölf Gruppen aufgeteilt. Das Lager befindet sich auf einer Anhöhe. Unterhalb liegt Dahlem mit seinen etwa 3000 Einwohnern. Man hat einen wunderbaren Blick auf den Marktflecken... Karl ist dort der einzige vom Niederrhein. Die Sachsen sind in der Mehrzahl. Dazu gibt es noch einige Bayern aus der Gegend um Landshut. «Morgen werden wir an unsere Arbeitsstelle gehen. Wir regulieren den Lauf eines Flusses.»

Karl beobachtet die Dinge mit dem kritisch wohlwollenden Blick eines Jugendleiters. Der Leiter der Gruppe, zu der er eingeteilt wird, «ist kein guter Exerzierer. Zu wenig Mumm. Sehr schade!» (5.4.1937) Man vertraut ihm, Gott weiß warum, einen Ehrenposten an: «Ich darf den Flaggendienst am Morgen beim Appell und am Abend bei der Dienstausgabe tun.» «Ich bin stolz darauf, die Fahne hüten zu dürfen und sie am Morgen ins Licht aufsteigen zu lassen.» (5.4.1937)

Am nächsten Tag ist «Kameradschaftsabend». Karl ist in seinem Element. Er versäumt nicht, auch bei dieser Gelegenheit Gott in der Freude der Kameradschaft zu bezeugen. Er nimmt die Gitarre zur Hand und spielt. Dazu singt er Volkslieder: «Mein Schätzlein...» So zieht er die Aufmerksamkeit des Lagerleiters auf sich. Dieser läßt Karl schon drei Tage später auf sein Büro kommen. «Dort sitzt er mit dem Dahlemer Ortsgruppenleiter, einem Forstmeister. – Ein zweistündiges Gespräch entspinnt sich. Man will mich aushorchen. "Was halten Sie von der Konfessionsschule? Judenfragen? Kirche und Staat usw...." Ich gebe ehrlich und frei ohne jede Hemmung Bescheid. – Etwas zu sehr will ich imponieren und lasse mich dadurch zu weit aus. Die Klugheit und das Maß fehlen noch.» (7.4.1937)

Es gibt keinen weiteren Meinungsaustausch mehr, denn er hat die Nazis in ihrer Meinung über seinen Standpunkt nur bestärkt. Hoffnungslos. Seit seiner Rückkehr aus Kleve beginnt er zu lernen, aus Schaden klug zu werden, daß man nicht mehr offen mit den Nazis reden kann. Karl hat sich übrigens nicht getäuscht: «Und um ruhiges, ehrliches, gemeinsames Wahrheitssuchen war's ihm nicht zu tun. — Er wußte wohl, was er an mir hatte, und das war gut so. — Ich werde mich bemühen, meinen Dienst gut zu tun. Im Lager heiß ich bald allgemein "der Pascht(o)r". Na ja, ich freu' mich drüber. Es ergeben sich die interessantesten Gespräche. Traurig, was die Sachsen eine Ahnung von Christenreligion haben. Bodenlos! Aber trotzdem: Es sind alle meine Kameraden.» (7.4.1937)

Am 9. April — er ist knapp eine Woche in Dahlem, vertraut er seinem Tagebuch an: «Es ist schön da draußen! Der Frühling läßt das Herz höher und heller schlagen. — Ich lese den Johannes-Prolog: O lux aeterna! (O ewiges Licht).

Der Drill ist tötend...! Abends bete ich kurz, dann sinke ich todmüde hin auf den Strohsack. Ich träume auch schon mal vom schönen Freiburg und von dem Schönsten, was mein Herz birgt.»

Ein neuer Sonntag im Lager: «Ich stehe früher auf und bete die hl. Messe. Die Epistel und das Evangelium geben viel: Christus, der pastor et episcopus animarum nostrarum (Christus, der Hirt unserer Seelen)! Der Gute Hirte. — Misericordia Domini plena est terra (Die Erde ist erfüllt von der Barmherzigkeit des Herrn). — O dieser Morgen, so klar, und wie sah' ich alles. Ich bete für alle, die mir lieb... Ich bete aus tiefem Herzen und empfehle meine Kameraden, die Lieben in aller Welt durch mich in die hl. Opfer, die am Tage des Herrn heute gefeiert werden... Abends wurde ich von Feldmeister Begall, unserem Verwalter, auf dessen Bude geladen. Er erzählt mir aus seinem Leben. Berliner ist er... Ich sage ihm frohstens das, was ich sagen kann, und erzähle aus dem Leben und von der Größe unserer

Kirche... Ich lege ihm mein Verhältnis zur Mädchenfrage klar und rein dar. ... Das war Lebensunterricht. Trotzdem: Noch klüger und schweigsamer hätt' ich sein müssen. – Der Wille war gut.... Vielleicht hat man mich auch auf meine sittliche Stärke prüfen wollen? Ich glaub's ja nicht, aber man weiß nicht... Gute Nacht, lieber Gott! Ich danke dir für die vielen Begegnungen mit deinen Menschen. Gib mir Reife und starken Glauben!» (11.4.1937)

Zum Arbeitsplatz, der sich zwölf Kilometer vom Lager entfernt befindet, fährt die Gruppe mit dem Fahrrad. Als sie durch die Stadt fahren, blasen sie ein Horn. Die jungen Mädchen schauen ihnen lächelnd nach. Karl setzt mit dem Spaten Rasen. Abends kehren sie mit Mordshunger in ihr Lager zurück.

Karl entdeckt zwei Kameraden, die praktizierende Christen sind. Abends, bei Sonnenuntergang, während sich einige zu einer Zecherei auf dem Feld treffen, schleichen sich Karl, Franz und Walter «hinter die Kammer mit Klampfe und Schifferklavier... Wir drei haben uns beglückt gefunden. Wir halten eine geistige Linie... hoch. Die Mistviecherei hört auf...! Voll Freude und innerer glücklicher Erhabenheit leg'n wir uns zur Ruh'... Dank dir, Herr.» (13.4.1937)

Am Sonntag, 18. April, bittet Karl um die Erlaubnis, die hl. Messe besuchen zu dürfen: «Dann, formlos, wie ich bin, Ofm. Franz um Kirchgang gefragt. Als Antwort...»

Mit diesem abgebrochenen Satz wird das Tagebuch unterbrochen. Von nun an muß er sich zufriedengeben, einige hastige Notizen auf das Papier zu werfen, meistens im Telegrammstil abgefaßt. Hat ihm die Härte des Lagers die Gelassenheit und Heiterkeit geraubt, die wir in seinen Aufzeichnungen der ersten drei Wochen noch finden? Oder ist der innere Kampf wieder aufgebrochen, der seine seelische Ausgeglichenheit aus dem Gleichgewicht brachte? Am 29. April schreibt er, schon auf seinem Strohsack einschlafend: «O Herr, Jesus Christus, voll tiefer Liebe und Demut flehe ich zu Dir, stehe mir bei im Kampf um das Heilige in mir! Laß mich in hartem Dienst dein bewährter Diener sein. Du adele meine Arbeit. Wenn ich auch schwach bin, sei Du mir Stärke und Burg, Schild und Schutz! Du mein Erlöser, komme bald zu mir! Amen.» (29.4.1937)

So nimmt das Leben im Lager seinen Lauf. In seiner freien Zeit fährt er oftmals nach Oschatz zu Pfarrer Gewinner. Er beichtet dort und besucht die hl. Messe. Oft ist er auch beim Grafen Herbuval-Chamare eingeladen. Dann bringt er seine Gitarre mit und singt für die Jugendlichen der Pfarrei und erzählt ihnen Geschichten. Oder er unternimmt Ausflüge mit Kameraden aus dem Lager.

25.

Das zweifache Antlitz einer absoluten Liebe

Das Pfingstfest steht vor der Tür. Es war ein wunderbares Pfingsten vor einem Jahr in der Freiheit, dem Glanz Roms und der Papstaudienz... Dieses Jahr, in das Eisenkorsett eines Systems, das ihm völlig fremd ist, gezwängt, gelingt es Karl nichtsdestoweniger, dieses Fest, das er so sehr liebgewonnen hat, gut vorzubereiten. Er betet wieder eine Novene, neun Tage vor Pfingsten, mit der Intention, allen Egoismus in seinem Herzen zu überwinden.

Als er einige freie Tage bekommt, besucht er Dresden und ist bezaubert von der wunderbaren barocken Schönheit des Zwingers. In der Hofkirche hört er eine Messe von Schubert. Starke Gefühle steigen in ihm auf. Er geht zur Elbe hinunter zu den Dampfbooten. Die Unruhe in ihm läßt jedoch nicht nach. Er kämpft gegen das Bild eines schönen jungen Mädchens, das er im Traum gesehen hat: «Io non posso (Ich kann es nicht)», schreibt er auf Italienisch. «Mir ist's, als müßt' ich zerspringen vor Sehnsucht!» (16.5.1937)

Pfingstmontag setzt sich dieser grausame innere Kampf fort. Er fleht: «Veni, Sancte Spiritus, veni, veni (Komm, Hl. Geist, komm, komm).» Er schreibt ein Gedicht, das Ausdruck seiner inneren Zerrissenheit, seiner Einsamkeit und seiner Liebessehnsucht ist: «Mir ist so, als wüßt ich selbst nicht mehr, was in mir vorgeht. Ein Tosen und Toben, ein glückhaft wonnig Frühlingsschäumen in Leib und Blut und Geist und Seele. Und doch, ach was ist's schwer, sich für eine Bahn im Leben zu entscheiden. Ist Opfer alles, kann ich auf ein großes wunderbares Geschlecht verzichten? Auf all die Freuden und Kämpfe eines heiligen Bundes mit einem lieben Menschen?... Und doch strebt alles in mir zur Heiligkeit und restloser Hingabe an den Herrn.

Herr, zeig mir den Weg und gib mir den rechten Geistesfingerzeig, wohin ich gehen soll...» (17.5.1937)

Die letzten Worte sind unleserlich, so groß ist sein Schmerz an diesem Tag der totalen Einsamkeit.

Am nächsten Tag fängt sich Karl wieder. Er macht mit seinen Kameraden einen Ausflug in die Gegend um Dresden, kauft bei einem Bauer etwas Milch und Brot für 20 Pfennig. Er macht Autostop, worin er Meister ist. «Wie können Sie nur Theologie studieren», fragt ihn ein Autofahrer, der aus der Gegend ist, «hat doch gar keine Aussichten! Technik, das ist heute zukunftssicher!» Karl lächelt über so viel Naivität und Ignoranz; er bemerkt mit seiner Gabe, auf jeden Menschen einen positiven Blick zu werfen: «Ein sehr liebenswürdiger Fahrer.»

Sie kehren in die Hofkirche zurück und nehmen an der Maiandacht teil. Von der Elbebrücke aus haben sie einen herrlichen Blick auf die nächtliche Stadt im Scheinwerferlicht. Zurück geht es mit der Bahn: «Sehr schönes Mädel in unserem Abteil mir gegenüber. Oh, sie ist wunderschön, sie hat die Schönheit einer Frau und Jungfrau», fügt er noch hinzu, in Italienisch, wohl aus Scham. 12 Uhr ins Lager. — Der Urlaub zu Ende.» (16.-18.5.1937)

Sein Aufenthalt im Lager in Dahlem geht zu Ende. «Schmerzlich ist der Abschied von dem schönen Land, wo ich heimisch worden war. — Aber voll Mut und Freude geht's an die neue größere Aufgabe.» Die Einheit, zu der er gehört, wird an die holländische Grenze versetzt, nur wenige Stunden von Kleve entfernt!

Am 20. Mai hißt er das letzte Mal in dem sächsischen Lager die Fahne. Er hat eine lange Fahrt über Leipzig, Goslar, Hannover, Osnabrück und Rheine vor sich. Das neue Lager befindet sich in Georgsdorf in der Nähe von Hoogste, nicht weit von

Bentheim. Die Einheit ist zur Sanierung der Sümpfe eingesetzt. Die Arbeit hier in den Sümpfen, während unendlicher Wochen, die Füße im kalten Wasser, hat gefährliche Konsequenzen für Karls Gesundheit. Er ist zunächst der Reinigungsmannschaft zugeteilt, dann muß er die Baracken neu anstreichen. Im letzten Monat wird er in die Sümpfe geschickt. Bald jedoch bekommt er starke Rheumaschmerzen. Er leidet an einer Entzündung des Zellengewebes an der Hand. Aber unvorsichtig wie er ist, badet er weiter im kalten Wasser des Kanals.

Er bemüht sich immer, ein guter Kamerad zu sein. Während seiner Freizeit singt er, spielt Schach, erzählt Geschichten. Er beantwortet Briefe und schreibt sein Tagebuch. Oft führt er Diskussionen über Religion oder über aktuelle Themen, wie die Zwangssterilisation durch die Nazis, die für einen Katholiken nicht zu akzeptieren ist. Er liebt diese Gespräche und Debatten, die ihn innerlich mit den Leuten verbinden, die manchmal einsam sind wie dieser Student, der «SS-Arzt» werden will. In jedem, so verschieden er auch sein mag, sieht Karl seinen Bruder. Er versucht immer die lichtvolle Seite, die in jedem versteckt vorhanden ist, zu entdecken. Jedoch spricht er nicht über Politik, außer mit seinen zwei engsten Freunden oder mit dem Pfarrer von Hoogste.

Sonntags weckt er sehr früh seine katholischen Kameraden, die zur Messe gehen wollen. Es gelingt ihm aber nicht immer, sie wach zu bekommen. Er betet regelmäßig morgens und abends und meditiert jeden Tag über das Evangelium, aber wegen übergroßer Müdigkeit immer nur kurz. Im Juni ist die Apostelgeschichte an der Reihe. Er beichtet regelmäßig. «Ha, tut das gut», schreibt er am 7. August 1937. Er ist glücklich, sonntags zur Kommunion gehen zu können. «Christus kommt persönlich zu mir.» (8.8.1937)

Sonntagnachmittags geht er mit seinen Kameraden aus, meistens mit den unzertrennlichen Franz und Walter. So klopfen sie am 6. Juni an die Tür eines einsamen Bauernhofes in den Sümpfen. Die Bäuerin bietet ihnen eine Tasse ganz frischer Milch, Brot und Butter an. Karl spielt mit dem Baby und unterhält sich mit den Eltern, die evangelisch sind. Vor kaum zwei Jahren, sagen sie, predigte ihr Pastor noch in Niederländisch. Dann fängt Karl zu singen an, begleitet vom Großvater, der Akkordeon spielt. Er ist außer Rand und Band vor Freude an diesem Sonntagabend. Auf dem Heimweg beobachten sie den Mars in seinem roten Glanz, der durch die jungen Pappeln scheint. Am 24. Juli, sein größtes Glück: er bekommt zwei Tage Urlaub. Am nächsten Morgen erwacht er mit Wonne in Kleve, in seiner «herrlichen Bude». Er geht in seine geliebte Stiftskirche zur Messe, frühstückt — mit richtigem Kaffee —, spielt Klavier, besucht Kameraden und macht schon Pläne für eine große Tour im Spätsommer, wenn er den RAD-Dienst hinter sich haben wird. Die Stunden vergehen wie im Flug. Um 17 Uhr steigt er wieder in den Zug, glücklich und gestärkt. Ein letzter sehnsüchtiger Blick über seine geliebte Heimatstadt, deren Türme bald in der Ferne verschwinden.

Jedoch, trotz seiner Aktivitäten im Lager, seiner guten Beziehungen zu seinen Kameraden, mit denen er Stunden wahrer Zufriedenheit und manchmal sogar in Freude verbracht hat, quält er sich doch weiterhin. Die grundsätzliche Entscheidung, die Antwort auf den Ruf, den er immer in seinem Innersten vernimmt, mehr oder weniger stark, plagt ihn, quält ihn und läßt ihn manchmal aufseufzen. Es ist immer das schmerzhafte Hin-und-her-gerissen-Sein zwischen den zwei Sakramenten, die das menschliche Leben konkret gestalten, der Priesterweihe und der Ehe, zwischen der Christusgleichförmigkeit und der Antwort auf die Liebestat des Schöpfers, die im Buch Genesis offenbart ist (Gen 2,18-24).

«Schönheit des Familienlebens, des selbst Kinderzeugens und -habens, all das geht mir nahe beim Nachdenken in der Nacht... Aber auch der große Heroismus des Priestertums leuchtet mir auf!» (1.8.1937) Die gleichen Gedanken bewegen ihn am 4. August, als er eine betrübliche Neuigkeit erfährt, daß der Arbeitsdienst bis zum 25. November verlängert wurde. Das Lager ist ganz aus dem Häuschen. Karl fängt sich wieder: «Ruhig bleiben! — In Gottes Hand geborgen, mag kommen, was will...

Durch nichts erschüttern lassen. Die quies interna (innere Ruhe) durch innigen Anschluß an Gott erhalten.»

Die Verlängerung des Arbeitsdienstes kommt Karl nicht ganz und gar ungelegen. Er erhält so mehr Zeit zum Nachdenken, bevor er die große Entscheidung treffen muß. Gewiß, die große Fahrt im Sommer, von der er seit Monaten träumt, fällt ins Wasser. Er wollte nach Dresden fahren, dessen Schönheit noch immer vor seinem inneren Auge steht, und von dort in noch unbekannte Gebiete weiter, in die Tschechoslowakei und nach Österreich...

Karl hat sich entschlossen, jeden Tag für seine Berufung zu beten. Durch das Gebet gestärkt, nimmt er sich sechs Punkte vor, die er bis Ende August in die Tat umgesetzt haben will. Der Text ist in Latein geschrieben: «1. Stille und nicht so viel reden. 2. Ruhige Gelassenheit in Gottes Hand. 3. Selbstbeherrschung. 4. Standhaftigkeit in allem; rechte Nächstenliebe. 5. Kameradschaftsgeist in allem und gegenüber allem; Mäßigung bei Tisch.» (14.8.1937)

Karl braucht diese Anhaltspunkte, um im eigenen Herzen Klarheit zu gewinnen. Er braucht sie auch, um seine Entscheidung zeitlich zu begrenzen, denn er weiß, daß man nicht ins Unendliche Entscheidungen vor sich her schieben kann, daß dies zu nichts führt und nicht weise ist. Sein junges Blut kocht. Der Kontakt mit seinen Kameraden Tag und Nacht, die seine moralischen Leitlinien nicht kennen, denen er sich aber stellen will und muß, macht für ihn die Suche nach der Zufriedenheit durch den Sieg über seine Versuchung nicht leichter. Die schrecklichen Widerwärtigkeiten drohen ihn zu zermürben.

Am Samstag, 28. August, ist er froh, das Wochenende wieder in Kleve verbringen zu können. Katastrophe! Die Urlaubserlaubnis wird zurückgenommen. Anstatt im Schoß der Familie zu sein, müssen sie 800 Zentner Kohlen schippen. Karl kann sich nicht mehr zurückhalten. Er macht sich dadurch Luft, daß er den Götz von Berlichingen zitiert: «Sch... dreimal Sch...» Diese Grobheit, die sich als einzige in seinem ganzen Tagebuch findet, zeigt, bis zu welchem Punkt der edelste Geist den

Gegebenheiten der Gewöhnung an ein Milieu unterliegt, ob er nun freiwillig oder unfreiwillig darin lebt.

Am 30. August ereignet sich ein seltsamer Zufall. Als er im Sumpf arbeitet, denkt er an Jupp Kuhne, der im Jahr vor ihm bei der Familie Ruby in Freiburg als Student einquartiert war. Er war Jupp nachgefolgt, weil dieser krank wurde. Und gerade an diesem 30. August gab Jupp seine Seele dem Schöpfer zurück. Karl erfährt es am nächsten Tag und erhält die Erlaubnis, an der Beerdigung teilzunehmen. Während der Reise, die ihn auch nach Münster und ins Borromäum führt, beginnt sein innerer Kampf von neuem. Seine starke Natur und seine ganze Vitalität bäumen sich auf. Als er wieder zurück ist, hat er weniger Klarheit als jemals zuvor. Am 11. September, während er Nachtwache hält, sieht er in den Sternenhimmel und erblickt den zunehmenden Mond: «Schöne Sternennacht... zunehmender Mond, schlanke, keusche Sichel — Ringen um die große Entscheidung — Molto großes des senza fine!» Das Bild Elisabeths erscheint ihm im Traum; manchmal steht sie den ganzen Tag vor seinem Geist, und eine tiefe Sehnsucht steigt in seinem Herzen auf...

3. Teil

Der Kreuzweg

26.

«Für Gott auf alles verzichten»

Für Gott auf alles verzichten: in dieser Geistesverfassung beendet Karl seinen «Reicharbeitsdienst»: «Am 23. Oktober, morgens 9.30 Uhr Entlassung aus dem RAD.» (3.11.1937) Karl hatte sich mit seinen Kameraden verbunden gefühlt. Er hat eine Wegstrecke seines Leben mit ihnen zusammengelebt. Der Abschied war herzlich, besonders von der einfachen Brückenwächterfamilie, bei der Karl sein Fahrrad untergestellt hatte. «Doch bin ich froh, wieder einmal ganz persönlich frei mein Leben gestalten zu dürfen. Auf keinen Fall möchte ich diese Zeit missen. Es war eine harte, aber gut überstandene Lebensschule», schrieb er am 3. November, als er einen Rückblick über die sieben letzten Monate machte und erstaunt war über die Erfahrungen dieser Zeit.

Er verließ die Sümpfe von Georgsdorf, kehrte aber nicht nach Kleve zurück, sondern ging sofort ins Borromäum. Er will die Ungewißheit, die in ihm ist, beenden und Klarheit bekommen, er will diesen unverminderten Kampf zwischen den zwei Berufungen in seiner Seele beenden. Am 23. Oktober kommt er in Münster an und bleibt hier fünf Tage. Er durchlebt sehr wichtige Stunden seines Lebens. Die Entscheidung steht auf Messers Schneide. Karl wünschte sich dunkel, daß die Wahl das Opfer seines menschlichen Ehrgeizes sei. Er ringt sich durch: «Ich sprach das letzte ergebene, hingebende Fiat zu Gottes Willen, mich zu seinem heiligen Priestertum zu führen.

Ich kann's nicht schildern!

Der herzhafte Entschluß, gleich am So, 24., zu beichten und bei P. Esch um ein Nikodemus-Stündchen zu bitten. Was war das schön und so einfach in jener Abendstunde. Noch einmal einen kurzen Überblick, und dann das gütige klare Priesterwort zu dieser letzten Entscheidung. Gottes Geist sprach aus uns beiden — was war das schön. Ganz ergriffen kniete ich nachher in der nur vom Ewigen Licht erleuchteten Kapelle und dankte dem Herrn, grüßte ihn als meinen Herrn fürs Leben im Priesterstand.» (3.11.1937)

Die Entscheidung ist gefallen. Sie ist unwiderruflich, auch wenn der Kampf noch nicht ausgestanden ist. Es wird Rückzugsgefechte geben, manchmal sogar grausame. Karl weiß, wofür er sich einsetzt. Er ist sich des Glückes bewußt, das sich ihm eröffnet. Aber auch der Freude, auf die er verzichtet. Es wird Momente geben, wo alles in ihm sich aufbäumt, aber keinen Augenblick, an dem er sich nicht unterwirft. Er wird stechende Schmerzen haben, aber niemals hoffnungslos sein.

«Am 25. und 26. klang noch einmal das letzte tiefe Heimweh der Seele auf nach dem unendlich Schönen, was ich im WS 36/7 erleben durfte.» Karl besiegt diese letzte Versuchung: «Aber nein — das letzte bedingungslose Opfer, die unerhörte Bereitschaft zu jeglicher Art von Zeugnisschaft für Jesus Christus.»

Am 27. Oktober schreibt er einen langen Brief an Elisabeth: «Abends spät noch jener Brief an die, die mir Hilfe und Gebet und letzte verstehende Hilfe schenkte in Tagen wilden Übermutes, Stürmens und Drängens.» Dieser Brief ist ihm so kostbar, daß er ihn nicht in sein Tagebuch abschreiben will. «Nein ich kann es nicht, es ist zu heilig, um in die Hände Unberufener zu fallen.»

Nachdem er sich so zu dieser grundsätzlichen Lebensentscheidung durchgerungen hat, sieht Karl mit einem heitereren Blick die Monate, die kommen werden. Er vertraut seine Überlegungen seinem Tagebuch an. Am 3. November beginnt er ein neues Heft. Der Unterschied ist erstaunlich, wenn man diese Seiten mit denen zur Zeit des RAD vergleicht, die chaotisch, ohne Form und zusammenhangslos waren. Die Schrift im neuen Heft ist weit und harmonisch: «An Menschen- und vor allem auch an Selbsterkenntnis hat sie (die Zeit beim RAD) einem viel gegeben. Auch an Härte und soldatischem Gleichmut hat man gewonnen. Und — trotz der bittersten Enttäuschungen und tieftraurigsten Bilder, die einen oft so mutlos stimmen konnten — trotz allem hab' ich mein Volk ganz tief lieb gewonnen. Und vielleicht ist dieses tiefe Gefühl des Mitleids mit eins der bestimmendsten gewesen (menschlich gesehen), das die eine Sehnsucht nach dem Priestertum doch schließlich so stärkte und zum letzten Entscheid nach hart errungenem Entschluß zu diesem Lebensweg führte.

Ach, wenn ich an all' die Stunden tiefsten, unaussprechbaren Sehnens denke... Herzblut mußte fließen und wird fließen müssen auch in Zukunft auf dem Weg zu priesterlichem Opferleben.» (3.11.1937) Ja, die Entscheidung ist gefallen. Unwiderruflich. Karl wird Priester.

*

* *

Am 28. Oktober ist sein Herz durch die getroffene Entscheidung erleichtert. Karl will nun nach Kleve fahren, sich ausruhen, «herrliche, ganz stille Tage restloser Ausspannung gedachte ich zu erleben». Um damit zu beginnen, wollte er am nächsten Tag eine Wallfahrt nach Kevelaer unternehmen.

Der schöne Traum wurde dramatisch zerstört. Er wird auf den Weg der Kreuzesnachfolge gestoßen. «Die herrlichen, ganz stillen Tage» sind nicht für ihn.

Am Freitag, 29. Oktober, steht Karl früh auf. Um 6.30 Uhr geht er in die Stiftskirche zur Messe und kehrt danach glücklich nach Hause zurück. Er freut sich, mit der ganzen Familie frühstücken zu können. Es klingelt. Die Gestapo steht vor der Tür. Sie fragen ihn aus und durchsuchen alles mehr als drei Stunden lang. Als sie weggehen, nehmen die Hitlerschergen mit, was ihm am wertvollsten und persönlichsten ist: die Hefte seines Tagebuches vom 1928 bis 1935.

Karl ist niedergeschmettert: «Ich war hinterher fertig und tieftraurig. Diesen ersten Morgen in der Heimat nach der Entlassung aus dem RAD vergeß ich nie im Leben. Das Heiligste, Persönlichste, Feinste... nein, ich darf nicht daran denken, sonst überkommt mich tiefe Trauer, daß solches geschehen kann im deutschen Volk, das doch immer tiefe Achtung und Ehrfurcht vor dem andern und seiner Person und seinem innersten Leben hatte. Oh, es ist mir, als sei da ganz tief drinnen etwas zersprungen, so etwas ganz Feines. Unter bitteren Tränen schreib' ich das...

Meine Seele schrie auf, war verwirrt und voll tiefster Erregung diese ganzen Tage daheim. — Bitter, sehr bitter, aber laß dich nicht verbittern! Und vor allem: Dieses wunderbare Bewußtsein des "Sorget nicht ängstlich" (Mt 28,10).» (3.11.1937)

Und die Wallfahrt nach Kevelaer? Karl läßt sich davon durch diese schreckliche Prüfung nicht abbringen. Im Gegenteil, er hat guten Grund, bei der «Trösterin der Betrübten» Trost zu suchen. Um 4 Uhr nachmittags steht er dann vor der Gnadenkapelle in Kevelaer: «Eine heilige Stunde des Erschlagenseins, des Verzichtes, des letzten verklärten Erschlagenseins bei der Mutter! Und — das Große: Letzte Weihe zur heiligen Reinheit der Seele und des Leibes vor ihrem Bild. O consolatrix afflictorum (o Trösterin der Betrübten) — Ora pro nobis! Letzte Hingabe — Letztes tiefstes Vertrauen. ... Zwei Opferkerzen brennen groß und leuchtend. Fiat Voluntas Tua (dein Wille geschehe) — Das sag deinem Sohn, liebste Mutter.» (3.11.1937)

Am nächsten Tag ist er Zeuge eines noch grausameren Geschehens. Man begräbt in Kleve die Mutter von acht Kindern. Eines davon, Thej Köster, ist sein Freund: «Acht Kinder stehen am Sarg! Wer versteht die Wege unseres Gottes? Ich bete den Rosenkranz. Ein selten schöner Spätherbsttag wieder. Ehern und dumpf klingt die Totenglocke vom Turm der Christ-Königs-Kirche — Sinnbild des harten Geschicks!» Um Thej aus seiner Trostlosigkeit herauszureißen, lädt ihn Karl für den nächsten Tag zu einem Spaziergang in den Reichswald ein: «Wir sprechen über den Sinn des Leides, tief und fein, als Freunde. Dann lenke ich aber auf frohe gemeinsame Erlebnisse.» Dann kehren sie nach Hause in die Familie, die nun ohne Mutter ist, zurück. «Was sind das doch für prächtige Familien da oben am Mittelweg und Umgebung. Vor dem Glauben der Arbeiter stehe ich in beschämender Ehrfurcht.» (3.11.1937)

27.
Leben im Rhythmus des Kirchenjahres

Karl hat nur kurze Ferien. Am 2. November geht er ins Borromäum zurück, um weiter zu studieren. Beinahe zwei Jahre sind es her, daß er von hier nach Freiburg wegging. Was ist in der Zwischenzeit alles geschehen!

Als er seine Koffer packt, ärgert er sich, denn er findet so manches nicht. «Ruhe! Beherrschung! Ordnung!» Die Ausbrüche seiner lebhaften Natur, die manchmal wie ein Vulkan ist, werden unmittelbar durch die Befolgung der Methode der Selbstkontrolle kanalisiert, mit der er so viel Erfolg hat dank der regelmäßigen Selbstkritik in seinem Tagebuch. Der letzte Grund aber liegt im Glauben, durch den er sich treu und sicher geführt weiß.

Am 3. November, dem ersten Tag des neuen Semesters im Borromäum, zieht er Bilanz über die wichtigste Phase seines Lebens, die er seit einem Jahr durchlebt. Er beschließt seine Überlegungen in einem tiefen christlichen Optimismus, der im Geist verankert ist: «Welche Fülle an Erleben! Jetzt sammeln, konzentrieren auf das große Lebensziel! Noch sehr erschüttert und müde vom "Urlaub" in Kleve. Die ersten Kollegs... Verzicht auf alles für Gott! Leid klärt und macht reif!» (3.11.1937)

Am nächsten Tag ist das Fest des hl. Karl Borromäus, des Patrones des Seminars. Er stellte im 17. Jahrhundert die Disziplin im Klerus wieder her und war Gründer einer Seminarform, aus der nicht nur starke, große Geistesmänner hervorgingen, sondern durch die vor allem gute Priester ausgebildet wurden. Der

Erzbischof von Mailand liefert das Modell für die Seminare des 18. und 19. Jahrhunderts, die auch seinen Namen tragen. Der Geist dieser Reform ist noch im Borromäum in Münster, in dem Karl studiert, spürbar. Das großartige Lebenszeugnis des Bischofs von Galen, sein starker Mut und seine Begeisterung, reiht ihn unter die großen Bischöfe, die vom gleichen Geist geführt sind wie der berühmte hl. Karl Borromäus, den Papst Pius IV., sein Onkel, mit 22 Jahren zum Kardinal ernannte und mit 26 zum Erzbischof.

Nach der geistigen Leere, durch die Karl beim RAD mußte, ist er vom Glanz der Liturgie geblendet: «War das ein Namenstag!» Aber ein anderes Glück erwartet ihn. Eine lang erwartete Nachricht: «Das Erlebnis des Tages, der wundersam feine und tiefe Brief von Elisabeth. Ich staune! Beten soll ich ihr helfen, daß auch sie Entscheidung, Klarheit in ihrem Lebensziel bekommt. In der hl. Stunde im Dom gedenke ich ihrer und aller Lieben in der weiten Welt. Ich hab' sie alle so lieb. Und der Herr soll sie doch alle, alle bewahren und segnen. Was ist doch dieses Gefühl des geheimnisvollen Leibes Christi groß und trostvoll und lebenskräftig.» (4.11.1937)

Karl hat ein sehr lebendiges Wissen um seine Zugehörigkeit zum Leib Christi, wie zum konkreten Leben dieses Leibes. Das ist nicht nur eine mystische Realität, sondern in der Geschichte, im heutigen Alltag, fleischgewordenes Leben. Christus spricht im Evangelium. In unseren Herzen wirkt er durch den Hl. Geist. Er ist da durch die Stimme seiner Apostel und ihrer Nachfolger, des hl. Petrus und der Bischöfe. Karl hört aufmerksam auf das, was Petrus sagt, was sein Bischof, «der Löwe von Münster», sagt, der große Geistesmann, der mit Freimut spricht, ohne Kompromisse mit irgendeiner Ideologie einzugehen. Das Tagebuch gibt treu die Predigten des Bischofs wieder, seine Besuche im Borromäum sowie die eine oder andere amüsante Geschichte. So hat Peter Wust, der Philosoph, dessen Vorlesungen Karl mit großem Interesse folgt, sein letztes Werk dem Bischof gewidmet. Titel: «Ungewißheit und Wagnis». Dessen Antwort war: «Ich freue mich ja über Ihr Buch, Herr Professor.

Aber ich weiß nichts damit anzufangen. Für mich ist die christliche Religion weder Ungewißheit noch Wagnis.» Karl kommentiert: «Welch eine Sicherheit, Klarheit, Ruhe und Heiligkeit, welch ein bergeversetzender Glaube der Zuversicht liegt in dem Wort. Da schweigt der Philosoph vor der Weisheit des Heiligen, der im Glauben fest steht!» (16.11.1937)

Wenn man das Tagebuch liest, erkennt man, daß der Seminarist auf die väterliche und beeindruckende Persönlichkeit des Nachfolgers der Apostel einen bewundernden und liebevollen Blick wirft. Um nur zwei Beispiele zu nennen: Am Sonntag, 14. November 1937, protestiert Bischof von Galen in einer Predigt im Dom gegen die christenfeindlichen Übergriffe der Nazis: «Das war wahr, klar und ritterlich, sowie kampfentschlossen. Dabei sprach eine Liebe zum Volk daraus, die mich packte. Dieser feierliche Protest gegen die Dinge der letzten Wochen, selbst wenn er praktisch nutzlos ist, dieses aufrechten deutschen Mannes — das ist noch eine Sprache, die deutsche Männerohren hören können, die Deutschland Ehre macht!» (16.11.1937) Der Bischof von Galen übt eine geistliche Vaterschaft gegenüber seinen Priesteramtskanditaten aus. Am 5. November, einem Herz-Jesu-Freitag, kommt er zu ihnen ins Borromäum. «Der Bischof spricht sehr ernst über Heiligung des Priesters in der Vorbereitungszeit.» (5.11.1937)

Am gleichen Tag bespricht er mit Prof. Schmaus das Thema seiner wissenschaftlichen Arbeit. Die Studenten müssen eine Arbeit schreiben, die im vorletzten Jahr ihres Studiums erstellt und abgeliefert werden soll. Karl wählt sich folgendes Thema: «Vom Sinn und Geheimnis des Wachsens im Leben von Natur und Gnade beim Menschen». (Eine dogmatisch-pädagogische Schau.)

Er macht sich mit Feuereifer an die Arbeit und setzt sich als Zeitpunkt, wann er mit der Arbeit fertig sein will, den Januar. Leider legte sich der Eifer mit der Zeit. Aber er kommt wieder, wie immer. Am 9. November entscheidet er sich, eine wissenschaftliche Tagesordung aufzustellen, mit anderen Worten, einen Arbeitsplan für sein Studium zu erstellen. Wie jedermann hat er Höhen und Tiefen zu durchleben. Er müht sich mit dieser drückenden und unerbittlichen Arbeit ab. Er setzt sich eine neue Termingrenze, um mit seiner Arbeit fertig zu werden: den 15. Dezember. Drei Tage vorher schreibt er: «Wenn ich das bis zum 15. nicht schaffe, bin ich ein Hampelmann, aber kein deutscher Kerl, der einmal Priester werden will! – Das in allem Ernst!» (12.12.1937)

Was ihm in Moment der Schwäche und Erschlaffung neuen Halt gibt, ist die Beichte. Die vom Samstag, 20. November, ist bedenkenswert. Seit zwei Tagen liest er das «Tagebuch eines Landpfarrers» von Georges Bernanos. Er wird bis ins Innerste erschüttert. Das unveränderliche und feine Eindringen der Gnade in die Seelen trotz des Leidens, des Unverstandenseins, der Mißachtung und der geistigen Erstarrung erstaunt ihn. «Die Gnade siegt... Letzten Adel, letzte Freiheit gibt sie ihren Kindern. Kindlich sein! O dieser Glaube, diese Hoffnung, diese Liebe!» (20.11.1937)

Die Erschütterung, die in ihm durch diese Lektüre verursacht wurde, veranlaßt ihn, bei P. Bernardin zu beichten, einem alten Kapuziner, der den Seminaristen eine ganz substantielle, prägnante Spiritualität und tiefe Einsichten vermittelt. Die Beichte bezieht sich auf die letzten eineinhalb Jahre: «Daraus ernstes Bemühen! Es heißt, sich vorbereiten für Seminar, Subdiakonats- und Priesterweihe. Letztes Freiwerden von allem servitus peccati (Dienen der Sünde). – Frohes Glück und Zuversicht! Drei Worte: Schweigen, beten, arbeiten! Und jetzt mit Klarheit und Liebe an die große Aufgabe – die Lebensaufgabe! Das Gelübde von Kevelaer bis 8./12. treu halten! Nicht ängstlich, aber wach und besorgt!» (20.11.1937) Durch dieses Versprechen kann er eine nicht näher beschriebene Schwäche meistern. Damit er sicher gehen kann, seine Versprechungen zu halten, setzt sich Karl, wie wir schon gesehen haben, einen festen Termin. Frist um Frist, der Kampf ist von Erfolg gekrönt. Der letzte Sieg steht am Ende eines langen Ringens.

«Die Methode mit den Fristen» bedeutet für Karl eine große Hilfe auf dem Weg durch Dornen und Disteln, der ihn zu einem heiligmäßigen Leben führen soll, das er für sich so sehr ersehnt.

Dieser 20. November ist besonders gesegnet.

Nachdem er «für alles Vergangene, für alles! Für alle!» dankte, richtet Karl eine bewegende Bitte an den Vater im Himmel, den er kindlich und zärtlich liebt:

«Vater, es ist Zeit zum Ruhen.
Dein Sohn ist müde und sucht den Schlaf.
Vater, ich danke Dir!
Daß ich heute nicht ganz unnütz war meinen Brüdern und Schwestern. Es war Mühsal, aber auch Freude, zu schaffen und zu sorgen. Vater, ich danke Dir!
Daß ich Deine Herrlichkeit aufleuchten sah im Antlitz Deiner Schöpfung und in der Begegnung mit guten Menschen, im Abglanz Deiner Liebe.
Vater, gib mir Kraft, Dir zu danken für die Fügungen, die ich nicht verstand.
Du, mein Vater, bleibe mir gut und verzeihe, wo ich gefehlt habe.
Du weißt, wie lässig ich war in der Arbeit und schwach, liebearm und unbeherrscht gegen Brüder und Schwestern.
Ich bekenne es Dir, Vater!
Gott Vater, Dein Erbarmen ist groß. Deine Güte unermeßlich. Sei mir ein Stützer und Helfer in dieser Nacht — und allen, die mit mir auf dem Wege sind zu Dir.
Laß uns im Morgenglanze der Sonne in Deiner Vaterhuld erwachen zu neuem Werk und neuer Liebe! Amen! Neues Werk! Neue Liebe!»

In der Übersteigerung dieses einfachen und vertrauensvollen Gebetes, das eine starke kindliche Liebe zum Vater im Himmel widerspiegelt, schreibt Karl in ganz großen Buchstaben unten auf der Seite: «Neues Werk! Neue Liebe!»

Dieser Höhepunkt ist das Ergebnis einer subtilen inneren Wandlung. Nun sind wir auf einer neuen Stufe. Wir beobachten bei ihm einen stetigen Prozeß mit besonders intensiven Zeitabschnitten. Das Gebet zum himmlischen Vater ist ein Beispiel für eine solche Zeit. Sie hat acht Tage früher mit einer Rückschau über die letzten eineinhalb Jahre begonnen. Er fühlt, daß sie für seine Zukunft von ausschlaggebender Wichtigkeit sind: «Eineinhalb Jahre überschäumenden Lebens, von Sturm und Drang, voll himmlischer Freude, aber auch tiefem Leid und unerfüllter Sehnsucht hab' ich jetzt hinter mir. Die leise Wehmut, die tiefe Trauer, die öde Leere der Seele in den letzten Tagen ist menschlich so verständlich... Das Erleben dieser Zeit war zu gewaltig, dazu braucht's Jahre zum Verdauen...! Auf alles, was mich als Gefahr vom Priestertum fern bringen kann, muß ich verzichten.»

Er beschreibt die Herausforderung, vor die er gestellt ist und die vom ihm ein heroisches Verhalten fordert. Er schreibt weiter: «Darum will ich nun ganz endgültig das große "Amen" schreiben, und jetzt, zur letzten Verantwortung bereit, die letzte entscheidende Etappe zum hl. Ziel beginnen mit einem ganz tiefen, gewaltigen Gottvertrauen, einer letzten Sicherheit und Geborgenheit in Ihm und seiner Gnade. Und doch auch mit einem gesunden Mißtrauen gegen die eigene fehlerbegabte Natur! Jeder Leichtsinn, jedes Aufspielenwollen, jedes Unechte, Gemachte ist vom Teufel, und das gehört nicht zum Priester und heut' erst recht nicht! — Eins noch: zu jedem Mädchen, jeder Jungfrau, jeder Frau ein taktvolles, bescheidenes, mannhaftes Verhalten! Zucht, Keuschheit, Mannestum! Um eine tiefe, letzte Ehrfurcht: täglich beten! Und doch dabei — ja gerade — geschwisterlich, natürlich, frei und ungekünstelt in edler Harmonie!» (12.11.1937)

Das Ende des liturgischen Jahres nähert sich. Für Karl ist das kirchliche Jahr der wichtigste Lebenszyklus, nicht das zivile. Er lebt im Rhythmus der Kirche, wird von den großen Festen geprägt, verbunden mit dem jährlichen Zeitrhythmus, der das Erwarten des Messias widerspiegelt, dann die Menschwerdung Gottes in Jesus, von Bethlehem nach Golgotha, und schließlich das große Geschehen der Vergöttlichung des Menschen durch die Zeiten durch den Heiligen Geist.

Am Samstag, 27. November, schreibt er: «Letzter Tag im Kirchenjahr... Hora est de somno surgere (Es ist Zeit, vom Schlaf aufzustehen)! War es dies Jahr? — Ja und Nein! Klar bin ich mir geworden über meine dunklen Kräfte. Und doch — dieser Abschluß — ich hätte nicht dran geglaubt! Herrlich. ein letztes Finden zum Beruf, zu Christus. "Abjiciamus ergo opera tenebrarum, et induamur arma lucis! Induimini Dominum Jesum Christum!" Laßt uns ablegen die Werke der Finsternis und anlegen die Waffen des Lichts! ... Legt den Herrn Jesus Christus an (Röm 13,12-14).» (27.11.1937)

Drei Tage später stellt Karl die Frage: «Wozu bin ich da in diesem Jahr? Was verlangt es von mir?

Dienen! Meinem Beruf und allen, die mir begegnen.

Kämpfen! Um endgültige, letzte Klarheit der Seele, um letzte Bereitschaft des ganzen Menschen mit Leib und Seele.

Beten? Voll Sehnsucht, voll Vertrauen; dann wird alles gut werden... Und der Herr wird mir die Wege zeigen, ständig weiter. Auf seine Höhenpfade wird er mich führen, wenn ich meine Seele zu ihm erhebe.

Arbeiten! Das war bisher noch nicht das Rechte! Dieses Jahr muß ganz außergewöhnlich geschafft werden. In voller Verantwortung! Bedenke die kurze Zeit. Und jetzt aber ran! Mit Gott zu seiner Ehre!» (30.11.1937) Karl setzt seine sehr klare Gewissenserforschung fort. Man darf nicht vergessen, daß er erst 22 Jahre alt ist: «Was war nun der Sinn meines Kampfes, jenes schönen, leidenschaftlichen Ringens mit all seinen heimlichen Köstlichkeiten und abgründigen Gefährlichkeiten und heimlichen Bosheiten? — Im Tiefsten bin ich meinem Kern treu geblieben — und der ist Treue, Gefolgschaft, Liebe zu Gott und der weiten Welt, Innerlichkeit, Quelle-sein-Wollen, Vaterschaft! Trotz aller Fährnisse und Härten ist der Wurf geglückt — wo ich das sage, beklemmt mich das Gefühl, ist das nicht zu vermessen, es zu behaupten, und steh' ich nicht ständig in Gefahr, dies Glück heiterer Ruhe, das sich seit einigen Tagen über meine Seele gebreitet, wieder zu verlieren?! Ich Abenteurer!

Ach nein — ich soll ja nur Not verstehen, sehen, lindern lernen, tiefstes Leid des andern; deshalb schickte mich Gott in diese Fährlichkeiten. Und wie ist mir die wunderbare Fülle bei der weisen Führung Gottes durch diese Welten aufgegangen. Ganz klein bin ich dabei geworden. Ja, das war auch nötig bei mir hochfahrendem Ich-Klausner und Hamsterer. O diese Arznei des Lebens, wie gesund und kräftig ist sie solchen Typen!

Deshalb kann ich nur danken für diese Zeit des Sturms und Drangs — ja die war's, hejo! Und jetzt beginnt mit Gottes Hilfe, hoffe ich, die Zeit der letzten Jungmannsreife zur klaren, graden Männlichkeit, die dann aus eigner, gottgeschenkter Kraft anderen Wege weisen, Führer der Schwachen und Suchenden sein kann.

Verstehende Väterlichkeit, das muß schön sein. — Praktisch will ich mich jetzt mit ganzer Kraft auf den Introitus werfen. Der Wurf muß und wird gelingen!

Da mihi virtutem, Domine! Kraftvolles Mannestum, Festigkeit, Beharrlichkeit, mit Klugheit gepaarte Tapferkeit!» (30.11.1937)

Die Tugend, nach der sich Karl am meisten ausstreckt, ist die Demut. Er erkennt, daß ihm ebenfalls im gesellschaftlichen Umgang noch etwas fehlt: «Mehr Cavalliero! Du bist noch kein 80jähriger Pastor, sondern junger Kerl! Bitte mehr Schliff!» (2.12.1937)

Zwei Tage später äußert er tiefe Gefühle der Dankbarkeit gegenüber seinen Eltern und seiner Familie, bevor er ein erneutes Mal einen ernsten Blick auf das wirft, was er tun sollte: «Herrlich: Unser Vater und unsere Mutter. — Es wird immer schöner! — Und in dieser Familie bin ich geborgen, daheim. Das gibt mir, muß mir geben ein ruhiges Gefühl der Sicherheit. Wie beten wir füreinander. Ach, all diese Gnade, diese ungeheuchelte Liebe, dieses Füreinander. Und ich (eigentlich der größte Egoist, der wildeste Sproß, der gröbste Klotz) darf (als Stolz der Familie) Theologie studieren und soll mit Gottes Hilfe Gottes Priester sein. — Das ist so schön, ein so beruhigendes Gefühl der Gemeinsamkeit, daß mir meine Kleinheit, Ungeeignetheit und Erbärmlichkeit, die ich oft so bitter spüre, wie nichts zusammenfällt. — Deshalb geh' hin in Vertrauen, wage dein ganzes herrliches Leben! Auf Gott hin, auf seinen Ruf ein männlich entschiedenes: Ecce adsum — mitte me (Ich bin bereit — Sende mich)!» (4.12.1937)

Am nächsten Tag verkleidet er sich als Nikolaus und spielt die Rolle des Bischofs von Myra in einer Familie. Nachts hat er einen seltsamen Traum. Er nimmt an einer Vorlesung teil. Ein junges Mädchen nähert sich ihm: sie lernen sich kennen. Sie ist evangelisch. Sie zeigt ihm ein neueres Buch und fragt ihn nach seiner Meinung als katholischer Theologe. Darüber wird Karl wach. Er versucht, die Bedeutung dieses Traumes zu verstehen, der ihn verwirrt. «Er scheint mir zu besagen», so Karl, «daß ich einen tiefen Zug zum Mädchen, zur jungen Frau habe (welcher echte, natürliche Mensch von 22 Jahren hätte das nicht!) — daß ich aber diese edle Kraft adeln soll und die natürliche Gabe der Beeinflussung läutern und stählen soll zur Tiefe der agape (der Liebe), der selbstlosen, reinen, priesterlichen Liebe, die die Seelen und Herzen der Menschen für Christus und seine Kirche... gewinnen soll. Ein Traum — eine tiefe Ehrfurcht vor dem Weiblichen ergreift mich. Eine tiefe Marien- und Kirchenmystik als Weg zu Christus und seinem Vater wäre meiner Seele zuträglich. — Es ist doch schön, da so klar und rein sehen, so ganz frei von Schwüle und Druck.» (6.12.1937)

Am Vorabend von Maria Empfängnis schaut er zurück. In der Zeit des RAD hat er ein Versprechen abgelegt, das bis zum 8. Dezember geht. Er fragt, wie er es erfüllt hat: «Morgen ist der Abschluß der sechs Wochen, die ich in besonderer Art unserer Lieben Frau geweiht hatte. Kann ich von Treue meinerseits in dieser Zeit reden? — Es waren seltsame Tage da, Tage und Zeit der Versuchung blieben nicht fern — und doch darf ich sagen: Ich hab' der lieben himmlischen Mutter die gelobte Treue gehalten. — Klar ist mir das geworden: Das Zölibat ist für mich ein großes Opfer, vielleicht — wenigstens für die Jahre des Mannestums in seiner Reife — das schwerste. — Ohne Gottes Kraft und das hohe Ziel, das der Herr mir befohlen hat — das darf mir auch gewiß sein — könnte (und brauchte) ich es nicht halten. So will ich denn im Vertrauen auf den Herrgott mit Dank für die gnädige Führung, die ich in ganz besonderer Weise der Hilfe der hl. Mutter Maria verdanke, den großen Lebensschritt wagen.» (7.12.1937)

28.
Die kleinen Steinchen eines Mosaiks

Kurz vor Weihnachten fühlt sich Karl sehr müde:

«Ich trämpe nach Hause. Ich hab's nötig, ich muß nach draußen an die frische Winterluft, zur Natur. Ich halt's nicht mehr aus.» (22.12.1937)

Zwei Tage später sitzt er friedlich mit seinem Bruder Willi im Zimmer, um die Krippe und den Weihnachtsbaum aufzubauen. In ihm wird das Kind, das ganz glücklich über die Geburt Jesu ist, lebendig: «Wir haben Freude, daß (das) Christkind kommt und daß wir's andern bringen dürfen.» (24.12.1937)

Der 31. Dezember ist ihm der Anlaß, auf das Jahr 1937 einen Rückblick zu werfen: «Keines war bisher innerlich so bewegt wie dieses. Nie vergeß' ich die Tage von Schönstatt, wo zu Füßen der Gottesmutter der große Kampf um Liebe und Beruf begann. Das war gewaltig. Ich war tief erschüttert. Die Tage der Krankheit waren unvergeßlich. Ebenso die darauffolgenden. — Das Opfer wurde mir sehr schwer. Die innere Überwindung ist erst nach dem RAD gekommen in den zwei Monaten im Coll. Borr. — O diese Nächte und Stunden der Sehnsucht. — Auch im RAD. ... O, das Herz hat geblutet, aber — ich glaub' das Ja ist endgültig... So danke ich Dir, dreieiniger heiligster Gott für dieses Jahr. Es sei vollbracht!» (31.12.1937) Und als er die Schwelle zum Neuen Jahr 1938 überschritt, schreibt Karl: «Mit Mut und Gottvertrauen, mit Gebet und Hoffnung will ich es beginnen. Es wird ein Opferjahr! Oder ich verfehle seinen Sinn. Beten, beten, beten! Opfern, opfern, opfern! Das Priestertum steht nahe bevor. Es ist schwer! Parate viam Domini (Bereitet den Weg des Herrn)!

Vertraue auf den Herrn und seine Kraft, und du wirst nie zuschanden werden!

Allen Dünkel und Hochmut hat er mir gründlich zerschlagen. — Aber er will letztes Wagnis, hohen Mut von dir! Dein ganzes Leben, deinen Leib, dein Blut, deinen Geist, deine Seele — dich ganz will er — oder gar nicht!

O, das ist nicht leicht!

Aber weiter, ja immer kühner vertrauen! Vorsehungsglaube! Ja, der Herr führt dich.» (1.1.1938)

Wieder nach Münster zurückgekehrt, wählt Karl als Leitwort: «Werktagsheiligkeit».

«Werktagsheiligkeit» ist das Schlußwort seiner Eintragung vom 5. Januar. Er ist nicht ganz und gar mit sich zufrieden, aber doch glücklich, schon einige Hindernisse auf seinem spirituellen Weg weggeräumt zu haben. Die Sache liegt ihm auf der Seele.

Am nächsten Tag feiert man das Fest der Heiligen Familie. Karls Blick richtet sich nicht nur auf Deutschland, sondern er nimmt die ganze Welt in sein Gebet hinein: Er betet für seine Familie, für alle deutschen Familien und für alle Familien auf das ganzen Welt: «Herr, segne diese Ehen! Die kommende Jugend!» (9.1.1938)

Zu Anfang des Neuen Jahres will er wieder um sich und auch in sich Ordnung schaffen. Man spürt in ihm eine wiedergewonnene Energie am Werk: «Ordnung schaffen! Zunächst um sich rum auf seiner Bude, dann da drinnen im tobenden, wilden Herzen, das sich den großen Weisungen der göttlichen Gnadenführung nicht recht fügen will. O, da braucht's viel Geduld!

Das ewige Schwanken soll aufhören jetzt. Freiwillig verzichte auf herrliche Güter der Natur, um herrlichere der Gnade zu gewinnen. Ja, es lohnt sich. Und dazu gehört, das verleiht einem Glauben, der Berge versetzt, auch Berge von Schutthalden, die die Sünde im Herzen hinterließ.» (11.1.1938)

Wie man sieht, ist die Berufungskrise noch nicht ganz überwunden. Hinzu kommen finanzielle Sorgen: «In großer Not war ich wegen des Gebührenerlasses. Ich hatte trotzdem nicht Geld genug zu bezahlen. — Also, was blieb mir anders übrig, als vom Kostgeld wieder etwas zurückzunehmen. — Dabei schenkt mir unser Herr Direktor so das Geld. Ganz einziges Glück. Immer auf Gottes Hilfe vertrauen. Er hilft — auch in solchen kleinen äußeren Nöten.» (13.1.1938) Das Studium der Theologie bringt Karl nicht dahin, daß er über der Welt und ihren alltäglichen Sorgen und Problemen schwebt. Am 18. Januar hat er sich lange mit Nietzsche beschäftigt. Eine der Quellen, aus der der Nationalsozialismus schöpft, findet er bei dem Schriftsteller des Willens zur Macht, die nach Nietzsche von der unaufhörlichen Multiplikation der vitalen Kräfte im Menschen herrührt. Für die Nationalsozialisten spiegelt Nietzsches Übermensch die Ideologie von der höheren arischen Rasse wider. Karl sieht die Dinge ganz anders. Der Atheist Nietzsche, der Anti-Christus, der keine Moral kennt, eröffnet in Karls Seele eine Arena für den Kampf zwischen dem heidnischen Gott Dionysos und dem Gekreuzigten:

«Von Christus ist er aber nicht losgekommen sein Leben lang... Erschütternd war... was Nietzsche vergeblich tragisch versuchte, ohne Christus zu leben, zu versuchen, ob es nicht auch ohne ihn ginge: Nietzsche, einer unserer Redlichsten und Besten, ist diesen Weg stellvertretend gegangen für sein Volk, ja vielleicht für das ganze Abendland! — Und er ist diesen Weg zu Ende gegangen in seiner Furchtbarkeit und ist daran zu Grunde gegangen...» (18.1.1938)

In diesem Semester ist eines seiner Fächer «Homiletik», die Kunst zu predigen. Die Studenten müssen eine Probepredigt vor dem Direktor des Konvikts und Mitstudenten halten. Am 19. Januar ist Karl an der Reihe. Seiner ersten Predigt gibt er kein genaues Thema: «Selbst war ich nicht damit zufrieden. Aber eins sah ich doch: Wenn man einmal oben steht und Gottes Botschaft künden soll, dann geht's doch wieder besser, als man vorher dachte. — Ganz verschwinden hinter Gott soll man. Und doch mit Takt und Schneid die ganze Natur einsetzen. — Ganz sich Gottes Größe bewußt sein und seiner eigenen Kleine, Schwachheit und Unfertigkeit, das ist die Vorbereitung zur Predigt. Oh, hab' doch immer diese hl. Ehrfurcht vor Gottes Wort. Nicht dich, sonder Jesus Christus sollst du predigen! — So danke ich Dir, o großer Gott, daß Du bei mir warst, und ich will mir Mühe geben, noch tiefer und innerlicher in Deine hl. Geheimnisse mich zu versenken. — Deshalb ran an den Introitus! Jetzt gibt's kein Pardon und keine Entschuldigung mehr!» (19.1.1938)

In der Woche darauf war sein Freund Heini Tenhumberg, der spätere Bischof von Münster, an der Reihe, einen Beweis seiner Predigtkunst zu liefern:

«Die beste Predigt, die ich je im Bau hörte! Über die Heiligung und den rechten Gebrauch der Natur. Das Herz ging einem auf vor Freude. – Christliche Haltung zur Schöpfung und Welt, die wir zu erlösen da sind kraft der Frohen Botschaft. "Die ganze Schöpfung harrt mit Sehnsucht auf die Offenbarung der Kinder Gottes."

Das war herrlich! Der rechte Sinn für Askese ging einem auf und der Abtötung. – "Ob ihr esset oder trinket oder sonst was tut, tut alles zur größeren Ehre Gottes." – Gott verherrlichen, loben und danksagen durch die Schöpfung. Das ist ja ihr Sinn. – Wir waren alle ganz froh, und der Chef war begeistert und voll des Lobes.» (27.1.1938)

Die Welt retten durch die Verkündigung der Frohen Botschaft. Karl interessiert sich leidenschaftlich für die Arbeit der Christen in allen Bereichen und Breiten. Er fiebert in dem Vortrag der Missionsärztin Dr. Ditton, die jahrelang bei den Bantus in Südafrika wirkte. Sie spricht «so schlicht, so natürlich und das Leben meisternd und verklärend, so ein echter Humor — so eine liebevolle große Frauenseele. Das ist Heldentum, das ist Gottesgnadentum! Und dieses unerhört hohe Sendungsbewußtsein und dies restlose Sich-hin-Schenken an ihren Beruf, der wirklich heiligster Ruf Gottes ist! O Herrlichkeit der Liebe und der Gnade! –

Und so gar nicht "bewußt apologetisch". — Was fällt es einem da wie Schuppen von den Augen! Hier ist's, was das Opfer ist! Und du?» (21.1.1938)

Und Karl erzählt weiter die Taten dieser bewunderungswürdigen Frau, «sie erzählt uns von ihrem Wirken bei den großen Epidemien (Flecktyphus), bei den schlimmsten und ansteckendsten Krankheiten, bei Geburten in den Hütten, wo die Mütter nur auf einer Grasmatte liegend gebären... Mit dem Auto, auf dem Eselsrücken, zu Fuß dahineilend, Flüsse durchquerend — so geht sie die tausend Wege der Liebe — einer ganz sich selbst schenkenden Liebe... O bete für die Missionen und opfere für sie... O herrliche Kirche der Heiden!» (21.1.1938) Am gleichen Tag feierte man «das Andenken des am 30. September ermordeten Lo-Pang-Hoi, des Großindustriellen, großen Caritasapostels und Führers des Laienapostolats von China. In Schanghai ist er von einem Fanatiker, der seine Vermittlung im japanisch-chinesischen Streit verkannte, ermordet worden. Lo-Pang-Hoi tot — ermordet! Wir stehen vor der Größe dieses Heiligen des Fernen Ostens» (21.1.1938)

Karl ist normalerweise ganz von Frieden erfüllt. Das Ergriffensein — «en Theos» in Gott — ist eine bleibende Lebenskonstante bei ihm. Das heißt jedoch nicht, daß öfters die Frage der Berufung plötzlich in ihm aufbricht. So am Abend des 24. Januar: «Am Abend während des Studiums faßt mich plötzlich ein wildes, schwermütiges Sehnen. Oh, kann ich ohne Gefahr Priester werden? Dies wilde, tolle, dunkle Herz? — Und doch — es ist so — gerade für diese wilde maßlos elende Zeit will *der Herr* dich. Non vos me elegistis, sed *ego* vos, dicit Dominus (Nicht ihr habt mich erwählt, sondern ich habe euch erwählt, spricht der Herr). Alles Leid und alle Prüfung des Herzens, letzte dunkle Tiefen müssen dir ins Bewußtsein gestiegen sein.

O ja, das war ein herzweckender Vortrag von P. Bernardin über das Taufbewußtsein. Wir leben in Christus, wir leben Christus! Tun wir es wirklich. Das ist meines Lebens letzter Sinn, Christus zu leben in dieser Zeit! Christus, wenn du nicht bist, dann möchte ich nicht sein. Du bist, du lebst. Nimm mich hin, verfüge ganz über mich. Laß dein Handeln und Wandeln durch mich und uns alle heute Tat werden.

Christus, Christus, Christus! Du bist mein Leben, meine Liebe, meine innerste Glut!» (24.1.1938)

Am nächsten Tag feierte die Kirche das Fest «Pauli Bekehrung». Das Leben der Heiligen — der Menschen, die am intensivsten die eine Heiligkeit Gottes widerspiegeln — ist Nahrung für den Leib Christi, für das Volk Gottes, das sich auf dem Weg zur Vollkommenheit befindet, die von Jesus gefordert wird (Mt 5,48). Karl bedeutet diese wunderbare Wirklichkeit der Kirche sehr viel. Er denkt oft an die Heiligen und läßt sich durch ihr Beispiel inspirieren. An Pauli Bekehrung schreibt er: «Herr, wandle mich! Schmettere mich nieder vom Roß meines Stolzes und meiner Überheblichkeit!» (24.1.1938)

Er erkennt, daß alle Prüfungen, die die Wanderung durch die Wüste mit sich bringt, Zeit der Reinigung des Goldes von seinen Schlacken ist: «Immer mehr läßt mich Gott verstehen, daß die große Unsicherheit eine Zeit der bitteren Prüfung und Ratlosigkeit sein sollte, um mich wieder zum tieferen, echteren Ich zu führen und das falsche, ehrsüchtige, selbstsüchtige Ich zu vernichten, besser wieder in den Glauben, den schlichten und kindlichen, an die Sendung, an die Vorsehung und Gnade Gottes einzuführen, der erschüttert und verschüttet war unter den seelischen Erdbeben der letzten Jahre.» (27.1.1938)

Nachdem er eine neue Krise seiner Berufung überwunden hat, ist «wieder ein kleines Stück zum Mosaik "Erkenne dich selbst" (hinzugefügt), das über dem Eingang zum Seeleninnersten hängen soll». Er weiß, daß er nicht allein ist, der kämpft: «Was hat mich die liebe Gottesmutter doch in den Jahren zum Priestertum geführt. Telgte, Kevelaer, Marienbaum, Schönstatt — o wenn ich an diese Gnadenstunden, die großen und kleinen, denke. Dank dir, liebe himmlische Mutter...! Allezeit Vertrauen, Mut, Hoffnung auf die Gnade Gottes hin haben!» (27.1.1938)

29.
Die Prüfung der Läuterung

Karl liest auch weiterhin viel. Wir finden Zeugnisse davon in seinem Tagebuch. Man spürt, daß er sich immer häufiger selbständige Gedanken macht. Oftmals lehnt er sich dabei an andere an, bringt deren Gedanken mit seinen eigenen in Verbindung und schafft so etwas Neues, Eigenständiges. Er liest oft Autoren, die seinem Fühlen nahe stehen. Unter ihnen befindet sich Henri Bremond, in dessen mystische Weltinterpretation er sich hineindenkt; und Kardinal de Bérulle, der Gründer der Schule der französischen Spiritualität, dessen mystische Visionen stark von der Verehrung der Menschheit Jesu geprägt sind; dann den hl. Franz von Sales, an dessen Tugenden der Milde und Demut Karl sich ein Vorbild nehmen will. Und Kierkegaard, den Verteidiger des Christentums gegen die Christen, denen der Glaube nur dazu dient, ihn in die Behaglichkeit subjektiver idealistischer Standpunkte zu verstümmeln. Auch Ida Görres, die Schwester von Coudenhove-Kalergi, dem Gründer der Europäischen Bewegung, die sehr einflußreich auf die deutsche katholische Jugend ist und bitter die verkalkten Formen des Glaubens kritisiert und eine tiefe Liebe zur Kirche bekundet. Und Gertrud von Le Fort, deren hohe Lyrik Karl die Geheimnisse des «Ewig Weiblichen» enthüllt.

Am 6. Februar 1938 veranstaltete das Borromäum einen «dies orientalis», einen Tag mit orthodoxer Liturgie. Karl ist von einem mystischen Gefühl erfüllt. Die siegreiche Kraft des Auferstandenen, das lebenspendende Wirken des Hl. Geistes und die kosmische Fülle Christi in dieser Liturgie erlebt er neu. Was die Einheit der Christen angeht, so erkennt er: Die größten Hindernisse sind «psychologische Schwierigkeiten, unübersteigbare (menschlich gesprochen) Hindernisse, die Menschendünkel und Wahn geworden sind. Takt und Geduld — vor allem Gebet tut not.» (6.2.1938)

Diese gleiche Verblendung, schätzt Karl, herrscht in den Erziehungssystemen, die die göttlichen Wurzeln des Menschen nicht beachten: «Der Weisheit Anfang ist: Schauen, Denken, Schweigen. Ein Jahrhundert lang hat man die Seele der Jugend mit Buchstaben und Worten verödet. Nun müssen wir zurück zur Natur... Ein hartherziges Geschlecht von Philistern und Greisen hat unsere Schule geschaffen. Man muß wieder den Geist des Lebens in die Schule tragen.» (9.2.1938)

Karl bereitet sich im Februar 1938 intensiv auf das Examen, den Introitus, vor, nach dessen Ablegung er ins Priesterseminar eintreten kann. Die Prüfung steht am Ende von vier Jahren Studium. Am 11. hat er den Stoff zur Prüfung einmal durch. Er ist aber keineswegs mit sich zufrieden, und er will sein Lernen verdoppeln. Zum Anfang der Fastenzeit beunruhigt ihn aber etwas anderes: «Rechtes Fasten ist mir bisher immer schwer gefallen, war ja auch oft praktisch entschuldigt. Aber diesmal wirklich alles kann sich erweisen!» (11.2.1938) Er will «die rechte objektive Wertordnung ideal vorleben! Das ist nicht leicht, kein Kinderspiel. — Und doch ist Christi Joch so leicht und angenehm: Du mußt es nur in seiner Gesinnung und echter Kindlichkeit auf dich nehmen. Einmal mehr denkt er über seine Berufung nach: So will er "den großen, heiligen Weg wagen — auf Christus hin, auf seinen göttlichen Ruf und seine einmalige Sendung hin!"» In seiner asketischen Anstrengung fühlt er sich auch von der Schönstattgruppe unterstützt: «Ja, es ist so: immer wieder hat sich die liebe Gottesmutter, die gütige, heilige Jungfrau, ihrer Schönstätter als Werkzeuge bedient, um mich zu führen zu meinem einzig wahren Selbst, zum höchsten persönlichen Ideal, das da in meinem Herzen brennt: Priester Jesu Christi, ihres göttlichen Sohnes zu werden. Eigenartig! — Das Büchlein von P. Ferd. Kastner "Der Werktagsheilige in der Schule des Vorsehungsglaubens", das hat mich tief angesprochen. — Es gibt letzte Klarheit und Fügung und Bescheidung in Gottes Willen, in die göttliche Vorsehung. Ihr will Ihm mein bangend stürmisch Herz ganz restlos anvertrauen.» (11.2.1938)

Der Geist Karls dringt in seine Tiefen: «Wir wandern über Vulkane — das spür' ich heut wieder wie nie. — O unsere menschliche Unsicherheit, was können plötzlich Brände aus ungründigen Tiefen aufbrechen und einen überkommen wie Lava, die glühend unheimlich dem Vulkan entspringt und alles mit urmächtigem Fluß überströmt und verbrennt.» (12.2.1938)

Karl bekommt folgende Noten bei der Introitusprüfung: Wissenschaftliches Arbeiten und Moral: befriedigend; Dogmatik: gut; Wissenschaftliche Arbeit: sehr gut.

Als er das Examen bestanden hat, macht er Abschiedsbesuche im Collegium Borromäum, in das er 1934 eingetreten ist. Er hat hier glückliche und schwierige Stunden erlebt. Sein Ziel steht ihm klar vor Augen. Dahin geht all sein Verlangen. Aber eine starke Dunkelheit verwirrt ihn. Der Kampf zwischen zwei Berufungen wird ihn aufwühlen zum erneuten Mal in den Ferien, die er sich jetzt verdient hat.

Die Karwoche ist für Karl voll von schmerzlichen Erfahrungen. Am Aschermittwoch besuchte er das Grab von Jupp Kuhne, der im vorigen Jahr im August gestorben ist. Sein Tod und sein Begräbnis halfen ihm, seinen Weg zum Priestertum nach der Krise in Freiburg, die sich während der RAD-Zeit noch verschärfte, wiederzufinden. Hier lag zumindest der Anfang einer inneren Wandlung, die ihn zur Entscheidung vom 25. Oktober brachte, ins Borromäum zurückzugehen, was er direkt nach seinem Arbeitsdienst tat. Der Besuch des Grabes seines verstorbenen Freundes tut ihm gut, aber Karl findet keine Ruhe. Die alte Debatte ist wieder neu aufgebrochen: «O, wenn der Verzicht auf den amor terrenis (irdische Liebe) nicht wäre, vor allem auf das eigene Geschlecht, die eigenen Kinder. Denn das ist doch so wunderbar, quasi Schöpfer sein zu dürfen. Warum haben wir's nicht wie die

Unierten...?* Der innere Kampf und das Noch-nicht-sterben-Können der Natur lassen keinen Schwung zu intensiver Arbeit aufkommen.» (5.4.1938)

«Am 17. März nach Tisch geh' ich zu Vater ans Chaiselongue. Donnerstag ist's. — Mich zieht's mit Gewalt nach Freiburg. — Ich erzähl' ihm mein Vorhaben und finde sein weites, großes, gütiges Vaterherz. Er versteht das Leben. Er ist weise geworden. — Ich kann mich ihm restlos anvertrauen.» Sein Vater antwortet ihm, was auch seine Entscheidung sei, er sei damit einverstanden, auch wenn er nicht mehr Priester werden wolle. Karl fühlt sich ganz frei in der Wahl seines Weges.

Danach fährt er zu seinem Bruder Willi nach Bingen. Als es dunkel wird, machen beide einen langen Spaziergang am Rhein, der hier besonders romantisch ist: «In den Fluten spiegeln sich die klaren Sterne. An der Traube vorbei, wo Vater und Mutter vor 24 Jahren auf ihrer Hochzeitsreise weilten.» Am nächsten Tag, am Samstag, besucht Karl zuerst die Messe und fährt dann mit dem Zug weiter nach Freiburg. «Um 19 Uhr sitzen wir beim Festmahl im Kreis der lieben großen Familie.» Am Sonntag geht er mit Elisabeth zur Vesper ins Münster: Sie sprechen sich aus und nehmen ihr Leben in den Blick. Karl ist betrübt: «Auf dem Heimweg, da wird's mir so weh ums Herz. Was soll ich jetzt machen? Diese Frage gibt mir einen Stich ins Herz. — Ich brauche die wahre Stille und Ruhe, um darüber zu sinnen. Alle Wehmut und Sehnsucht, alles Leid bricht mit neuer Wucht auf. Auf einsamer Wanderung suche ich Ruhe, um Gottes Ruf zu hören. — Ich bete und warte auf den Herrn. — Die alte Unruhe und Unsicherheit nagt am Herzen. Schon möcht' ich's übers Knie brechen, die Entscheidung erzwingen, aber der Mensch denkt, Gott lenkt.» (5.4.1938)

---

*Die mit der katholischen Kirche unierten orientalischen Kirchen kennen nicht die Verknüpfung von Priesterweihe und Zölibat. Vor der Weihe wählt der Seminarist den Ehestand oder entscheidet sich für ein zölibatäres Leben. Wenn der Priester Witwer wird, kann er nicht wiederheiraten.

Karl kehrt nach Kleve zurück, schweren Herzens. Ein Lichtschein ist jedoch in seinem Geist: «Alles drängt hin auf den ehrlichen, großen Verzicht.» Und er fügt hinzu: «Audi vocationem, Deus loquitur per res (Höre auf den Ruf; Gott spricht durch die Dinge).» Was sind nun diese Dinge? Elisabeth, der er seine unausgegorene und geheime Hoffnung anvertraut hat, hat ihm mit ihrer milden Entschiedenheit den Weg gezeigt, wohin ihn der Ruf Gottes zieht, den des Priestertums.

Er kehrt also nach Münster zurück, wo er in die neue Welt des Priesterseminars eintritt. Die Jüngsten — zu ihnen zählt Karl — müssen aus Platzmangel provisorisch im Borromäum wohnen bleiben. Sie ziehen als Seminaristen die Priesterkleidung, die Soutane, an. Die Vorlesungen beginnen wieder, und er stürzt sich ins Studium, das ihm eine willkommene Ablenkung von seiner inneren Unruhe bietet.

Er legt sich jedoch voll Rechenschaft über den Einsatz des inneren Konfliktes ab: «Aber, in dieser Zeit hab' ich's gespürt: Es ist um Christus und seine Gnade ähnlich wie mit den großen Dingen der Natur und Geschichte. Die lassen sich nicht einfach wegdisputieren oder umgaukeln. Das Göttliche tritt fordernd, befehlend vor uns hin, gebietend. In Natur und Gnade. Und nach den großen Gesetzen dieser beiden göttlichen Reiche baut man sein Leben auf...

Ohne Opfer und letzten, selbstlosen Verzicht geht es nicht. — Deshalb spreche ich ihn aus, spreche Ja zu Christi Ruf und Forderung. — Den geliebten Menschen will ich stets seiner Führung und besonderer Gnade und Güte empfehlen. Das sei mir Lebens- und Dankespflicht. Nicht aus Feigheit, irgend etwas anderes nicht zu können, will ich verzichten, sondern weil ich ganz Gottes Ruf gehorsam sein möchte... Ich möchte dein Priester, Künder deiner Frohbotschaft, dein Gesalbter werden, weil ich deinen Ruf zu hören meine. — Wohin du mich stellst, da will ich stehn. Gib mir deinen Rat und deine Kraft dazu!» (6.4.1938)

Das Durcheinander der Geschehnisse in der Welt haben fast gar keinen Einfluß auf seinen inneren Kampf und seine Unklarheit.

Karl jedoch spitzt die Ohren, als Hitler am 9. April 1938 eine versöhnliche Rede hält. Er ist dabei, Österreich zu annektieren. Um seine dunklen Machenschaften zu vertuschen, manipuliert er die öffentliche Meinung. Er ist ein erfahrener Meister in dieser Art von Bluff. Auch Karl geht in die Falle. Er hat die Beleidigungen und die infamen Lügen der Nazis der letzten Jahre vor Augen: «Alles will ich vergessen aus Liebe zum Volk, alles! Selbst wenn das eigene Herz aufbegehrt und nicht zu können vermeint. Das Große, was da geschieht, will ich groß sehen.» (10.4.1938) Das Große? Noch im gleichen Jahr gehen die Synagogen ganz Deutschlands in Flammen auf, auch die von Kleve. Und einige Wochen später, am 10. Dezember 1938, wird der Bischof von Galen durch einen Höllenlärm mitten in der Nacht aufgeweckt. Steine fliegen, die Nazis zertrümmern die Fenster am bischöflichen Palais. Karl begreift nun, daß es keine Anpassung mit Verbrechern und Kriminellen geben kann, auch wenn sie sich wie die Nazis unter einem legalen Mantel präsentieren.

Die Karwoche beginnt. Karl wird hier auf seinen Kreuzweg gestoßen, vor allem am Karfreitag: «Am Karfreitag lag ich ohnmächtig stöhnend betend auf den Knien, zerschmettert von meiner Schwachheit. Und doch meinte ich, das Ja des Herrn werde verlangt. Oh, das Opfer ist zu schwer... Es tobt in meiner Seele. — Ich meine auf einmal, alles sei Falschheit, Halbheit und Feigheit gewesen bisher, die dann "künstlich zur Vorsehung umgebogen wird", um sich selbst was vorzumachen. Ich bin zerschlagen. — Herr, wie Du willst.» (16.4.1938)

Am Karsamstag singt Karl die vierte Lesung der Osterliturgie, aber er ist innerlich nicht dabei: «Eine seltsame Unruhe überfällt mich dabei, eine förmliche Angst und ein Gefühl des Nichtberufen- und Würdig-Seins. — Tolle Gedanken brechen aus Untiefen des Herzens. Ich bin zerschlagen. Das reine Glück des Alleluja will nicht (wenigstens stimmungsmäßig nicht) in die Seele einziehen. Entsetzlich unglücklich komm' ich mir vor.» (16.4.1938)

Seine robuste Natur gewinnt wieder Überhand. Er will sich in die Arbeit stürzen, indem er dieses Semester einem strengen

Arbeitsplan folgt. So wird er versuchen «die Theologie zu leben». Ein Kamerad aus dem Seminar, Natz Koch, dem eine kindliche Seele geschenkt ist, reißt ihn durch seinen Humor aus seiner Niedergedrücktheit. Die gute Frühlingsluft stärkt ihn. Auch das lichtvolle Vorbild des Regens des Seminars, Franken, eines heiligmäßigen Mannes, der seine Aufgabe schon viele Jahre wahrnimmt und viele Priestergenerationen geprägt hat.

So schmerzlich sie auch war, so hat ihm doch die Zeit der endlosen Prüfung die Gewißheit gegeben, daß es sich um einen Prozeß der Läuterung handelt. Einmal mehr macht er eine Gewissenserforschung. Er entdeckt soviele Unvollkommenheiten, soviel Mittelmäßigkeit, die er um jeden Preis loswerden will: «Was mir noch nicht gefällt: die innere Freiheit gegenüber so manchen Dingen, z.B. Gefallen an jedem schönen Menschen, Bestauntwerden von anderen... Ich hab' da noch irgendwie Hemmungen und Komplexe, die tiefer liegen. Und solche Dinge brachen da auch heute morgen auf. — Es ist noch ein zu starkes triebhaftes Naturverhaftet-Sein in mir. Solange das noch nicht restlos weg ist, wirst du nicht als innerer Mensch Auferstehung mit Christus halten können und nur suchen, was da droben ist. — Der verfluchte Geltungsdrang und die starke Sinnlichkeit (noch stark triebhaft und ungeläutert) müssen in die Kandare genommen werden, oder du wirst ein jämmerliches Wrack eines halben Menschen!

Selig sind, die reinen Herzen sind.

Herr; laß uns Ostern halten nicht mehr im alten Sauerteig der Sünde, sondern in azymis sinceritatis et veritatis (in Lauterkeit und Wahrheit).» (15.4.1938)

Diese Klarheit und diese Flehrufe reinigen seine Seele für das Pascha des Herrn. Ostern läßt das Licht des Auferstandenen in seiner Seele erstrahlen: «Ein Tag der Gnade, der Berufung... Die Natur jauchzt mit ob der Schönheit der Gnade. Der strahlend blaue Sonnenhimmel, das zarte Grün der Linden — das Licht — das Leben! Und wir feiern Christus, den strahlenden Sieger...! Gnadengeheimnis...! Es ist Letztes, was nicht zu sagen ist.»

Nachdem er einmal so sehr Gottes Gnade erfahren hat, möchte er darin bleiben. Er weiß nun, welchen Preis er bezahlen muß. Und er fleht: «Herr, lehr' mich sterben, daß ich für dich leben kann!» Karl hat nun von der Höhe des österlichen Geheimnisses sein Inneres, das wie durch einen Sturm erschüttert war, zur Ruhe gebracht. Der heitere Himmel scheint ihm einen kurzen Augenblick, doch der Läuterungsprozeß ist noch nicht an sein Ende gekommen. Es braucht viel Zeit dazu, und noch andere Stürme warten auf ihn.

Am Ostermontag, als er sich noch im Gefühl der österlichen Freude befindet, prüft Karl sich noch einmal: «Vergiß, was hinter dir liegt, und strecke dich aus auf das Kommende. Deine Lebensaufgabe steht vor dir — entscheide dich. Du siehst dich in aller Schwachheit... Bereite dich! Und solltest du wirklich nach dem Semester den Befehl Gottes, ein Heiliger in der Welt heute zu werden, vernehmen, dann bist du immer dein Leben hindurch ihm für diese deine herrliche Jugend in atriis domus Dei nostri (in den Vorhöfen des Hauses deines Herrn) zu tiefstem Dank verpflichtet.

Keine langen Sprüche! Selbsterziehung in aller Ehrlichkeit und Strenge und Härte. Straffes Studium, wie wenn alles auf jeden Tag dieses Semesters ankäme! In den großen Ferien hast du dann nochmals letzte Gelegenheit, die Entscheidung zu überprüfen und den Ernst, mit dem du ihr folgst.» (18.4.1938)

Wie man sieht, hält sich Karl trotz mancher Versicherung, unwiderruflich seine Entscheidung, Priester zu werden, getroffen zu haben, doch ein kleines Tor für sich offen hinsichtlich einer letzten Wahl. Das Tor der Freiheit, höchste und gefährliche Gabe des Schöpfers an das Geschöpf. Und es ist gut so. Die endgültige Wahl wird so nur größer und wertvoller.

30.
«*Wir sind zu Heiligen berufen, zu Ausgesonderten Gottes*»

Gleich, für was sich Karl auch entscheidet, immer will er heiligmäßig leben: «Das mein' ich doch ist das Schönste in mir, das tiefe von der lieben Mama eingepflanzte Streben nach dem Heiligen. — Ich habe wirklich zwei heilige Eltern, das danke ich Gott. Alles wird diesem Hochziel recht zugeordnet und unterstellt werden müssen.» (18.4.1938)

Am nächsten Tag, am Osterdienstag, gibt es eine glückliche Überraschung, ein Brief von Elisabeth: «Er hat mich zutiefst gepackt und mir ans Herz gegriffen. Es will mir scheinen, daß das reine Opfer dieses gläubigen Mädchens mich in die Knie zwingt, meine wilde, unbändige Natur.» (19.4.1938) Karl spürt, daß Gottes Gnade geheimnisvoll durch dieses gute Mädchen wirkt, durch das Opfer und die Gebete von Elisabeth und ihrer Mutter, daß ihm so nach und nach der Weg der Berufung zum Priestertum eröffnet wird, von dem er durch das starke Gewicht der Natur immer wieder weggezogen wird.

Bleibt die quälende Frage: Ist es wirklich Gottes Wille, daß er Priester werden soll: «Werd ich ein Leben lang treu und vollständig in der Christusbrautschaft des Priestertums stehen können...? Wie deine Brautzeit, so später dein heiliger Bund fürs Leben...!

Sei eine Johannesseele! Rein und stark, dem Meister an der Brust ruhend und doch, ja gerade darum der Donnersohn, der begnadete Evangelist und Seher von Patmos, der am tiefsten in Christi Gottmenschentum und sein Geheimnis eindrang!

Empfehl' dich ihm – empfiehl' dich deinem heiligen Namenspatron Carlo Borromeo!

Und dann gib dich der Gnade hin, du bist berufen. Aus Tausenden hat dich der Herr erwählt – das ist nicht Selbsttäuschung... Und dann: Kämpfen, arbeiten, beten, leiden, opfern; Enttäuschungen über dich selbst und viele Menschen wirst du dein ganzes Leben tragen müssen – und dürfen. – Denn es ist Gnade – auch darfst du dadurch deine und aller anderen Menschen Sündenlast und Schuld tragen und büßen.» (20.4.1938)

Eine oberflächliche Zufriedenheit wird in der Zeit dieses harten spirituellen Kampfes nicht bestehen: «Ich bekam in den letzten Tagen die Glut und Brunft der himmlischen Kräfte so wild und toll zu spüren, daß mir ehrlich bange wurde. Sicher kann und will ich sie ohne Sünde, wenigstens ohne schwere Sünde zu tun, beherrschen. Aber zeitlebens zölibatär leben, werd' ich das können? Oder wird das mich immer als unerfüllter Komplex und schließlich als grausame Hemmung zeitlebens quälen? – Dann lieber Laie, priesterlicher Sendung sich bewußt und der Kirche dienend!

Das alles ist nicht so einfach. – Es ist nur mit ganz großer Geduld, ehrlicher Weite und Ruhe, gepaart mit rechter Wachsamkeit und Helle des Geistes, zu lösen.» (22.4.1938)

Und Karl beschließt diesen Tag, indem er den Entschluß faßt, Elisabeth in den nächsten Tagen zu schreiben: «Ich weiß nicht, dies Mädel hat etwas Großes in meinem Leben zu bedeuten. Ich will noch um des Heil'gen Geistes Führung und Lenkung unserer Seelen und Leben beten... Ich bin ihm verfallen, ich würde mich selbst vernichten, wenn ich auch nur einige Zeit ihm untreu würde.» (22.4.1938)

Bevor er diesen Brief an Elisabeth schreibt, bleibt er lange an einem Satz des hl. Augustinus hängen, der in einem Glasstehrähmchen auf seinem Schreibtisch steht. Es ist ein kleines Geschenk, das er von Elisabeth an Ostern vor einem Jahr bekommen hat: «Komm zu Christus. Denke nicht lange über Wege zu ihm. Glaube und du kommst! Liebe, und du wirst gezogen!»

«Ich hab' vor einem Jahr lange über diesen Spruch nachgedacht, nicht ohne eine schmerzliche Wehmut und in einem tiefen Anklingen echter Liebessehnsucht. Und jetzt sinne ich wieder nach über diesen Spruch. Hab' ich diesen weltüberwindenden Glauben, diese unerschütterliche Liebe zu meinem Erlöser? Und kann mein wildes Herz sich ihm als Nachfolger in Kreuz und Selbstverleugnung anheimgeben so restlos und unbedingt im Verzicht auf jede eheliche Liebe zu einem Menschen und Gotteskind? Oh, ich stöhne unter diesem Entscheid. Soll er grad mich wollen aus Tausenden. – Oh und diese Verantwortung für diese Sendung – und wenn ich dann die Gefahr zum Amtspopen und Seelenhandwerker sehe – dann möchte ich nein sagen. Herr, ich kann nicht. – Du willst, ich soll dies Mädel glücklich machen, das ist genug für mich. – Ja, es hat mir einen Stich ins Herz gegeben, dies ratlose Was soll ich jetzt machen? – und es ist noch nicht verheilt. Ich muß Elisabeth fragen mit letzter Ehrlichkeit und Reinheit der Gesinnung, wie es um sie steht, und ob ich etwas in ihr angestoßen hab' in tiefstem Herzensgrund, was ihr Herz bluten läßt.» (23.4.1938)

Drei Tage später schreibt er ihr einen Brief, er durchlebe entscheidende Tage und werde ein Triduum für sie halten. Er werde ganz besonders zur Gottesmutter flehen, daß sie Gott für sie bitte. Manchmal sei er niedergeschlagen und leer wie eine taube Nuß, weil alles seine Seele und sein armes Herz aufwühle.

Die Antwort läßt auf sich warten. «Gott schweigt. Elisabeth schweigt. – Ich bete und ringe nach Wahrheit und Klarheit.» Und er schreibt ihr einen zweiten Brief «mit Ruhe und Würde und vor allem demütiger.» (3.5.1938) Das Schweigen Elisabeths lastet auf ihm. Er bedauert jedoch nicht, seine Briefe geschrieben zu haben: «Es gibt nur eins für dich und sie: Wir sind zu Heiligen berufen, zu Ausgesonderten Gottes. Darin ändere ich nichts. Diesen Willen Gottes muß ich erkennen, oder ich werde zerschmettert. Ich muß gehorchen – der Befehl Gottes ruft dich an den Altar, ins Allerheiligste.» (8.5.1938)

Er hatte sich entschlossen, am gleichen Tag eine Novene für Elisabeth und für seine eigene Berufung zu beginnen. Eine Novene mit Fasten, Beten und Arbeiten. Am nächsten Tag schreibt er an Elisabeth im gleichen leidenden Ton wie seinen ersten Brief. Er will nur eins: ihr Glück. Gewiß bleibt ein gewisser Rest von Sinnlichkeit, ein gewisser Rest seiner alten Leidenschaft in ihm lebendig, und sie vermischt sich ohne Zweifel mit seinem Streben, aber der Grund seines Vorgehens ist uneigennützig: «Und ich komme drüber weg. Und auch Elisabeth wird drüber wegkommen; denn sie ist eine Heilige.» (9.5.1938)

Durch die Novene wird ihm die Zufriedenheit seines Geistes wieder geschenkt. Sie hilft Karl, seine Gedanken und seine Haltung zu klären. Am 25. Mai schreibt er Elisabeth einen Brief, den er in sein Tagebuch übertragen hat:

Münster, 25.5.38

Ave Elisabeth!

Es war entsetzlich schwer.

Glaube und Vernunft, Kopf und Herz hätte ich dabei verloren, wenn mir nicht die himmlische Mutter geholfen hätte. Eine furchtbare Mattigkeit und ein noch schlimmerer Zweifel am Sinn meines Lebens überfielen mein so selbstsicheres stolzes Herz. — Ich glaube, dein Gebet gespürt zu haben. Nie hab' ich so für dich gebetet wie in den vergangenen Wochen. Dein Schweigen hat mir wohlgetan. Ich danke dir für deine Güte und schwesterliche Liebe, die du mir seit den Tagen unserer Begegnung schenktest. Dir danke ich viel, und Christus ist mir in dir begegnet, wie er mir noch nie entgegentrat. Introibo ad altare Dei ad Deum qui lactificet iuventutem nostram (Zum Altare Gottes trete ich, zu Gott, der uns in unserer Jugend erfreue). Kannst du mir verzeihen? Halte dich für frei von mir!

Karl

Am 20. Juni hat er sich durchgerungen. Die Aufzeichnungen seines Tagebuches bestätigen die Annahme der letzten Verleugnung, das Kreuz: «Nein, nein, nein! — Du mußt Priester werden — Mann Gottes, Bote Jesu Christi für unsere Zeit in unserem Volk! Gott hat dich bei deinem Namen gerufen.

In Cruce Salus (im Kreuz ist Heil)! Am Dreifaltigkeitsabend schrieb ich Elisabeth meinen Brief in Caritate Christi (in der Liebe Christi). — und heute diese herrliche Antwort: "Er muß zunehmen, wir aber abnehmen." ...Gott, wie dank' ich dir.» (20.6.1938) Zunehmen, abnehmen? Mit den Worten der Hl. Schrift schreibt Elisabeth die Antwort Johannes des Täufers, womit er endgültig seine Beziehung zu Christus festlegte, damit Jesus allein in den Herzen der Jünger immer größer werde.

Der geistige Kampf geht weiter, aber die grundlegende Auseinandersetzung wurde ein für allemal entschieden und zu einem glücklichen Ende geführt. Grausame Wunden wurden ihm geschlagen. Aber jede Wunde heilt und vernarbt wieder. Diese Krise machte ihn reif, seine Grenzen zu sehen.

Die gekreuzigte Liebe ist eine große Gnade für ihn. Die Prüfung der Läuterung wird bald von ihm erlangt werden.

Läuterung, aber auch die Angriffe der Mächte der Finsternis. Karl ist sich der satanischen Kräfte wohl bewußt, die am Werk sind, um zunichte zu machen, was der Gott der Liebe in uns aufgebaut hat. Er demaskiert die verfluchte Strategie des Dämons, die wir sehr ernst nehmen müssen: «Schon mit Christi Kraft und Gnade, in Christi Namen und Sendung, schon mit der Strategie Gottes, dem Streben nach Heiligkeit — das ist die letzte geheimste Leidenschaft meines wilden Herzens.» (10.5.1938)

31.
«In Gott dein Lebtag jung»

Die zugleich glückliche als auch schmerzhafte Auflösung der so lange unentschiedenen Beziehung zwischen Karl und Elisabeth findet gerade zur rechten Zeit statt, um den Weg zum Priestertum frei zu machen. Karl steht nämlich unmittelbar davor, die niederen Weihen aus der Hand des Bischofs von Galen zu empfangen.

Der Brief Elisabeths ist vom 20. Juni datiert.

Vom 28. Juni an beginnen die Exerzitien zur Vorbereitung vor den niederen Weihen, die wichtigste Stufe auf dem Weg zum Priestertum. Diese Stufe erfordert eine erste formelle Zustimmung. Schon am 24. Mai war der gute Regens Franken bei Karl auf seinem Zimmer, um ihn zu fragen, ob er bereit sei, die niederen Weihen zu empfangen. «Gütig und sachlich, kurz und bündig, entscheidungheischend trat er wie der Herr selbst vor mich hin. Ich habe mein Treuwort gesprochen. Fiat mihi secumdum verbum tuum! Ecce — servus Domini (Mir geschehe nach deinem Wort! Siehe, ich bin der Knecht des Herrn!).» (25.5.1938) Am nächsten Tag, 25. Mai, schreibt Karl dann seinen entscheidenden Brief an Elisabeth.

Die Ereignisse fügen sich zusammen, wie wenn eine liebende Hand im Verborgenen die Ereignisse lenkt. Davon ist Karl überzeugt. Die Muttergottes hält ihre schützenden Hände über ihn und führt ihn auf den Weg, der ihn aus allen Schlingen und Schwierigkeiten zur inneren Gesundung führt.

Die Exerzitien dauern fünf Tage, vom 28. Juni bis zum 2. Juli 1938. Sie sind außerordentlich fruchtbar für Karl. Er will Priester werden. Das ist ihm von nun an eine Gewißheit. Aber welche Art von Priester? Er liebt die Kirche zu sehr, um nicht an ihrer Unvollkommenheit und der Mittelmäßigkeit vieler Priester zu leiden, deren Verhalten er beobachten konnte. An den Anfang der Notizen, die er während der Exerztien machte — er beginnt hier wieder mit einem neuen Heft seines Tagebuches — setzt er seltsamerweise einen kritischen Blick auf die Kirche und ihre Priester. Er hat sich darüber lange mit seinem Freund Heini unterhalten: «Ein wenig hat's uns beide wohl schon gepackt: den Ernst der Entscheidung zumal in dieser so gewaltigen Stunde der Welt und der Kirche. Ein wenig möchten wir verzagt werden, wenn wir das Menschlich-Allzumenschliche an uns selbst vor allem und an unserer lieben Mutter, der Kirche, so nackt und nüchtern sehen...

Was uns so entsetzlich auf die Seele fällt, ist dies vor allem, daß wir das Erstarrte, Verkrampfte, Altmodische und Hinterwäldlerische im äußeren Gebaren der Kirche so scharf durchschauen und so bitter am eignen Leib und am Leibe des Herrn vor allem verspüren. Der Geist der Freiheit, des Vertrauens, der Weite, der Liebe und Größe ist durch diesen alten Klüngel und Krimskrams gehemmt — nicht nur das, sondern manchmal in Fesseln geschlagen und in eine lebens- und glaubenstötende Zwangsjacke gebannt. — Aber wir wollen nicht nörgeln.

Was siegt, ist die Kraft der größeren Liebe. ... Und die größere Liebe wird auch die Kraft zur inneren Reform (Erneuerung) der hl. Kirche finden. Die zähe, klebrige, quallige Geruhsamkeit und Faulheit, das pharisäische Genießer- und Muckertum, das sich hinter den Barrikaden von wohlgetürmten Gesetzesklötzen versteckt und versteift — das muß schwinden aus uns, aus dem geistlichen Stande und der ganzen hl. Kirche. Schau auf Gott und die große Aufgabe... Gib dich Ihm hin, dem Dreieinen, der dich da gerufen hat zu seinem hl. Priestertum auf dieser Erde zur Weihe der Welt. Consecratio mundi, deificatio terrae!» (28.6.1938)

Vom Gipfel, auf dem er sich nun befindet, kann Karl einen friedlichen Blick auf seinen Weg werfen: «Wie hat er dich seltsame Weg geführt, wie hast du, störrischer Bock, dich noch jüngst gesträubt und jetzt mit einmal: in Seiner Stille wird mir so wohl, so weit, so friedevoll im Herzen. Des bin ich gewiß: Er hat mich gerufen, und er gibt mir das Ausharren bis ans Ende – und sei es noch so bitter und schwer, sei es ein Kreuzweg täglicher Schmach und Selbstverleugnung... Ja, der Verzicht auf die Ehe, einen hl. ewigen Liebesbund in der Kraft der Schöpfung und der Gnade mit einer geliebten Frau, einer von jenen holdseligen Gehilfinnen, die der Herrgott uns Männern im Paradies dazuschenkte, – dieser Verzicht ist mir verdammt nicht leicht gefallen. Dazu der Verzicht auf den eignen Stamm, die eigenen Kinder, und ich weiß, wie gerne ich diese köstlichen Kleinen habe.» (28.6.1938)

Am nächsten Tag, dem Fest Peter und Paul, stellt Karl über seine Überlegungen die Worte: «Priester werden – Mensch bleiben! Rein bleiben – reif werden!» Jesus ist das Vorbild: «Echte Menschlichkeit, Menschenfreundlichkeit, wahre, echte Güte strahlte aus vom Herrn, da er über die Fluren Palästinas wanderte.

Und so soll es auch bei mir sein: ganze Menschen, deutsche Männer mit strahlender, reiner Menschlichkeit, Frische, Freundlichkeit und Güte. Schlichtheit und Freude des Herzens! So wollen wir allezeit in Gottes Auftrag stehen; unsere Speise soll es sein, des Vaters Willen zu erfüllen. Demütige, wahrhaftige Menschen wollen wir dabei bleiben mit offenen Herzen für jeden Bruder und jede Schwester, die da des Weges mit uns ziehen zum Heil.» (29.6.1938)

Die Lektüre von «Neue Jugend und katholischer Geist» von Romano Guardini läßt Karl zurückblicken auf seine Arbeit. Er überfliegt die letzten zehn Jahre. Guardini übte einen sehr starken Einfluß auf die katholische Jugend aus, und auch Karl ist von der Spiritualität Guardinis geformt worden, der die Jugendlichen für die Liturgie begeisterte und für das menschliche Schicksal in seiner wunderbaren Größe. Karl vergleicht seine

Begeisterung dieser Jahre mit seinem jetzigen geistigen Zustand: «Allerdings stelle ich auch ein Schlappwerden und Absinken vom hohen Ideal fest, z.B. in der Abstinenz. Ich will da doch wieder zur alten, ursprünglichen Straffheit zurückkehren. Beim Reifwerden ist mir das Reinbleiben, die unbefangene Frische der Jugend doch ein wenig verlorengegangen... In Gottes ewigen neuen Tag will ich mich Tag für Tag versenken, in den ewig aufspringenden Quellen seiner Wahrheit und seines Lebens, die da ewig frisch sprudeln, mich baden und erfrischen. — Ewige Jugend! In Gott dein Lebtag jung!» «Alles Unklare, Finstere, Quallige, Lichtscheue, Feige muß raus, sonst wird deine Seele eine Rumpelkammer, aber kein strahlender, lichter Tempel des Heiligen Geistes.» (29.6.1938)

Am 1. Juli 1938 empfängt Karl die niederen Weihen des Ostiariers und Lektors. «Gott sollen wir die Herzen der Menschen erschließen, vor des Satans Zutritt unser und aller Herzen zuschließen. — Unser Herz dem Satan und seinen raffinierten, oft so nett und lüstern sich anbiedernden Versuchungen verschließen. Wie einen hl. Diamant, wie ein kostbares Kleinod sollen wir unser Innerstes ihm verwahren. Gott, dem Drei-Einen, wollen wir die Tore des Herzenstempels weit öffnen... So komm denn himmlischer Vater, nimm Platz auf dem dir bereiteten Thron meines Herzens, durch Christus im Hl. Geiste mögest du, Allmächtiger, in mir herrschen.»

Auf den jäh aufsteigenden Pfaden, die Karl die ganzen Jahre, seit er erwachsen ist, benutzt hat, stellt er die Höhepunkte heraus, die seinem Lebensweg Orientierung gaben. «Da das Einschneidende, daß wie zufällig Jupp mich mit den Gochern nach Schönstatt... nimmt. Die zwei stillen Tage dort oben im ersten keimenden Frühling auf den nahen Höhen des Westerwaldes und im stillen Gebet im Kapellchen vor dem Gnadenbild der dreimal wunderbaren Mutter oder die abendlichen sakramentalen Andachten mit den Gebeten um Gottes- und Nächstenliebe — mächtig hatte mir das in die Seele gegriffen. Das ganze zurückgetretene, tief schlummernde Priesterliche und Ritterliche in mir — es war tief erregt wach gestoßen und entflammt...

Nach den Exerzitien begann die Arbeit. Ich schaffte und schuf die Jungschar Kleve-Oberstadt mit einem inneren Schwung und Erfolg sondergleichen. Das Studium wurde so nebenbei geschmissen. Apostolische Kraft sprang auf, eine Aktionskraft und — vielleicht, ja sicher war vieles jugendlicher Betätigungsdrang. Aber das war das Entscheidende daran: Es führte mich zum eucharistischen Heiland. Die erschütternden stillen Stunden am Morgen in der Stiftskirche. Satan und Christus rangen in mir. Immer wieder zog mich der Trieb nach unten, aber immer wieder kam dann der Herr und riß mich nach oben in sein Licht.» (1.7.1938)

Diese Seiten offenbaren auch, wie sehr der RAD eine grausame spirituelle und moralische Prüfung war: «Schwer schwingt das Dunkel in der Seele nach... Ich freß mich durch alles durch. Das Herz leidet, leidet.»

Dann in Freiburg die Berufungskrise und die glückliche Überwindung. Er will seinen Weg gehen in «Treue und Pünktlichkeit, Ordnung und Stille! Im kleinen Geschehen des Alltags sich bewähren.» Und er schreibt weiter: «An Christ-König will ich das letzte innere Wort der Bereitschaft zum ungeteilten, jungfräulichen Dienst vor Gott sprechen können.

Zur Freiheit hat Christus mich befreit... werdet nicht Knechte der Menschen...!» (1.7.1938)

Der offizielle Anfang auf dem Weg zum Priestertum ist durch den Empfang der niederen Weihen gesetzt. Er inspiriert Karl zu einem Liebeslied, zu einem mystischen Hohen Lied auf die Kirche: «Ja, sie ist unsere und meine Mutter. Sie ist die hl. Frau, der ich mein Leben darbieten will, in deren Schoß ich Kinder der Gnade einst zeugen soll in jungfräulicher Hingabe. — Ja, sie ist meine herzliebste Braut, der Christus strahlendes Geschmeide anlegte, auf ihre bezaubernde, mitreißende Schönheit will ich schauen mit dem liebenden Auge der intima cognitio (dem inneren Erkennen), mit dem ganzen Schwung und der Begeisterung des jungen Bräutigams. — Ich sehe auch ihre Runzeln, aber vor ihren sehe ich meine eigenen. Und dann senke ich beschämt meine Augen. O du himmlische Braut, angetan mit Gottes

Gewande, schrittest du durch der Erde Zeiten, ringsum Gnade und Freude, Friede, Glauben und Sitte, Hoffnung und Liebe ausbreitend. Oh, wie hast du mein Herz entflammt: die Braut Gottes in Christus! Du Gezelt des Hl. Geistes, darin er seine innerste Liebesglut ergießt. – Du flammendes Schwert der Gerechtigkeit Gottes, du aufrechte hohe Frau, die du nicht buhlest um vergängliche Gunst großer Herren. Du adlige, ungebrochene, ewig junge!

Hier bin ich. Adsum! Umkleide mich mit deinen Gewändern der Würde, umgürte mich mit der Strenge deiner Zucht! Erschließe mir immer tiefer dein innerstes Geheimnis, deiner Schönheit tiefverborgenen Glanz...! Du Leidensbraut unseres Herrn, die du sein Erlöserleiden alle Tage deines irdischen Wandels mitleidest, gib mir die Gnade und Kraft, Gefährte dieses erlösenden, befreienden Leidens zu sein!» (1.7.1938)

Karl wird bald erhört werden, mehr als er für sich erhoffen oder gar vorstellen konnte...

32.
Das jungfräuliche Fiat

Auf dem ersten Blatt überschreibt Karl sein Tagebuch von 1939: « Es beginnt das große, heilige Jahr der Weihen, das begnadetste Jahr des Lebens!»

Am 17. Dezember 1938 ist er bei einer Weihe im Dom zu Münster dabei. Die Worte, die der Bischof an die neugeweihten Priester richtet, bewegen auch ihn sehr stark: «Mir zittert das Herz in banger Sorge und im Bewußtsein meiner Sündhaftigkeit, meines Dünkels und meiner Schwäche. — Wirst du es können? Wirst du ein würdiger Priester? Wirst du alle Minderwertigkeitskomplexe, alle Überkompensationen, alle Feigheit und alle Eitelkeit, allen Hochmut und falschen Stolz überwinden? Christus steht vor mir fordernd, und er schaut mich ernst an, er schaut bis ins letzte, heimlichste Fältchen des Herzens! Bin ich stark genug? Glaube ich wirklich ganz fest und stark und tief? Bin ich priesterlicher, selbstloser Mensch? Bin ich rein und gläubig genug!» (4.1.1939)

Und er betet mit großer Inbrunst um seine eigene Berufung als auch für die, die gerade zum Priester geweiht wurden. Nach der Weihe versammeln sich die Familien und die Freunde um die Neugeweihten. Frau Ruby, die Mutter von Elisabeth, ist da, weil einer der Geweihten bei ihr gewohnt hatte. Karl beteiligt sich an einem Gespräch, bei dem über die Frage der Verleugnung und des Unglaubens bei manchen Priestern gesprochen wird: «An jeder Priesterhölle steht ein Weib», sagt die Mutter von Elisabeth...

Karl ist gefangengenommen vom Glanz des priesterlichen Standes: «Alle Schönheit dieser Erde, alles Leuchten schöner Frauen und Mädchen, alle herrliche Kraft der Natur ist nur ein matter Abglanz der Schönheit, die sich im Glauben uns hier erschließt: die jungfräuliche Schönheit gottbegnadeten jungen Priestertums.

Eucharistia — Dank sei dem Herrn!» (18.12.1938)

Die Erinnerung an diese Weihe — bei der nächsten wäre er 1939 dabei — wirkt lange in seinem Herzen nach. Er verbringt die Weihnachtstage im Seminar mit außergewöhnlicher innerer Freude: «Ich bete, wie ich im ganzen Jahr nicht gebetet habe. Ich schenke mich dem himmlischen Kind. In die Krippe des Herzens kommt das göttliche Kind. O herrlicher Christusglauben, o selige Nacht!»

Während die Freude seinen Geist beflügelt, bleibt Karl doch mit den Füßen auf der Erde. Am Weihnachtstag ist er Thuriferar (Weihrauchträger) beim Hochamt im Dom, das vom Bischof zelebriert wird: «Es klappt. Aha! Wir dürfen dem Bischof beim Anlegen der kostbaren Gewänder helfen. Einmal laufe ich verkehrt um den Altar (nach dem Tuch, was aber nicht da hängt) — haha. Das Inzensieren des Hochwürden lockerer, kleiner! Nicht so gemacht feierlich, sondern schreitend und freudig, mit hl. Schwung und großer Freude!»

Weihnachten 1938. Es ist die letzte Weihnachten, die er in Freiheit erlebt. Am nächsten Tag kommt er in Kleve an, ganz in Feststimmung: «Daheim! Daheim...! O Freude...! Fest der Liebe! Wir singen und beten. ... Das Fest der Gotteskinder. Das Singen und Spielen will kein Ende nehmen.»

Es ist das letzte Mal, daß er einige Tage zu Hause ist. Man könnte sagen, daß er davon eine geheime Vorahnung hat. Vom Grund seines Herzens steigt ein Dankgebet für seine Eltern auf: «Ein herrlicher guter Mann ist unser Vater, mein lieber guter Papa: Ich bin recht stolz auf ihn. — Und das herzliche Mütterlein sitzt da still und gut und horcht zu und sagt hier und da was zu den Gesprächen des "hitzigen" Papas. O gute, liebe Mutter — Ich hab dich von Herzen gern.

Zum Schluß kommen wir auf die Vorbereitung zur Weihe und Primiz zu sprechen — immer demütig Gottes gnädigen Willen voraussetzend.» Karl vertraut sich seinem Bruder Willi an. Er erzählt ihm von seinem Kampf um seine Berufung und seine «große Liebe». Willi seinerseits schildert ihm den Kampf, den er führen muß, um sich im Alltag christlich zu verhalten in Bingen, Köln und anderswo: «Der Bericht aus der Hurengasse in Köln ist niederschmetternd. — Wohin geht unser Volk?»

Am 27. Dezember, dem Fest des hl. Johannes, ist Karl von der Schönheit der liturgischen Texte fasziniert: Johannes ruhte beim Abendmahl an der Brust des Herrn. Glücklicher Apostel, ihm wurden die Geheimnisse des Himmels enthüllt. «Die Tiefen des jungfräulichen Priestertums steigen ahnend in mir auf. Johannesseele. Feurig! Donnersohn...! Gott, gib mir das Herz eines Johannes! Christus, ich lege mein Haupt an deine väterliche, göttliche Brust, in der dein Erlöserherz schlägt. Nimm mich ganz! Dein eigen will ich sein.» (27.12.1938)

Durch seine dunkle Ahnung veranlaßt, macht Karl sehr viele Besuche während seiner letzten Ferien in Kleve. So verbringt er einen Abend beim Kaplan der Stiftskirche, der ihm Fotos zeigt, die er auf einer Fahrt nach Dalmatien gemacht hat: «Er zeigt mir Gottes schöne Welt und erzählt mir von "Erfahrungen" — während ich Süßes knabbere. Es ist so wunderschön zu lauschen und zu schauen. Berge, Meer und Menschen — wie schön sind Gottes Welt und seine Menschen!» Danach setzt sich Kaplan Stegemann ans Klavier und spielt Sonaten von Schumann und Mozart: «Es ist ein herrlicher, gefüllter Abend. Gott, ich danke dir, daß du mir diesen großen Priester mit auf den Weg gabst.» (28.12.1938)

An Silvester fragt ihn sein Vater noch einmal im ernsten Ton, ob seine Entscheidung, Priester zu werden, wohl überlegt sei: «Er fragt nochmals ernst. Von Würde und Bürde der christlichen Ehe und des christlichen Priesters sprachen wir. Er versichert mir nochmals seinen ganzen Großmut und alle Freiheit. — Welch tiefchristlichen, guten Vater hat Gott mir gegeben!

Wie demütig ist er und seine liebe Frau, unsere liebe Mutter! Nur Gottes Ehre und Wohlgefallen ist ihr Sinn. — Sie haben den "alten" Karl in mir wiedergefunden, froh und christusgläubig. Möge es ganz so werden. — Das war ein versöhnliches Wort in der letzten Stunde des Jahres.» (31.12.1938)

Und Karl beschließt das Jahr 1938 mit einem «Te Deum». Er, der von menschlicher Liebe träumte, der einen Augenblick an Stelle des Priestertums eine politische Laufbahn stellen wollte, der sehr von der Freiheit angezogen war, er faßt eine schriftliche Erklärung ab, in der er seine neue Entschlossenheit zum Ausdruck bringt:

«Ich verzichte: auf jedes politische Kämpferideal, auf jede leiblich-geschlechtliche Liebe und Gemeinschaft mit der Frau, auf meine Ungebundenheit und Freiheit für Gott und sein Reich. Ich danke dir, Herr, für deine Gnade und dir, liebste Mutter meines Herrn.

Mit deiner Hilfe spreche ich — will ich jeden Tag neu sprechen im Gehorsam das jungfräuliche Fiat zum Beruf!»

Und er schließt sein Tagebuch des entscheidenden Jahres 1938 auf Latein mit den folgenden Worten:

«A D 1938 clausit portas suas pro aeternitate. Finivit annus salutis et vocationis reparatae. — Amen.» (Das Jahr des Herrn 1938 schließt seine Pforten für alle Ewigkeit. Das Jahr des Heiles und der erneuerten Berufung ist beendet. — Amen.)

33.
Die Anfrage an Gott

«Eucharistia! Danksagung für 1938 mit seiner ganzen goldenen Fracht und seinem großen Ringen: Dank für den guten Ausgang. Bitte um guten Fortgang und guten Ausgang des neuen großen heiligsten Jahres meines Lebens, so Gott will, des Weihejahres 1939! Consecra me, Domine! Hole heim, verwandle meine ganze Natur zu christlicher, zu deiner Priesterpersönlichkeit! Christus, mein Heiland und Erretter! Dein eigen will ich sein.» (1.1.1939)

Karl beginnt das neue Jahr in Kleve voll Dankbarkeit, er hat den Frieden in den Tiefen seines Herzens wiedergefunden. Jedoch geht an der Oberfläche seiner Existenz der Kampf weiter. Wenn man die Seiten seines Tagebuches durchblättert, hat man sehr schnell den Eindruck, daß die Krise nicht mehr bis in sein Innerstes reicht. Die äußere Verfassung ist sporadisch noch gefährdet. Karl erscheint von jetzt an wie eine Festung, in der Eintracht, Ordnung und Entschlossenheit herrschen, die aber ab und zu Angriffen von außen ausgesetzt ist. Das Reich des Finstern hat es auf ihn abgesehen wie auf einen Feind, der besiegt werden muß.

Am 2. Januar verläßt Karl Kleve. Sein Bruder Willi wie auch seine Schwestern Elisabeth und Paula begleiten ihn zum Bahnhof. Als der Zug abfährt, stürzt eine Seite seiner Existenz in den Abgrund der für immer vergangenen Zeit. Die schöne kleine niederrheinische Stadt wird er nie mehr wieder sehen, außer noch einmal für einen kurzen und dramatischen Besuch.

Als er im Seminar ankommt, breitet sich gerade die Nacht über Münster aus. Auf seinem Studentenzimmer stellt er endlose Überlegungen über die menschliche Natur an, über ihre Gnade und ihre Gefahr im Hinblick auf seine Weihe, die ja kurz bevorsteht: «Jede Gabe Gottes wird im Abfall von Ihm zu dämonischer Verzerrung und Furchtbarkeit. — Ähnlich ist's auch mit der Geschlechtskraft in uns. Sie ist Gottes Gabe, des Urlebendigen. Wehe aber dem, der sie mißbraucht im Abfall von ihrem gottgesetzten Ziel. Als Lust, ohne die Last tragen zu wollen! — darum sind wir berufen, sie zu adeln und verwandeln zu priesterlicher, jungfräulicher Hingabe an Christus und seine Brüder. Nicht unfruchtbarer Verzicht, nein, priesterliches Opfer für das Volk, für seine ewigen Heilsgüter und seinen Bestand vor Gott.» (3.1.1939)

Und Karl setzt sich als Ziel für das neue Jahr: «Nach dem Vorbild und der Gnade Christi bauen an der christförmigen Priesterpersönlichkeit.» (4.1.1939)

Die Unterrichtung des Glaubensinhalts ist ein wichtiger Aspekt der Aufgaben des Priesters. Die Ausbildung im Priesterseminar umfaßt auch katechetische Lehrgänge. So vertraut man ihm am 9. Januar eine Mädchenklasse an. Karl ist der geborene Erzähler. Er verbindet die Parabel vom Guten Hirten mit der Erzählung einer anderen Hirtengeschichte. Nach getaner Tat unterzieht er seine Vorgehensweise wie immer einer kritischen Prüfung. Er findet, daß er zu weitschweifig war und daß er sich nicht genug in die Psyche der Mädchen eingefühlt habe, daß sein Unterricht unter dem Niveau der Klasse war. Er erinnert sich an das Urteil, das der Regens des Seminars zu seiner ersten Predigt abgab: «Weniger — und mehr!» Für die Katechese bei Kindern stellt er sich folgende Leitlinien auf: «Genauer zusehn! Maß halten. Und innere Freiheit und mehr seelischen Abstand (Ehrfurcht) vor dem Kind!» (9.1.1939)

Am 10. Januar mischt sich eine seltsame politische Bemerkung in einen Zusammenhang, in dem er treu die spirituellen Übungen des Seminars bedenkt: «Der Schmachfriede von Versailles tritt 1920 in Kraft. Kein freies Volk auf der Erde läßt sich auf die Dauer so knechten. 19 Jahre seitdem — und doch schon sieben Jahre ist er im Abbau — und heute völlig null und nichtig. — Gott sei Dank dafür! Wieviel Not und Tod haben der furchtbare Krieg und die Nachkriegszeit über uns gebracht! Gott, erhalte unserem Volk deinen Segen und Frieden. — Mit Gott in neue bessere deutsche Zukunft!» (10.1.1939)

Sein Patriotismus ist glühend; er ist integraler Bestandteil seiner Persönlichkeit. Karl hat seine Wurzeln genauso stark in seinem Heimatland wie in seinem Glauben. Er kann in dem Maße eine Liebe zu Europa entwickeln wie seine Heimatliebe in ihm lebendig ist und genährt wird. Karls Denken und Fühlen sind organisch miteinander verknüpft. Nichts ist ihm fremder als der Dualismus oder die künstliche, trügerische Trennung der Realitäten.

Kein Automatismus ist in seinen Überlegungen und Reflexionen zu finden. Karl fragt immer nach dem Warum der Dinge. Am 20. Januar spricht P. Mischler zu den Seminaristen über die Freundschaft Gottes. Karl ist nicht zufrieden mit den Ausführungen. In einer großartigen Anfrage an Gott, würdig einer Anthologie, fragt er nach seiner Verwirklichung dieser Freundschaft, indem er die geheimsten Winkel seines Herzens beleuchtet: «Gott, Du bist mein Freund? Du gewaltiger, geheimnisvoller, dunkler — Gott! Darf ich dich Freund nennen, da ich doch nicht weiß, ob Du wirklich mein Freund bist, oder besser: ob Du mich Freund nennst, ob ich Dein Freund bin. Ob ich in Deinem Wohlgefallen stehe und Dir Freude bereite.

Darf ich heute mein Herz vor Dir ausgießen. Ich bin Mensch. Darf ich mit Dir reden, Du Unaussprechlicher? Wir sind von den Schrecknissen Deiner Geheimnisse umwittert — Du furchtbarer Gott! Heute muß ich endlich sie aussprechen, meine Trauer: Ich klage mein Herz vor Dir aus. Höre mich bitte, wenn Du mein Freund bist. Höre mich, Herr! Warum hast Du uns aus dem Paradies verstoßen? Ich begreife Dich nicht — lag es nur an uns? Du hast doch alles in der Hand. Würden wir Dir nicht tausendmal besser dienen können, dir herrliche Freude bereiten — und selbst froher einhergehn, im Glanze des Schöpfungsmorgens und der ersten Gnade!

— Ich weiß, im Glauben singen wir Dir Lob dafür: O felix culpa... (O glückliche Schuld, die du für uns einen solch großen Erlöser gewonnen hast).

Aber — du hättest uns doch auch ins Paradies Deinen Sohn senden können. Du, Du sag' mir, warum? Lag es nur an uns? O furchtbares Geheimnis, du Abgrund aller Abgründe, du Fluch der Sünde! Rede ich vermessen mit Dir, es steht mir nicht an, mit Dir so zu reden —, aber gestatte mir in Deiner Güte, daß ich klage und jammere in tiefster Erschütterung vor Dir, daß ich an Deinem Herzen mich ausweine, all mein Fragen und Suchen und Ringen vor Dich trage in bitterer Klage. — Mein Herz muß sich befreien darin. Ich bin kein toter Klotz, ich bin ein Mensch aus Geist und Blut.

Du, Du sage mir — Du, warum? Warum hast Du mich so geführt, warum hast Du mich in diese Zeit hineingeboren werden lassen? Warum hast Du Schuld und Leid in mein Herz dringen lassen — mit und ohne meine Schuld? Was soll alles Sterben, aller Verzicht auf Güter, die Du geschaffen? Weshalb die grausamen Katastrophen in Deiner Schöpfung, warum das grausame Schlachten Deiner Ebenbilder ringsum? Weshalb hat Satan und die böse Lust, der Stolz des Menschen eine solche Macht über die, die doch durch Deinen Sohn erlöst und geheiligt sind?

Oder ist alles nur Täuschung — o, verzeih' mir meine Rede — ich glaube an Dich und Deine heiligen Ordnungen, aber ich sehe sie nicht!

Weshalb, sag' mir, soll ich auf das größte Gut der Natur, die hl. Gemeinschaft zwischen Mann und Weib, die Du selbst im Paradies zur Freude füreinander geschaffen und zum lebensspendenden Bund, (verzichten)? Warum hast Du die Geschlechtskraft Adams so stark in mir werden lassen, Du tust doch alles — und mich trotzdem zu jungfräulichem Priestertum gerufen? O, die dunklen Stimmen meines tiefsten Herzensgrundes möchten sich aufbäumen gegen Deinen Ruf — und doch, ich kann und darf nicht! Du, Du warum? Ach, ich weiß, ich habe ja nichts zu fragen, und doch hast Du mich als Frager geschaffen! Du, Du!

Ja, ich weiß, was ich jetzt alles richtig antworten könnte, alles dogmatisch richtig. — Aber ich kann mir nicht antworten und will es auch nicht — antworte Du mir, Du bist doch mein Freund! Ich bitte Dich flehentlich! O schenk mir Deine Gnade! Führe mich zu Deiner Freundschaft!

Ich weine heiße Tränen der Schmerzen vor Dir, ich weine sie mit tausenden von Menschen vor Dir, Vater! Vor Dir, Freund! Unbegreiflicher! Ich weine und klage mit Deinem Sohn am Ölberg — errette uns! Wir sind erlöst, aber erlöse uns.

Ein Lied könnte ich Dir nun singen wegen Deiner unbegreiflichen Herrlichkeit und Liebe, aber ich will Dir schweigend danken; denn ich bin es heute nicht wert. In manus tuas, Domine... (In Deine Hände, Herr).»

Und Karl fügt hinzu: «(Antwort gab mir Isaias Kap. 54 und 55.)» (20.1.1939)

*

* *

Dieser Ton ist schon einmalig in Karl Leisners Leben und ganz und gar einmalig in dieser Fülle. Nicht die geringste Spur eines Auflehnens; es handelt sich um eine strenge Gewissensaussage, ein unmittelbares Zeugnis, um eine Offenbarung der Tragik der irdischen Bedingungen. Aber der Glaube führt hin zum menschlichen Hören. Und zur Hoffnung. Karl versteht gut, daß aus Respekt vor unserer Freiheit Gottes Handeln — erfahrbar in der ganzen menschlichen Geschichte — sich nur am Ende der Zeiten voll entfaltet.

«Nur der Liebende erkennt (wirklich). Alles andere mag logisch richtig und gut sein, aber es bleibt Grübeln und rein oberflächliches Erkennen», schreibt Karl eine Woche nach seiner erstaunlichen Anfrage an den himmlischen Vater. (26.1.1939)

Es gibt keinen anderen Weg, um weiter ins Herz des göttlichen Geheimnisses vorzudringen, als den der Liebe, der totalen Hingabe an Gott in der Liebe. Und das verlangt ein persönliches Voranschreiten genauso wie ein gemeinschaftliches.

Das ist der tiefste Sinn des schweren geistigen Kampfes, den er die letzten zwei Jahre geführt hat. Auf dem Weg der Askese darf er nicht mehr auf seine eigenen Kräfte zählen, die ihn führen, sondern allein auf die Gnade Gottes. Nur arm und entwaffnet wird er zum besten Werkzeug in Gottes Händen.

So gibt er sich in der Nacht vor Maria Lichtmeß ganz hin: Es war «mir schwer ums Herz. Mit einer Wucht wie nie brach der Kampf um einen ehrlichen Verzicht auf. Ich habe geweint, gefleht und gerungen — Herrgott, ich lasse dich nicht, bis Du mich segnest. Das Opfer ist unbegreiflich hart und schwer, aber ich will es bringen, weil Gott mich gerufen hat zum Priestertum Jesu Christi.» (5.2.1939)

War er nicht persönlich vom Papst ermutigt worden, den Weg zum Priestertum zu folgen?

Pius XI., bei dem er weniger als drei Jahre zuvor die unverhoffte Audienz hatte, stirbt am 10. Februar 1939. Karl weiht ihm fünf Seiten seines Tagebuches: «Mit Rührung und Ergriffenheit erinnere ich mich an die Audienz, die wir am Pfingstsamstag, 31. Mai 1936, bei ihm im kleinen Kreise hatten. An die unvergeßlich lieben, väterlich menschlichen Worte, die er in unserer Muttersprache mit uns wechselte. An die Grüße und den apostolischen Segen, die er uns an die Eltern und Geschwister, an die Heimat und besonders an die Jugend mitgab. An das unvergeßliche, leidgeprüfte, große, priesterliche Antlitz.

Großer Pius, du bist tot. Laß mich deinem Beispiel folgen! Segne mich vom Himmel her, erfleh mir Christi Gnade zum Priestertum.» (10.2.1939) Und Karl erinnert sich nicht ohne Stolz, daß Kardinal Caccia ihn darauf aufmerksam machte, daß es eine frappierende Ähnlichkeit zwischen ihm und den Jugendphotos des Papstes gab. Dann schreibt er lange über die einfache Herkunft Achille Rattis, sein fruchtbares Wirken während der 17 Jahre seines Pontifikats, seinen Mut gegenüber den Mächtigen, die von perversen Ideologien inspiriert wurden, sein ganz bescheidenes mönchisches Leben im Vatikan.

Am 2. März klingt die Neuigkeit von der Wahl Kardinal Pacellis auf den Stuhl des hl. Petrus wie ein frohes Geläut in seinem Tagebuch: «Herr, bewahre, führe ihn zum Heile deiner Weltkirche und zum besonderen Heile in der deutschen Not! Erwecke uns Heilige und Helden, Herr und Gott! — Jubelnd klingen die Glocken von Dom und Überwasser. Te Deum laudamus! Die Tränen der Freude kommen mir.» (2.3.1939)

Die Voraussage, daß Nuntius Pacelli eines Tages Papst sein werde, die der Heranwachsende von 14 Jahren in sein Tagebuch schrieb, 1929, als Kardinal Pacelli die Nuntiatur in Deutschland verließ, ist zehn Jahre später in Erfüllung gegangen.

Seit dem 25. Februar macht Karl Exerzitien als Vorbereitung auf die Subdiakonatsweihe. An diesem Tag geht er um 4 Uhr früh zu Fuß nach Telgte. Bei der Muttergottes sucht er Kraft und Trost. Eine Woche vor den Exerzitien wurde er von einem letzten Zweifel überfallen: «Mit Todesbangen rückte mir die Frage auf den Leib: Wirst Du ganz freien Herzens den Schritt des Subdiakonats tun — und bist du wirklich vollkommen und fähig dazu, die gewaltigen Spannungen und Kräfte, die in dir tosen und schäumen, so in Zucht und ausgeglichener Würde zu besitzen und zu hüten dein ganzes Leben bis zum Tode. ... Ich allein kann es auf keinen Fall. Es kommt also alles auf die göttliche Berufung und Führung an.» (17.2.1939) Aber der Zweifel ist nur vorübergehend...

Am 4. März 1939 wird Karl im Dom St. Paulus zum Subdiakon geweiht: «Diese herrliche Feierstunde werde ich nicht mehr vergessen können... Alle Verzagtheit und Anfechtung ist dahin. Das Lebensopfer wird gebracht in Gottes Kraft und Gnade und im Mut des aufgeschlossenen Herzens, das sich jetzt ohne zu fackeln ruhig dem Liebesbrande Gottes weiht.»

Drei Wochen später wird Karl Leisner durch den Bischof von Galen zum Diakon geweiht, wieder im Dom zu Münster. Auf dem Heimweg jubelt er vor Freude. Er steht kurz vor dem Ziel: «In dreiviertel Jahren bist du Christi Priester. Denke täglich daran. Sei dankbar und bereite dich vor durch ein heiliges, würdiges Diakonat nach dem Beispiel Christi, der durch den Heiligen Geist sich selbst als unbeflecktes Opferlamm Gott dargeboten hat.» (Otto Pies, Stephanus heute, 90)

34.
Das Flehen zur Mutter Gottes

Seit einer Weile fühlt sich Karl müde und schlaff. Er führt diesen Zustand auf die zurückliegende Berufungskrise zurück. Aber er konnte kaum darauf die Hustenanfälle zurückführen, die ihn immer häufiger quälten. In den zwei Monaten nach seiner Diakonatsweihe verstärkte sich das Gefühl der Müdigkeit, ja sogar der Erschöpfung. Ganz im Gegensatz zu seiner sonstigen Gewohnheit blieb er sogar manchmal während des Studiums und der Vorlesungen im Bett. Da der Husten immer stärker wurde, drängte man ihn, sich von einem Arzt untersuchen zu lassen. Karl hat lange davon nichts wissen wollen. Aber schließlich entschließt er sich doch zu einer Untersuchung, bevor es noch schlimmer wird. In der Universitätsklinik ergibt die Untersuchung eindeutig: Tuberkulose! Beide Lungenflügel sind befallen. Die Krankheit ist schon im fortgeschrittenen Stadium. Man hat nicht früh genug darauf achtgegeben.

Die Krankheit hat ohne Zweifel ihren Ursprung in der langen Arbeitsperiode in den Sümpfen von Georgsdorf während der RAD-Zeit. Hinzu kommt das Schwimmen im kalten Wasser des Rheins und anderer Flüsse und Bäche, wovon Karl schwärmte, die Nächte, die er auf dem Erdboden unter einem kleinen Zelt während seiner Fahrten verbrachte, die Härte, mit der er seinen Körper behandelte und die geringe Obacht, die er auf seine Gesundheit legte, trotz des Alarmzeichens einer Rippenfellentzündung 1937 und rheumatischer Schmerzen: Alles das zog finstere Konsequenzen mit sich, vor die er sich im

Frühjahr 1939 gestellt sah. Der Professor der Universitätsklinik, der ihn untersucht hatte, ordnete nämlich an, daß er sofort sein Studium unterbrechen und in ein Sanatorium gehen müsse, um sich dort pflegen zu lassen.

Karl ist niedergeschmettert. Regens Franken tröstet ihn in seinem Schmerz und gibt ihm Geld, um die Kosten der Behandlung zu decken. Die außergewöhnliche Güte dieses alten Priesters und seine hohe Wertschätzung für den neuen Diakon werden hier offenbar. Der Arzt hegt Zweifel, ob es eine Möglichkeit gibt, sofort das Fortschreiten der Krankheit zu stoppen. Karl, wie es seine Gewohnheit ist, fängt sich schnell wieder: «Ich muß gesund werden. Oder will der Herr mich nicht haben? Habe ich mich geirrt, habe ich mich getäuscht, als ich den Weg zum Priestertum als meinen Weg erkennen durfte? Durfte ich es wagen? Darf ich es hoffen?» (O. Pies, Stephanus heute, 97)

Er will gesund werden. Was seine Berufung betrifft, so hat er sich entschieden. Einmal mehr vertraut er sich in seiner neuen und grausamen Zwangslage der Gottesmutter an, die er so sehr liebt und verehrt.

Anfang Juni wird er ins Sanatorium «Fürstabt-Gerbert-Haus» nach St. Blasien in den Schwarzwald geschickt. Er nimmt den Zug von Münster nach Kleve, wo er nur kurz bleibt. Er sieht seine geliebte Heimatstadt das letzte Mal. Ohne es zu wissen... Dann geht es weiter mit dem Zug nach Freiburg. In Koblenz angekommen, entscheidet er sich plötzlich, die Fahrt zu unterbrechen. Und er fährt ins nur wenige Kilometer entfernte Schönstatt.

Die Stunde ist sehr schwer für ihn. Wenige Wochen vorher sah er sich noch in naher Zukunft als Priester in den sonnendurchfluteten Weinbergen des Herrn. Plötzlich ist er in Nacht getaucht. Wie er sich an den himmlischen Vater gerichtet hatte, so richtet er nun an die Gottesmutter eine flehentliche Bitte. Er stellt die Frage seiner Berufung in Form einer dramatischen Alternative, deren zwei Möglichkeiten die Radikalität seiner Natur und die Echtheit seines Vorgehens bezeugen: «Himmlische Mutter, ich lege alles in deine Hände. Wenn du weißt, daß ich ein guter Priester werden kann, dann hilf, daß ich gesund werde und das Ziel erreiche. Wenn du siehst, daß ich ein schlechter Priester werde, dann laß mich vorher sterben.» (O. Pies, Stephanus heute, 97)

Nach diesem entscheidenden Halt fährt er weiter mit dem Zug, der ihn nach Freiburg bringt.

Das Frühjahr neigt sich seinem Ende zu, als er im Sanatorium «Fürstabt-Gerbert-Haus» ankommt. St. Blasien ist eine kleine Stadt von 3000 Einwohnern, südöstlich von Freiburg im Breisgau. Ein Schmuckstück zwischen Bergen mit hohen Wäldern gelegen, ist dieser Luftkurort besonders für die Behandlung der Atemwege, des Nervensystems und des Kreislaufes geeignet; und er lädt zu Wanderungen ein...

Karl ist für lange Monate verdammt, aus dem Verkehr gezogen zu sein. Einer seiner Professoren im Seminar gab ihm den Rat: «Leben Sie im Sanatorium wie eine Pflanze.» Karl handelt auch danach. Er ist entschlossen, so rasch wie möglich wieder gesund zu werden. Er folgt treu allen Vorschriften und Ratschlägen.

Wegen der Schwere der Lungenkrankheit bezweifelten die Ärzte, ob das Einsetzen einer Anlage zur Luftfüllung möglich ist.

Wider Erwarten gelang es doch. Die ersten Wochen hat er fast nur gelegen und geschlafen. Dann wurde ihm gestattet, während der schönen Tage zu Anfang des Sommers auf die Terrasse zu gehen an die frische Luft. Karl genießt das erste Mal in seinem Leben die Freude zu leben, ohne etwas machen zu müssen.

Seine robuste Natur, die strikte Einhaltung der therapeutischen Anweisungen, sein Optimismus, die Kraft des Gebetes und des schweigenden Meditierens, all das wirkt Wunder. Sein Blick bleibt lange an den wunderbaren Tannen hängen, die die Hänge hinauf bis zum Gipfel stehen, die an einigen Tagen die niedrigen Wolken streifen. Karl kann bald einige Schritte in der Nähe des Hauses auf einem Weg tun. Dann unternimmt er längere Spaziergänge, schießlich in das dunkle Gestrüpp des Unterholzes. Er ist glücklich. Die Priesterweihe vor Augen, vergehen nach und nach die Nebel, in die die Krankheit ihn eingehüllt hat. Und wenn er an Weihnachten Priester sein könnte? Wenn er ruht oder spazierengeht, steigen in ihm die prachtvollen Bilder des Domes von Münster oder seiner heimatlichen Stiftskirche von Kleve auf und schenken ihm so schon zukünftiges Glück.

Außen ist alles weit davon entfernt, friedlich und strahlend zu sein. Die Welt ist hin- und hergerüttelt. Ein grausamer Wahnsinn schlägt in Europa los. Hitler hat in einer Rekordzeit eine schlagkräftige Armee aufgebaut, deren Speerspitze von Panzerdivisionen und leichten motorisierten Einheiten gebildet wird, deren Aufgabe es ist, die Front aufzubrechen und die feindlichen Verbände abzukoppeln. Seit 1936 ersetzte er eine geschickte und schlaue Politik der Bewegung durch die traditionelle Positionsdiplomatie. Besetzung der entmilitarisierten Zone an der linken Rheinseite annektierte er Österreich und einen Teil der Tschechoslowakei. England und Frankreich erkannten diese Tatsache, die in der «Konferenz von München» besiegelt wurde, an. Chamberlain, der britische Premierminister, konnte so bei seiner Rückkehr nach London am 30. September 1938 sagen: «Ich habe den Frieden in Ehren wiedergewonnen. Dieses Mal ist der Frieden für eine ganze Generation gesichert.» Ein halbes Jahr später besetzen die deutschen Truppen die ganze Tschechoslowakei. Um nicht im Hintertreffen zu bleiben, besetzt Mussolini Albanien drei Wochen danach. Am 23. August 1939 schlägt es wie ein Donnerschlag ein: Deutschland und die kommunistische Sowjetunion unterzeichnen einen Pakt. Am 1. September, beim Morgengrauen, setzt sich die riesige Maschinerie der Wehrmacht in Richtung auf die polnische Grenze in Bewegung. Am 19. verbinden sich die braune und die rote Armee in Brest-Litovsk. Polen ist auf der Landkarte Europas ausradiert. Einmal mehr. Die Invasion Polens hat die Kriegserklärung Frankreichs und Englands an Deutschland nach sich gezogen...

Diese vorher nie gekannten politischen Umwälzungen, der enorme Kriegslärm, der ganz Europa erfaßt, machen auch vor den Toren des Sanatoriums von St. Blasien nicht halt. Hitzige

Diskussionen entstehen unter den Patienten, unter denen es eingefleischte Nazis gibt. Die meisten bekunden offen ihre Sympathie für das Hitlerregime. Karl kann nicht sagen, was er in seinem Innersten denkt. Er ist entsetzt von allem, was er sieht und hört. In seinem Innersten weiß er, daß man Hitler nur noch stoppen könnte, indem man ihn wie ein bösartiges Tier erschlägt. Er wünscht die Niederlage Deutschlands, und er vertraut sich mit seiner Meinung freundschaftlich Nahestehenden an. Aber er leidet schrecklich an dem Gedanken, daß diese notwendige Niederlage für das deutsche Volk eine erneute Prüfung bedeutet. Was weder er noch sonst irgend jemand sich vorstellen kann, ist das erschreckende Ausmaß der Katastrophe, die Europa niederschlagen wird, zunächst ganze Landstriche irgendwo und schließlich Deutschland selbst.

4. Teil

Das geläuterte Gold

35.
Der 9. November 1939

Am 30. Oktober schreibt Karl Elisabeth einen Brief. Seit seiner Diakonatsweihe ist großer Friede in sein Herz eingekehrt, gestört nur für einige kurze Augenblicke durch dunkle Kräfte in ihm. Seine Beziehung zu Elisabeth hat sich geklärt und in eine geläuterte Freundschaft verwandelt. In seinem Brief gibt er ihr seine Körpermasse an, denn sie will ihm eine Albe schneidern. Elisabeths Mutter hat Karl von diesem Vorhaben ihrer Tochter erzählt, als sie kurz zuvor bei ihm zu Besuch war. Das junge Mädchen führt den Haushalt ihres Bruders, der Pfarrer in Rudolfzell am Bodensee geworden ist. Karl offenbart ihr seine große Hoffnung, die jeden Tag in ihm stärker wird, daß er in einem Monat geheilt ins Seminar zurückkehren kann, und er glaubt, daß der Bischof damit einverstanden ist, daß er noch während der Adventszeit zum Priester geweiht werden wird. Er könnte so seine Primiz an Weihnachten feiern.

Am 6. Juni, als er gerade in St. Blasien angekommen ist, schreibt Karl Elisabeth eine Karte, um ihr von seiner Krankheit und von seiner Ankunft im Sanatorium zu berichten. Oben auf die Karte hat er auf Lateinisch den Satz geschrieben: «Wie Gold im Feuer, so prüft der Herr diejenigen, die er erwählt.»

Das Feuer der Prüfung ist aber nicht seine Krankheit, sondern das, was am 9. November 1939 seinen Anfang nimmt.

Unter den Kranken des Sanatoriums ist ein gewisser Johann Krein aus Saarbrücken. Er ist zum gleichen Zeitpunkt wie Karl im «Fürstabt-Gerbert-Haus» angekommen und wohnt auch im gleichen Haus wie er, im Waldhaus, einen Steinwurf vom Hauptgebäude entfernt. Krein fühlt sich bald durch die große Ausstrahlung des Theologiestudenten angezogen. So unternehmen sie oft gemeinsame Spaziergänge und gehen auch zusammen zur Kirche und lernen sich etwas näher kennen, wobei sie auch viel über religiöse Themen und auch über Politik diskutieren.

Als Karl Vertrauen in seinen Bekannten gewonnen hat, verbirgt er ihm nicht seine Ablehnung den Nazis gegenüber. Johann Krein stellt sich selbst die Frage, wieviel Chancen sie haben, die religiöse Freiheit in diesem Regime zu bewahren. Er ist praktizierender Katholik, der seine Zugehörigkeit zur Kirche nicht verschweigt. Aber er gehörte zu den Gläubigen, die zwar sehr reserviert gegenüber dem Nationalsozialismus waren, aber ansprechbar für die «Größe» Hitlers.

Ein dritter Kranker gesellt sich ihnen zu, Kaplan Stein aus der Diözese Limburg. «Unsere Gespräche waren so, daß wir keinen Platz mehr für einen vierten hatten», schreibt Johann Krein später.* Unter den dreien ist Karl der radikalste. «Der Nazismus ist ein schrecklicher Feind», sagt er, «er kann vielleicht nur durch eine Niederlage Deutschlands beseitigt werden.» Kaplan Stein hingegen wünscht sich auch eine Niederlage der Nazis, aber keine für Deutschland. Was Johann Krein angeht, erhofft er sich einen Sieg Deutschlands, auch wenn es von den Nazis beherrscht wird. Karl sah seine Unvorsichtigkeit nicht ein. Der Glaube Johanns und die relative Abgeschiedenheit im Waldhaus sind in seinen Augen eine ausreichende Garantie für Diskretion.

Anfang November wurden die zwei in das Hauptgebäude verlegt, in dem gerade Zimmer frei wurden. Sie blieben auch weiter in Kontakt, so daß einige Johann Krein seinen Umgang mit «den Schwarzen» zum Vorwurf machten. (Karl Leisner trägt nämlich die Soutane.) Johann wird mit solchen Bemerkungen

---

*Geplagt von Gewissensbissen brachte Johann Krein diese Einzelheiten zu Papier, als er nach dem Krieg den Tod von Karl erfuhr. Sein Schreiben, datiert vom 12. Juni 1946, richtet sich an die Patres Pies und Pereira.

immer wieder schikaniert. Er ist nicht belastbar. Einige Monate später leidet er an einer nervösen Depression.

9. November 1939. Wie eine Bombe schlägt die Nachricht vom Attentat gegen Hitler in München in die abgeschiedene Welt des Sanatoriums ein. Das Haus gerät in Aufruhr. Ist Hitler etwas geschehen? Nein, Gott sei Dank! «Ich war, schreibt Johann Krein, aufrichtig glücklich, daß Hitler unverletzt blieb. Ich war in dieser geistigen Verfassung, als ich in das Zimmer von Karl Leisner kam. Ich teilte ihm ohne Hintergedanken das Ereignis mit, bemerkte jedoch, daß er schon darüber informiert sei. Er sagte mir: "Schade, daß der Führer nicht dabei war." Niemals vergaß ich diese Worte. Ich weiß heute, wie sehr er Grund dazu hatte... aber ich weiß auch, daß seine Worte mich ärgerlich machten.»

Johann verläßt ganz überreizt Karls Zimmer und setzt sich mit einigen anderen Patienten auf die Terrasse. Und immer hat ihr Gespräch den gleichen Gegenstand zum Inhalt: das Attentat. Alle beglückwünschen sich, Hitler gesund und wohlauf zu wissen. Johann hört zu, ohne seine Gefühle auszudrücken; ihn beschäftigt noch stark die skandalöse Feststellung Karl Leisners.

Das Schweigen Johann Kreins mißverstehend, fragen sie ihn: «Und du, was denkst du darüber?» Dann gibt er, ohne nachzudenken, eine Antwort, die Karls Meinung über das Fehlschlagen des Mordes offenbart: «Alle denken nicht so wie ihr und ich über das Attentat!» Und indem er das sagt, zeigt er mit dem Kopf auf Karl Leisners Zimmer. Durch diese Worte gerät einer der anwesenden Kranken, der aus der Gegend von Magdeburg stammt, in Wut, und Johann wiederholt die unvorsichtigen Worte Karls, als seien sie die Worte eines Kriminellen. Durch diesen heftigen Ausbruch in die Enge getrieben, verrät Johann den ganz und gar, dem dieser sein Vertrauen geschenkt hatte.

Mit einem Sprung ist der fanatische Nazi auf den Beinen, läuft aus dem Sanatorium und rennt zur Kreisleitung nach St. Blasien. Johann Krein hastet ihm nach, um ihn von seinem Vorhaben abzubringen. Der andere aber droht, ihn auch zu denunzieren, und fordert, daß er ihn zum Ortsgruppenleiter als Zeuge begleiten solle: «Mit blutendem Herzen habe ich die Worte meines Begleiters bestätigt.»

Der Ortsgruppenleiter alarmiert den Kreisleiter von Neustadt, mit Namen Kunert, dann geht er ins Sanatorium, von zwei Polizisten begleitet. Karl wurde ihnen in die Bibliothek des Sanatoriums vorgeführt. Die Nazis tobten vor Wut und Zorn wegen dieses Verräters an Deutschland und am geliebten Führer. Seine Festnahme wurde auf der Stelle beschlossen.

Als er die Halle, rechts und links von einem Polizisten begleitet, durchschreitet, sieht er Johann Krein, einem Zusammenbruch nahe, sich ihm nähern und ihm die Hand hinstrecken. Karl ergreift sie warmherzig und sagt ihm, er solle sich das alles nicht zu sehr zu Herzen nehmen. Er fügt jedoch auch hinzu, daß er das Schlimmste für sich fürchte. Unter diesem Schock wird Johann Krein krank. An Weihnachten verläßt er St. Blasien. «Seit dieser Zeit habe ich niemals mehr Ruhe gefunden.» 1946 befreite er sich von der Last, die ihn seit sieben Jahren erdrückte. Was Karl anbetrifft, so kommt er noch an diesem 9. November 1939 in eine kalte Zelle des Freiburger Gefängnisses.

Der Tag hatte so schön begonnen. Schwester Maturina, eine Krankenschwester des Sanatoriums, feierte an diesem Tag ihren Namenstag. In der Messe um 6 Uhr spielte Karl auf dem Harmonium die Lieblingslieder von Schwester Maturina, «Erde singe, daß es klinge» und «Maria, breit den Mantel aus». Nach der Messe, während er in aller Ruhe sein Frühstück ißt, wird im Radio das Attentat auf Hitler mitgeteilt. Der höllische Mechanismus funktionierte nicht...

36.

«Gefangener Christi Jesu für euch Heiden» *(Eph 3,1)*

Die Befürchtungen Karls haben sich bewahrheitet. Dieser 9. November ist der erste einer endlosen Kette von 2002 Tagen in Haft... Dreimal am Tag wurde die Eisentür geöffnet, und der Wärter reichte ihm das Kochgeschirr, indem er ihn anschrie. In einer Ecke seiner Zelle war eine teilweise verrostete Toilette installiert, von der ein ekelerregender Gestank ausging. Durch ein ganz kleines Oblicht drang schwaches Licht und etwas Luft in diesen Ort der Hoffnungslosigkeit. Tagelang, dann wochenlang ist er ohne Kontakt zur Außenwelt. Der einzige Mensch, den er noch sieht, ist der Wachbeamte. Karl spürt seinen Mut sinken. In eine grobe Decke eingewickelt, lag er auf seiner Pritsche, schlotternd vor Kälte, und fühlte sich allein, verlassen, gesundheitlich heruntergekommen.

Aber noch niemals hat sich Karl von der Widerwärtigkeit besiegen lassen. Er fängt sich wieder und wirft sich gesenkten Hauptes in die Unerschöpflichkeit seines Glaubens. In dieser ausweglosen Situation, in der er sich befindet, spricht er sein Fiat der Hingabe an Gott. Heimlich führt er auf leeren Seiten seines Breviers und Missale Tagebuch: «Ich bin vollkommen ruhig, ja froh; denn ich bin mir meines reinen Gewissens und sauberer Gesinnung bewußt. Und wenn ich vor Gottes klarem Richterspruch bestehen kann, was können Menschen mir dann schon antun!

Gott... ich danke Dir für die Tage der schweren Krankheit, und jetzt wiederum für die Tage der Unfreiheit und Gefangenschaft.

Alles hat seinen Sinn, Du meinst es überaus gut mit mir. Aus ganzem Herzen bitte ich Dich für alle, die mir nicht gut gesinnt sind, und bitte Dich um Verzeihung für sie. Vor allem aber verzeihe mir armem Sünder alles, was ich je Dir oder einem Menschenbruder zuleide tat. Reinige mich von aller Schwachheit und Sünde.» (Notiz vom 14. November 1939 im Brevier: zit. bei: Haas, W., Christus meine Leidenschaft, 3. Auflage, S. 25.)

Karl erfährt, wie sehr der Glaube in dramtatischen Situationen hilft, in denen er sich befindet, und stellt sich die Not derjenigen vor, die diesen Glauben nicht haben. So findet Karl allmählich sein optimistisches Naturell und seine innere frohe Sicherheit wieder. Der Wächter, der einen Gefangenen mit einer solchen Natur noch nicht erlebt hat, ändert seinerseits nach und nach seine Haltung. Er wird fast freundlich, wenn er das Essen dem so wohlerzogenen und freundlichen Theologen bringt.

An Weihnachten bekam er ein Päckchen mit einem kostbaren Geschenk, das einen großen Symbolwert hatte: Ein geflochtener Stoffgürtel für das priesterliche Gewand: das Zingulum. Elisabeth hatte dieses Zingulum angefertigt. Während eine Semesterkollegen in Münster zu Priestern am 23. September 1939 geweiht worden waren, mußte Karl sich zufriedengeben, in Gedanken der wunderbaren Liturgie zu folgen. Sie lief vor seinem inneren Auge ab, während er in seinen Händen das Symbol seiner Trostlosigkeit hielt.

In Kleve ist man nicht inaktiv gewesen. Aber die Anfragen, die die Eltern an die Naziverwaltung richteten, um sie milde zu stimmen, wurden eine nach der anderen abgelehnt. Karls Mutter erhielt jedoch die Genehmigung, im Januar 1940 ihren Sohn zu besuchen; dieser erlebte eine seiner tröstlichsten Stunden in seinem armen Leben als Häftling. Auch Elisabeths Mutter, eine unerschrockene und unternehmungsfreudige Frau, erhielt eine Besuchserlaubnis. Dies sind die Sonnenstrahlen in einem Leben der Trübsal. Die Eintönigkeit der grausigen Tage in der Zelle wurden nur durch die Kontaktaufnahme der Gefangenen untereinander unterbrochen. Durch das Rohrsystem der Toiletten wurde das Echo der Stimmen übertragen...

Die Monate Dezember 1939, Januar und Februar 1940 vergingen, ohne daß sich die geringste Veränderung und Anfrage ergeben hätte. Anfang März wird Karl aus seiner Zelle herausgeholt, wo er seit mehr als 120 Tagen dahinsiechte. Er wurde vor einen Gestapomann gebracht, der ihm seine Internierung in das Konzentrationslager Sachsenhausen bei Oranienburg in der Nähe Berlins mitteilte. Karl schluckte sein Leid runter und unterzeichnete den gefürchteten roten Zettel mit der Aufschrift: Schutzhaftbefehl. Diese Internierungsanweisung wurde nicht von einem Gericht ausgestellt, sondern von der Geheimen Staatspolizei. Sie war vom Reichssicherheitsdienst in Berlin gekommen auf Empfehlung der Provinzdirektion der Gestapo in Düsseldorf. Über den ehemaligen Diözesanleiter der katholischen Jugend war seit 1936 bei dieser Behörde eine Akte angelegt worden. Jede Hoffnung auf eine Freilassung innerhalb einer vorhersehbaren Frist zerstreute sich. Er wurde medizinisch untersucht, aber das war nur formal. Der Arzt befand, daß er in einem Zustand war, in dem er die Reise zum KZ auf sich nehmen konnte, um dort interniert zu werden.

Am nächsten Tag, 3. März, wurden Karl und einige seiner Leidensgefährten in ein Gefängnisauto gesteckt und mit Lebensmitteln für den Tag versehen: einem Stück Brot, Pellkartoffeln und einem Stück Wurst. Im Freiburger Bahnhof wurden die Gefangenen von bewaffneten Polizisten durch eine erstaunte und neugierige Menge zu einem Zug geführt. So folgten sie Christus auf seinem Schmerzensweg am Karfreitag.

Die Fahrt dauerte zwei Wochen. Sie wurden mehrere Male durch Gefängnisaufenthalte unterbrochen. Über Mannheim erreichte der Gefangenentransport am 16. März 1940 Sachsenhausen. Am nächsten Tag schreibt Karl einen Brief nach Hause: «Meine Lieben! Gestern bin ich hier gut angekommen. Es geht mir gut. Wenn Ihr schreibt, beachtet bitte genau das obige Rotgedruckte. Außerdem: Nur ungefütterte Umschläge mit genauem Absender und nur mit Tinte schreiben. Von den anderen Verwandten und Bekannten möge keiner schreiben. Schreibt mir kurz das Schönste aus der Heimat. Meine Sachen von

Mannheim werdet Ihr ja erhalten haben. Ebenso meine Koffer aus Freiburg und St. Blasien. Grüßt mir bitte alle Verwandten und Bekannten recht herzlich. Besonders Herrn Franken und Herrn Küppers.

Mit frohen Ostergrüßen Euer Karl.»

Unter dem Brief befindet sich ein Stempel: «Postzensurstelle KZ» mit dem Hakenkreuz.

Er weiß, daß jeder Brief durch die Zensur geht, und so hütet er sich davor, auch nur ein einziges nicht gestattetes Wort zu schreiben. Er gibt sich mit unangreifbaren Banalitäten zufrieden. Die Hauptsache ist, daß er ein Lebenszeichen geben und vor allem ein greifbares Liebeszeichen von seiner Familie erhalten konnte. Ein unerfahrener Leser der 129 Briefe, die die Familie Leisner aufbewahrt hat, könnte den Eindruck gewinnen, wenigstens während der ersten Jahre, daß der Briefschreiber aus den Ferien schreibe, daß es ihm sehr gut geht und daß er zunächst einmal nicht mehr zu fragen hat als banale Neuigkeiten, manchmal mit einigen frommen Gedanken vermischt. Es ist wahr, daß ihm von Zeit zu Zeit zwischen die normalen Worte ein oder zwei dichte Sätze seines Glaubens rutschen. Wenn man diese Briefe liest, muß man sich immer den Zusammenhang vor Augen stellen, in dem sie geschrieben wurden. Es ist den Häftlingen strikte untersagt, auch nur die kleinste Kleinigkeit über ihr Leben im KZ zu schreiben, nicht einmal die kleinste Nachricht über das Lager. Untersagt ist auch, Kriegsberichte zu kommentieren oder die kleinste politische Anspielung zu machen. Die Deportierten haben keine andere Möglichkeit, als sich lange über Familienneuigkeiten auszulassen, die sie zweimal im Monat erhalten. Von der zweiten Jahreshälfte 1943 an kann man jedoch eine gewisse Lockerung der Beschränkung feststellen. Nazi-Deutschland geht es an den Kragen. Die Agonie wird dann noch eineinhalb Jahre dauern...

Karl ist soeben in die enorme durch das nationalsozialistische Regime errichtete Maschinerie der Entpersönlichung und der Folter eingetreten. Am Bahnhof, am Eingang zum Lager, erhielt er seinen Anteil an Schlägen und Tritten, die die SS auf die elende anonyme Herde hageln ließ. Von Anfang an gab man ihm eine Nummer. Sein Name wurde ausgelöscht, er hieß von nun an 17520. Diese Nummer mußte er angeben, wenn er sich in dieser finsteren Welt vorstellte, in der eine Ideologie die Seele des Menschen ruinieren und sein Gesicht zerschlagen wollte. Mit geschorenem Schädel, abgewetzte, zu enge, scheußliche Kleider am Leib, hat Nr. 17520 das Aussehen eines Hanswurstes in der Welt der tragischen Oper: «Das deutsche Volk hat euch ausgestoßen», sagte ihnen der Lagerkommandant am ersten Tag. «Ihr seid hier nur zur Bewachung und habt die Lagervorschriften genauestens zu erfüllen. Drakonische Strafen sind für jede Übertretung der Lagerordnung festgesetzt. Rechte habt ihr keine.»

Zahlreiche Deportierte widerstanden nicht lange dieser moralischen Vernichtung, die durch die brutale Härte der Arbeitseinsätze noch erschwert wurden. Karl war durch 120 Tage Haft in der Zelle geimpft. Er hatte das Bewußtsein, daß er als vinctus Christi, als Gefangener Christi, litt. Er ist es, der seinen Kameraden Mut machen muß. Die Baracke 58 ist durch sein Lächeln und durch seinen Optimismus erleuchtet. Am 31. März schickt er seinen zweiten Brief nach Hause. Man kann sicher sein, daß der Optimismus, den er enthält, nicht ganz geschwindelt ist: «Liebe Eltern und Geschwister! Meine Ostergrüße werdet Ihr ja zum Fest erhalten haben. Inzwischen habe ich mich hier schon gut eingelebt und fühle mich recht gut. Es scheint gerade eine warme Frühlingssonne in unsere Stube. Ein klarer blauer Himmel steht über dem märkischen Land. Meine Gedanken fliegen zum benachbarten Berlin, wo Willi als dienstverpflichteter Ingenieur im Rhythmus der Arbeit steht, und von dort weiter in die liebe Heimat am Rhein zu Euch und allen Freunden. Am ersten Ostertag bereitete mir die Post eine große, unerwartete Freude: Über Mannheim wurde mir eine Osterkarte von Walter zugestellt. Grüßt ihn und alle lieben Verwandten und Bekannten herzlichst von mir! Wenn Ihr schreibt, beachtet bitte bei der Anschrift, daß Ihr die Nummer und den Block nicht vergeßt. Briefmarken dürfen in jedem Brief bis zu fünf Stück zu zwölf Pfennig beigelegt werden. Ich hoffe, daß Ihr alle gesund und froh seid. Wie geht es unserer Einquartierung? Wo die Buben von daheim fort sind, sorgen Eure Soldaten sicher für die nötige Stimmung. Und die drei Mädels haben doch so Sehnsucht nach ihren Brüdern; da können die Feldgrauen sie ein wenig ersetzen. Für heute Grüße aus dem märkischen Land: Eurer dankbarer Sohn und Bruder Karl.»

Sein frohgemuter Optimismus tut denen gut, die mit ihm zusammenkommen. In dieser Welt, in der der Mensch des Menschen Wolf ist, regieren Furcht und Angst. Angst vor der SS, Angst vor der Lederpeitsche, die jeden Augenblick auf sie herunterkommen kann, Angst vor einer übermenschlichen Aufgabe, die ihnen gestellt wird, Angst vor dem unerträglichen niemals gestillten Hunger. Und ständige Furcht vor der Zukunft.

Die Monate gehen so ins Land. Die Kunde von außergewöhnlichen Siegen der Hitlerarmee verstärkt das Gefühl der Niedergeschlagenheit und der Hoffnungslosigkeit bei den unglücklichen Häftlingen. Frankreich ist niedergewalzt nach Norwegen, Belgien und Holland; England geht es an den Kragen. Das Tausendjährige Reich zeichnet sich sichtbar am Horizont Europas ab.

Karl wird zu den Kranken gezählt; er erhält sehr primitive Pflege, aber er wird nicht zu erschöpfenden Arbeiten gezwungen. Manchmal hilft er als Aushilfskraft im Büro, wenn sehr viele Deportierte ankommen. Vor allem sind zahlreiche polnische Priester darunter. So kommt eines Tages ein Seminarist ins Lager. Während der Einschreibeformalitäten ist er über die Liebenswürdigkeit des Häftlings überrascht, der seinen Zivilstand auf einen Zettel einträgt. Als er ihn nach seinem Beruf fragt, antwortet ihm der junge Pole: «Diakon». Karl springt sofort auf und gibt dem Neuankömmling freundschaftlich die Hand. «Das war das erste Mal, daß mir eine Freundschaftsgeste seit meiner Inhaftierung bezeugt wurde», erinnert sich Bischof Majdanski, heute Bischof von Stettin.

In seinem Brief vom 23. Juni schreibt Karl: «Ich tue alle Dinge aus innerer Freude und Bereitschaft in ständiger Opfergemeinschaft mit allen meinen Kameraden, die jetzt für unser

Vaterland streiten, stürmen und sterben. Mein Herzenswunsch wäre, als Sanitäter in einem Lazarett ihnen zu Dienst zu sein.»

Das ist ein indirekter Ruf, aber er wird nicht wahrgenommen. Die Gestapo ist ein Ungeheuer ohne Mitleid. Und er schreibt noch einige seltsame Sätze, die man nur auf dem Hintergrund der Verblüffung verstehen kann, in der sich Deutschland und die Welt vor der Schnelligkeit und der Gründlichkeit der Nazi-Siege auf dem Schlachtfeld in diesem Monat, Juni 1940, befinden: «Die gewaltigen geschichtlichen Ereignisse, die zur endgültigen Vernichtung des Versailler Schanddiktats am 21. Juni führten, verfolge ich mit großer innerer Anteilnahme und Befriedigung. So mußte es kommen, mit geschichtlicher Notwendigkeit. Ich versuche, mein persönliches kleines Unglück ganz aus der Größe der Zeit zu meistern, und hoffe, als ganzer Mensch bald zu Euch zurückkehren zu dürfen.»

Wenn seine Gefühle zum Versailler Vertrag wirklich so waren, so ist jedoch seine «Genugtuung» vor den erdrückenden Siegen Hitlers zweifelhaft, wenn man bedenkt, was er Johann Krein und den anderen anvertraut hat. Seine Ansichten müssen gefiltert werden, ebenso müssen die Grüße an «Onkel Klemens-August», die er seiner Familie auftrug, entchiffriert werden. Oder diejenigen, die an «Herrn Franken» gerichtet sind, an den geschätzten Regens Franken des Priesterseminars in Münster. Die Briefe aus Sachsenhausen und Dachau sind zum Teil eindeutig verschlüsselt.

Am 6. Oktober schreibt er, immer noch glaubensstark und belebt durch die Freude an Christus, die niemand ihm rauben kann: «Trotz aller Sehnsucht habe ich aber keine schwache Minute, sondern trage mein Los, wie es sich für einen rechten Kerl gehört, tapfer und froh. So kann ich wirklich immer nur das Beste von mir hier berichten. Im Geiste von Kevelaer, wo Ihr, liebe Eltern, waret, wollen wir getreulich ausharren, bis uns die Stunde des Glückes und Friedens wieder schlägt.»

Anfang Dezember wird eine seltsame Aktion im Lager durchgeführt. Die Priester und Seminaristen werden von den Arbeitseinsätzen zurückgezogen und in eigene Baracken zusammengelegt. Ist das ein gutes oder schlechtes Zeichen? Später wird man gewahr, daß Himmler, der Chef der SS, vor den Instanzen des deutschen Episkopats zurückwich und entschied, alle Priester in ein einziges Lager zusammenzulegen und sie weniger unmenschlichen Bedingungen zu unterwerfen als die normalen KZ-Häftlinge. Es hatten nämlich die Nachrichten über Todesfälle bei Priestern in den Lagern stark zugenommen; ein Teil der katholischen Bevölkerung wurde dadurch verwirrt und beunruhigt. Nazi-Deutschland konnte es sich nicht erlauben, mitten im Krieg ein Abnehmen der Einsatzbereitschaft der Menschen zuzulassen. Vor allem nicht in Hinsicht auf die Pläne, die in der Reichskanzlei und im Oberkommando der Wehrmacht geschmiedet wurden. Himmler gab auch die Anordnung, daß in allen Konzentrationslagern eine Stelle in den Baracken für den Gottesdienst benutzt werden könne, aber er sollte nur den Priestern zugänglich sein.

Alles das ist sicherlich eine Konzession, die von den Umständen erzwungen wurde, und nicht eine Geste des guten Willens. Nach dem Krieg sah man dann, daß Himmler die Vernichtung der katholischen Kirche in Deutschland geplant hatte. Die Verwirklichung dieses Planes war aber noch für die Zeit nach dem Endsieg des Dritten Reiches aufgespart. Wenn alle verdächtigen Priester in einem Lager waren, so ließ sich nachher die Ausrottung um so leichter bewerkstelligen...

37.
Dachau

Am 13. Dezember 1940 gehörte Karl dem Gefangenentransport an, der Sachsenhausen in Richtung Dachau verließ. Die Fahrt dauerte etwa 20 Stunden. Er beschreibt sie in einem Brief, der auf den 15. datiert ist, nach Hause: «Aus Deutschlands Süden sende ich Euch allen herzliche Wintergrüße. Vorgestern Mittag fuhren wir in Sachsenhausen ab. Es war eine herrliche Fahrt durch die mondfahle Schneelandschaft. Besonders schön wurde es im Thüringer Wald. So rechte Weihnachtslandschaft, wie im Märchen so schön. Über Bamberg — Nürnberg komme ich dann gegen Frühmittag hier an. Die Nacht habe ich tief und erquickend geschlafen. Das erste Mittagsmahl hat mir sehr gut gemundet, und ich schreibe Euch in bester Stimmung und Gesundheit. Die Höhenluft wird meiner Lunge ein angenehmer Wechsel sein. Es ist prachtvolles Winterwetter.»

Ist das nicht der Brief eines Reisenden in die Ferien? Einige Zeilen weiter schreibt er: «Wie war's bei Franken?» Dechiffriert heißt das: «Wie ist die Priesterweihe verlaufen?» Nicht mit leichtem Herzen stellt Karl diese Frage. Im Dezember 1940 wäre er ja bei den neugeweihten Priestern in Münster dabeigewesen. Hätte er den kleinen Satz vom 9. November des vorausgegangenen Jahres nicht gesagt, wäre er jetzt auch Priester Jesu Christi auf ewig. Wird er es eines Tages? Übrigens ist er schon mehr als ein Jahr in Haft. Und wie lange noch?

Man gibt ihm eine neue Nummer. Sein Name ist von nun an 22356. Und er wohnt in Block 28, Stube 1.

Während des Monats Dezember werden 900 Priester im Konzentrationslager Dachau mit den etwa 50, die sich dort schon befinden, zusammengepfercht. «Eine schwarze Gefahr», sagen die SS-Leute, indem sie über diese Invasion von «Elementen» schimpfen, die ihnen besonders verhaßt sind und denen man auch noch Privilegien in dieser ihrer Willkür ausgelieferten Welt gewährt. Man teilt sie in die Blöcke 26, 28 und 30 ein. Da feiern sie jeden Morgen — ein ungeheuerliches Vorrecht — die hl. Messe. Nur die Priester können am Gottesdienst teilnehmen, etwa 300 an der Zahl, zusammengepfercht in eine Stube, die für diesen Zweck reserviert wurde. Sie zelebrieren einer nach dem anderen. Viele kommen niemals an die Reihe, da sie dafür zu viele sind. Schließlich sind mehr als 2600 Priester in Dachau, in die drei Blöcke zusammengedrängt. Die polnischen Priester allein machen schließlich beinahe Zweidrittel aus.

Das Konzentrationslager Dachau wurde drei Monate nach der Machtergreifung Hitlers errichtet. 15 Kilometer nordwestlich von München gelegen, war es das erste eines Netzes von etwa 100 Lagern, die über ganz Deutschland verstreut lagen. In Dachau befanden sich Kasernen, Geschäfte, ein Hospital, eine Kasse und auch Sportplätze. Hier hatte man 1934 die Stoßtrupps der SS mit dem Totenkopf gegründet. Die 30 Blöcke waren für 8000 Häftlinge vorgesehen. Während des ganzen Krieges saßen hier gewöhnlich 10000 Gefangene, gegen Ende des Krieges sogar 30000. Die Raumbedingungen und Härten jeglicher Art, dazu der ständige Hunger, brachten mindestens für die Hälfte der Gefangenen jedes Jahr den Tod. Es waren meistens Männer in der Blüte ihres Alters. Ein Drittel der 3000 Priester, die hier zusammengepfercht wurden, sind in Dachau gestorben.

Das Konzentrationslager befand sich in einem trockengelegten Sumpfgebiet. Eine Plantage, mehrere hundert Hektar groß, war hier angelegt, um die kostenlose Handarbeit der Deportierten auszunutzen, vor allem für den Anbau von Kräutern, die aber im Krieg nicht mehr wichtig waren. Man pflanzte aber auch Gemüse und Blumen, die in einem Laden am Rand der

Plantage verkauft wurden. Diese Kleinigkeit ist nicht unwichtig für Karls Leben in Dachau.

In diese Welt kommt er am 13. Dezember 1940. Er wird einem Arbeitskommando zugeteilt. Wird es ihm gelingen, lange mit dieser unmenschlich harten Arbeit zu überleben, vor allem auf den 700 Hektar der Pflanzungen? Gebückt auf der Erde haben die Gefangenen nicht einen Augenblick Pause, von Sonnenaufgang bis Sonnenuntergang. Zu jeder Zeit. Die noch gebrechliche Gesundheit hätte nicht lange dieser äußersten Arbeitshärte widerstanden.

Und das Wunder geschah. Eine Woche nach seiner Ankunft wird der Befehl herausgegeben, daß alle Priester von den Arbeitskommandos zurückgezogen werden und daß sie weniger harte Arbeit bekommen sollen, wie Putzen, Kübel schleppen, Reparaturen ausführen und Gemüse sauber machen. Es gab wohl noch Augenblicke, wo sie am Ende ihrer Kräfte waren, als sie zum Beispiel zu zweit die magere Brühe in riesigen 75 Kilo schweren Kesseln von der Küche in die Blocks schleppen mußten. Karl mußte das auch. Diese Arbeitserleichterung für Priester wurde durch Himmler angeordnet, infolge des eindringlichen Einspruchs der Bischöfe.

Er wohnte in der ersten Stube von Block 28, zusammen mit fast 200 Priestern auf einem Raum von neun auf zehn Metern, vollgestopft mit übereinandergestellten Pritschen. Für fünf Personen gab es gegen Ende des Krieges nur noch drei Betten. Kranke und Gesunde lebten beisammen. Ein Kranker bekam die Erlaubnis ins Krankenabteil gelegt zu werden, nur wenn er wirklich schwer krank war. Zunächst vermied man um jeden Preis diesen Ort, wo die Kranken ohne ausreichende Pflege in einer unvorstellbaren Enge wie die Fliegen starben.

Eine Sache fehlte Karl sehr: In Sachsenhausen konnte er seit dem 5. August 1940 jeden Tag die Messe besuchen. In Dachau gab es diese unglaubliche Bevorzugung zunächst nicht.

Im Januar 1941 kommt die so lange erwartete Erlaubnis. Die Messe kann von nun an öffentlich in einer Stube der Baracke 26 gefeiert werden: «Das "Ja, Vater" kann ich jeden Tag sprechen, zumal wir seit dem 22. Januar wieder wie in S. (Sachsenhausen) Messe haben», schreibt Karl am 25. Januar.

Nach diesen zwei unerwarteten Ereignissen fühlt sich Karl wunderbar gestärkt und getröstet. Er schöpft aus dem kleinsten Zeichen, das die Fortdauer der Dinge andeutet, Freude. Den Gesang der Vögel hört man dieses Jahr besonders früh. Das Blühen der Weidenkätzchen entzückt ihn. Zweimal kann er die Alpen bei klarem Wetter sehen, an diesem Winterende. Er merkt jedoch schnell, daß die Luft der Sümpfe rauh und feucht ist. Und er stellt fest, daß er sich nach und nach daran gewöhnt. Er erwartet mit unheimlicher Freude die Post, die ihm zweimal im Monat die Luft seiner Heimat mit den kleinen Neuigkeiten seiner Familie bringt.

Und dann wird seine Seele von Optimismus erfüllt. Am 22. Februar schreibt er: «Zu Eurer Freude kann ich Euch sagen, daß ich an Leib und Seele gesund und froh die Zeit bisher getragen... Am 27. Geburtstag werde ich besonders dankbar für meine schöne Jugend sein.» Und er unterschreibt: «Euer gesunder, dankbarer Karl.»

Mit der Erleichterung zugunsten der Priester kamen auch Eßpakete ins Lager. Karls Eltern, aber auch Freunde und Verwandte schickten ihm Lebensmittel. Er teilte die Schätze mit denen, die nichts hatten, vor allem mit den russischen Gefangenen, die von allen abgeschnitten und verlassen waren und die fürchterlich geschunden wurden.

Es gelang ihm, daß man ihm Ende März seine Gitarre zusenden konnte. «Die Gitarre macht uns allen seit zehn Tagen Freude», schreibt er am 6. April. Abends versammeln sich die Priester seiner Stube um ihn und singen die schönen alten Volkslieder. Man singt leise, um keine Aufmerksamkeit zu erregen. Diese schönen Stunden lassen sie ihr Unglück und das Tragische der gegenwärtigen Zeit vergessen. Karl wurde sehr schnell überall bekannt. Der junge Diakon, der immer ein Lächeln auf seinen Lippen hat und offensichtlich unbekümmert ist, erobert die Herzen und tröstet sie.

Vom Monat März an erhält er den «Volksfreund», seine Heimatzeitung, die seine Familie ihm als Geburtstagsgeschenk abonniert hat. Die Nachrichten, die er so erfährt, lassen ihn manchmal glauben, in einer anderen Welt zu leben. Am 19. März erfährt er von der Hochzeit Jan Ansems, der 1927 zur ersten Gruppe um Dr. Vinnenberg gehörte.

Er kann auch Bücher geschickt bekommen. So bittet er, daß man ihm den «Denzinger» schickt, eine Dogmensammlung, und Band 3 der Dogmatik von Schmaus, seinem Professor aus Münster. Er liest gerne das schöne Buch «Ja, Vater» von Gräf. In diesem Geist versucht er in seiner Zeit zu leben. Er macht sich weiter Gedanken über die Möglichkeiten, zum Priester geweiht zu werden. Am 20. Februar bittet er, daß man ihm den Ritus der Priesterweihe zusendet und die Enzyklika Pius XI. über das Priestertum. Er will seine Zeit nicht vergeuden, sondern sich durch Studium auf den großen Tag vorbereiten, dessen Wahrwerden er mit Resignation, aber auch mit Gewißheit erwartet. Neben den theologischen Werken liest er auch Bücher, um sich zu entspannen: Wilhelm Raabes «Die Leute aus dem Walde» und Nissens «Das Leben Rembrandts».

Man darf sich jedoch sein Leben nicht wie das eines Studenten vorstellen; von Freiheit kann keine Rede sein. Wenn auch die Härten, die er erleiden muß, bei allem erträglich sind, so sieht er so viel Elend, so viel Hoffnungslosigkeit um sich, daß auch er davon angesteckt wird. Er kann sich nur in den seltenen Augenblicken der Ruhe dem Studium widmen, und in einem erschreckend engen Raum, inmitten von Lärm und allem möglichen Krach. Wenn man an die Unbequemlichkeit denkt, in der er seine Briefe schreibt, kann man nur erstaunt sein über den Frieden und die Freude, die von ihnen ausgehen, die sich auch in der schönen regelmäßigen Schrift ausdrückt. Die Unordnung und die äußeren Zwänge scheinen keine Macht über die Ruhe seiner Seele bekommen zu haben.

Er wendet sich an die «Trösterin der Betrübten», die ihm die Kraft erhält, die er aus der Eucharistie geschöpft hat: «Unsere gute Mutter sorgt für uns alle, für den verlorenen Sohn besonders. Beim Blankocheck bleibt's.» (6.4.1941)

Durch intensives Gebet konnte Karl manchmal die schmerzlichen Zustände um sich herum vergessen. Vor allem durch das liturgische Gebet. Die großen Feste versetzten ihn in eine andere Welt: «Ein feines Ostern hattet Ihr, ich hier auch. Die herrliche Liturgie, die Freude im Gedenken an Euch, das Singen froher Lieder, die Natur ringsum: all das gab ein echtes Ostern.» (19.4.1941) Im gleichen Brief schreibt er aber auch: «Mit meiner Heimkehr geduldet Euch noch ein wenig. Ich hab's Warten gelernt, und 's geht mit der Zeit ganz prima.»

38.
Das Zurückdrängen des Bösen

Karls Briefe quillen gleichsam über von schönen Erinnerungen; er erinnert sich gerne der Geburtstage; aus der Niederung des KZ Dachau neckt er und treibt bei jeder Gelegenheit seinen Scherz.

Wie gesagt, besonders Jahrestage vergißt er nicht: «Heute vor fünf Jahren durfte ich römische Pfingsten feiern. Die damalige Vigil war einer der schönsten Tage meines Lebens. Kirche und Priestertum erlebte ich nie so begeistert», so schreibt er am 31. Mai 1941.

Einen Monat später erfährt er, daß Heinz Ruby, der Seminarist, an der Front gefallen ist. Der Bruder von Elisabeth wurde von einem deutschen Panzer überrollt, genau zu dem Zeitpunkt, als die Wehrmacht in Rußland einfiel, am 22. Juni 1941. Und acht Monate später fiel Bernhard Ruby, der andere Bruder von Elisabeth. Er starb nach einem russischen Gegenangriff im Feldlazarett, in das er schwerverletzt eingeliefert wurde: «Bernhards Tod hat mich tief bewegt. Sterben als guter Hirt! So lebendig steht er mir vor der Seele, daß ich's noch gar nicht fassen kann. Am 28. Dezember 1939 brachte er mir den Primizsegen zur Johanniterstraße.» (20.2.1942) Die Johanniterstraße, in der sich in Freiburg das Gefängnis befindet... Das erste Jahr in Dachau geht mit einer großen Freude zu Ende: «Wie prächtig habt Ihr daheim und in Goch das Fest begehen können! Auch hier durften wir es in feiner Gemeinschaft einzig schön feiern. Als Diakon durfte ich dreimal im feierlichen Amt Altardienst tun; in der Hl. Nacht, am Weihnachtsmorgen und an Erscheinung im weißen Freudengewand der Kirche. Das war das herrlichste Christgeschenk. Die dritte Gefangenenweihnacht war die schönste bisher. Ihr alle habt mir diese Gnade sicher miterwirkt. An Silvester konnte ich aus freudigstem und dankbarem Herzen "Tedeum" singen. 1941 war kein verlorenes Jahr!» (11.1.1942)

Das Jahr 1942 wird weniger barmherzig sein. Es beginnt mit strengem Frost. Eine Eiszeit, die nicht enden will. Sie stellt riesige Verheerungen unter den Soldaten der fast erfrorenen Truppen an der riesigen Ostfront an: «Seit einer Woche ist grimmiger Frost (bis über 30 Grad in der Früh). Ich denke oft an unsere Kameraden im Osten... Die Kälte halte ich gut aus und fühle mich ganz in Ordnung. Auf der Stube haben wir einen Ia Kachelofen, der uns gut wärmt.» Er schreibt weiter im Hinblick auf die Kameraden an der Front: «Täglich denken wir an sie und opfern mit ihnen für Deutschland.» (25.1.1942)

Am 22. Januar erinnert er sich in seinem Brief, daß die Kapelle seit einem Jahr geöffnet ist. Die Kapelle, das bedeutet die reale Anwesenheit Christi unter ihnen, das bedeutet eucharistische Nahrung. Er schreibt an diesem Tag an seine Mutter: «Füttere weiter die lieben Vöglein, gute liebe Mutter! Einer füttert auch mich!» Und er nimmt reges Interesse an dem, was in Kleve passiert: «Deine Berichte über die Vorbereitung des Abiturs, liebe Elisabeth, lese ich mit großem Interesse. Also Englisch lehrst Du mich mal später; ich staune, unser Benjamin liest englische Romane im Original! Vergiß das Gebet zum Schöpfergeist nicht!» (7.2.1942)

Im März erfährt er, daß auch sein Vater verhaftet wurde. Die Gestapo suchte schon seit langem, diesem Feind des Nazitums etwas anzuhängen. Durch einen anonymen Brief wollte man ihn kompromittieren. Aber der Präsident des Landgerichtes, der oberste Vorgesetzte von Wilhelm Leisner, hatte sehr mutig zugunsten seines Untergebenen interveniert, so daß die Gestapo ihn nach einer Woche wieder freiließ. Der Brief vom 6. März gibt Zeugnis — in verschleierten Worten — von Karls großer Unruhe. Im gleichen Brief bittet er seine Familie, am 25. März nach Kevelaer zu gehen, am dritten Jahrestag seines Diakonates, und dort drei Kerzen aufzustellen: «die 1. als Dank für's Amt, die 2. für den bisherigen Schutz und die 3. mit der Bitte um baldige Freiheit und Priestertum.» (6.3.1942)

Auf einen selten strengen Winter folgt ein außergewöhnlich regenreiches Frühjahr. Der scharfe Wind der Sümpfe wirkt unheilvoll. Jeder Tag beginnt unter dem kalten und durchdringenden Regen mit einer endlosen Folge von kollektiven Torturen. Die Sträflinge versammeln sich im fahlen Morgenlicht auf dem großen Platz zum Appell, wo die SS ihre satanischen Grausamkeiten treibt. In ihrer warmen Kleidung, in gefütterten Stiefeln und in ihre Mäntel gehüllt ziehen sie den Appell der schlotternden Masse, die bis auf die Knochen durchnäßt ist, künstlich hinaus. Nach dieser in die Länge gezogenen Zeit stürzen die Häftlinge in ihre Baracken, um ihre Kleider zum Trocknen aufzuhängen, alle dicht gedrängt um den Ofen. Wenig später zu Beginn der Arbeit bekommt man seine feuchten Sachen wieder.

Die noch angegriffene Gesundheit Karls hält diesen Belastungen nicht stand. Ein verdächtiger Husten macht sich bald bemerkbar. Immer optimistisch hofft er, daß mit dem Frühjahr die Dinge besser werden. Aber in der Nacht des 15. März löst sich ein Blutgefäß in der Lunge und verursachte eine Blutung. An diesem Morgen, schlotternd vor Fieber, weiß er während des Appells, total erschöpft, keinen anderen Ausweg mehr, als um seine Zulassung zum «Revier», zur Krankenstation zu bitten. Er wird hier mit Fußtritten und mit Schmähungen der SS empfangen.

Durch das starke Fieber und den hartnäckigen Husten erreichte er es, daß man ihn aufnahm. Ein neues Stadium auf seinem Kreuzweg hat soeben begonnen...

Er bleibt zwei Monate auf der Krankenstation, dann wird er zurückgeschickt. Kurze Zeit darauf ist er wieder da. Er wird so dreimal aus der Krankenstation entlassen und kehrt nach einer kurzen Zeit in den Priesterbaracken wieder dorthin zurück. Von Anfang März 1942 bis zum Ende des Krieges ist die erbarmungswürdige und herzzerreißende Welt des «Reviers», das

Siechenheim, sein Zuhause, wo auf einem unbeschreiblich engen Raum der menschliche Schmerz dem Tod in seiner stechenden Hilflosigkeit die Stirne bot.

An diesem Ort des Schreckens und des extremen Leides liegt Karl. 120 bis 150 Kranke sind in jede der Stuben der Tuberkuloseabteilung gedrückt und gepreßt. Das Keuchen und der feuchte Husten setzen sich Tag und Nacht fort. Nur die ganz reine Seele bleibt in dieser Hölle im Frieden. Hier streift Karl die letzten Schlackenspuren, die bei ihm noch zu finden waren, ab. Das Gold ist von nun an rein, lange im Feuer geläutert.

In dem Schlupfwinkel der Qual und der Trostlosigkeit versenkt sich Karl im Gebet und im Flehen in das Herz Jesu. Er empfängt von hier eine unendliche Tröstung, die die anderen nicht haben; aber er will sie teilen. Man bringt ihm regelmäßig heimlich in einer kleinen Blechdose die Kommunion, die wunderbare Wegbegleitung der Kranken und Sterbenden. Hieraus schöpft er Frieden und die Kraft zu einem frohen Gesicht. Sobald er aufstehen kann, geht er von einem Bett zum andern. Jedem gibt er Worte der Ermutigung und des Trostes; er interessiert sich für ihr früheres Leben und erfüllt ihre Herzen mit einer friedvollen Freude, die so fremd und kostbar ist in einer Welt des Hasses und des totalen Mißtrauens, wo sich jeder angekettet fühlt. Er ist bald als ein Mann des Trostes bekannt. Unter seinem Kopfkissen hat er ständig in einer Dose konsekrierte Hostien versteckt, um die heilige Kommunion seinen Glaubensbrüdern reichen zu können. Er begleitet die Sterbenden auf ihrem letzten Weg. Seine Anwesenheit ist vor allem für die russischen Gefangenen tröstlich, die in großer Zahl umkommen. Er hat schnell die Anfangsgründe ihrer Sprache gelernt. Mehr ein Hörender, spricht er von der Agonie Jesu und von der Frohen Botschaft Gottes, der uns liebt und uns erwartet.

Im Revier wird so sein Dienst als Diakon in den höchsten Tönen gelobt. Diakon heißt Diener. An diesem Ort der totalen Verlassenheit erinnert der freundlich lächelnde Diener, von Krankheit am eigenen Leibe schwer gezeichnet, an den Leidensknecht, den er unter seinen Brüdern, die in schreckliche Todesangst stecken, repräsentiert.

39.
Die Geste der Verhungernden

Außer der Krankheit schlug ein anderes Unheil das Lager in Dachau. Seit dem 13. Dezember 1941 enthält der vierseitige Brief,* den die Gefangenen zweimal im Monat schreiben dürfen, jedesmal einen handgeschriebenen Zusatz: «Es ist uns nicht gestattet, Pakete oder Päckchen zu empfangen. Schickt daher keine Pakete oder Päckchen; sie werden ungeöffnet zurückgesandt.» Es wurde kein Grund für diese Maßnahme angegeben, die das Todesurteil für viele bedeutete. Das Verbot dauerte viele endlose grausame Monate. Die Häftlinge bekamen während dieser Zeit allein ihre winzige Ration: morgens eine Kelle schwarzen Muckefuck, mittags ein Liter magere Gemüsesuppe oder drei Pellkartoffeln; abends ein Stück Brot mit einwenig Margarine und eine Scheibe Wurst. Das Brot mußte für das Abendessen und für das Frühstück am nächsten Morgen ausreichen. Sie bekamen kaum mehr als 600–800 Kalorien am Tag. Nicht genug zum Leben, aber zuviel zum Sterben. In dieser dunklen Zeit magerten alle Gefangenen, und nicht mehr nur die Polen und Russen bis auf Haut und Knochen ab.

Wie geht es Karl während seiner Internierung im Revier in dieser schrecklichen Zeit? Er bekommt außer seiner Ration noch Brot, Margarine, eine Scheibe Wurst. Sehr unauffällig.

---

*Das Briefpapier besteht aus einem Blatt im Format DIN A4, das zusammengefaltet ist. Auf jedem der vier Seiten dieses Blattes kann der Häftling 13 Zeilen schreiben.

Von wo kommen diese Wundergaben? In seiner Baracke hat der frohe und singende Diakon die Herzen erobert, so daß alle Priester zusammen eine kleine «Verschwörung» anzettelten: Jeder opfert ein wenig von seiner schmalen Portion, damit man so eine wirkliche Ration zum Überleben für den schwerkranken Diakon zusammenbringt. Diese Ration hat er mit anderen Kranken geteilt...

Er selbst schreibt weiter seine Briefe alle 14 Tage, als ob nichts geschehen wäre. Wenn seine Familie die Wahrheit über seinen Gesundheitszustand erfahren hätte, würde sie darunter leiden. So vermeidet er ihnen diese Qual. Zunächst ist es ja auch untersagt, schlechte Nachrichten nach draußen dringen zu lassen. Er könnte jedoch, wenn er wollte, über seine Gesundheit in verschleierten Worten reden, wie er es schon das eine und andere Mal gemacht hat, indem er z.B. vom Ältesten schrieb, der er selbst war.

Die künstlich gemachte Hungersnot zog, wie man es nicht anders erwarten konnte, dramatische Folgen nach sich. Die Körperkräfte schwanden, die Krankheiten verschlimmerten sich, und die Zahl der Toten nahm immer mehr zu. Die offiziellen Zahlen sprechen von 66 Toten im März, 98 im Mai und 484 im August. Nicht sind diejenigen dazugezählt, die mehr tot als lebendig in die Gaskammern nach Hartheim bei Linz gebracht wurden. Die makabre Buchführung der SS, die vollständig in gutem Zustand erhalten ist, zeigt, daß vom 1. Juli bis zum 31. Dezember 1942 60% der Belegschaft aller Konzentrationslager gestorben sind, das sind 57 503 Strafgefangene. Die Zahl schließt die Gefangenen nicht mit ein, die zu der Kategorie gehörten, die die Nazis als untermenschliche Produkte betrachteten.

Warum unternahmen die Nazis diese Maßnahme im Dezember 1941?

Hitler ist auf dem Höhepunkt seiner Macht. Die Gebiete Polens, Norwegens, Frankreichs und des Balkans sind in einer verblüffenden Geschwindigkeit überrollt, und der Feind ist überall zerrieben worden. Seit dem 22. Juni haben die deutschen Truppen einen immensen Raum im Osten erobert. Gewiß, mit dem neuen Blitzangriff konnte man die Sowjetarmee nicht auslöschen. Und die Vereinigten Staaten verbündeten sich gerade mit den Alliierten; aber ihre Flotte wurde in Pearl-Harbour zerstört. Alles in allem war dem Führer der Sieg sicher. In diesem schwärmerischen Geist hatten die Nazichefs die Welt schon in zwei riesige Herrschaftszonen eingeteilt. Der Westen fiel dem Nationalsozialismus zu, mit einigen kleinen Zugeständnissen an den Faschismus. Der Osten dem Reich des Mikado, Japan. Und die USA sollten hinter ihren Grenzen gehalten werden.

In dieser grandiosen Perspektive mußte man von nun an zur Reinigung von Parasiten schreiten. Die Idee war in den kranken Köpfen der Hitlerführung im Herbst 1941 geboren worden. Im Dezember trat die Maßnahme, die auf die Masse der Häftlinge in den 100 Konzentrationslagern abzielte, in Kraft. Sie erreichte ihr Ziel, die Statistiken der SS beweisen es. Diese muß man wie eine Art Siegesbericht lesen. Im Januar 1942 greift man das große schwarze Tier, das in der Sichtweite der Nazis bestand, an: die Juden. Am 20. dieses Monats findet in Berlin die berühmte Wannsee-Konferenz statt. Auf dieser Konferenz wird die «Endlösung» beschlossen, d.h. die physische Ausrottung aller Juden Deutschlands und der besetzten Gebiete. So errichtet man hastig neue Lager: Belzec, Treblinka, Majdanek, Auschwitz. Im Herzen der neuen Anlagen Gaskammern. Die Tötungsmaschine läuft auf vollen Touren. Die hitlerische Satansherrschaft schreibt eine der niederdrückendsten, schwärzesten Seiten der Geschichte der Menschen, die doch nach Gottes Bild geschaffen sind.

In diesem Zusammehang muß man das schreckliche Jahr, das die Häftlinge in Dachau und anderswo erlebten, sehen.

Karl lebt ganz, noch mehr als sonst, im geistigen Bereich seiner selbst. Der Rhythmus der Liturgie und die christlichen Feste erfüllen seine Seele: «So feiere ich mit Euch das Fest aller Feste: Ostern», schreibt er am 3. April 1942. «Voll Jubel und Gnadenfreude! Die steigende Sonne ist uns Sinnbild des Weges nach oben.» Am 2. Mai macht er eine Anspielung an einen Brauch in der Familie: «Im Geiste schmücke ich mit Euch daheim den Maialtar voll vertrauender Liebe zur Maienkönigin.» In diesem Brief kommt eine starke Sehnsucht durch: «Einen blühenden Baum sähe ich gerne mal wieder.»

Am 31. Mai berichtet er über seine Gesundheit, ohne jemals die geringste Anspielung durchklingen zu lassen, daß er am Ende des Winters stark heruntergekommen ist und im Revier liegt. «Ich fühle mich wieder ganz gesund und glücklich. Die gute himmlische Mutter hat geholfen. Wir wollen alle weiter wachsen in das herrliche Vertrauen, in der großen göttlichen Liebe und in der Geduld. Dann wird's ein ganz feines, erfülltes Wiedersehen werden.» (31.5.1942)

Am 13. Juni unterschreibt er seinen Brief mit «Immerfroh». Im Laufe des Sommers enthalten aber mehrere Briefe melancholische Zeilen. Genau entziffert sind es Alarmzeichen: «Alle Tage hier sind dem Herrn und seinem Werk geweiht; und mag es hier und da nicht leicht sein: Euer Gebet und der Gedanke an Euch hält mich hoch.» (27.6.1942) Nachdem er einen Brief von seiner ganzen Familie erhielt, in dem jeder sein Herz ausgeschüttet hat, schreibt er am 11. Juli: «Euer lieber Rundbrief vom 28. Juni machte mich von Herzen froh. Welch schönes Leben dürfen wir leben... Wie freu' ich mich auf das Wiedersehen. So lange beiße ich die Zähne zusammen. Eisern!» Und am 9. August ein versteckter Notruf: «Und dann dürfen wir hoffentlich bald uns alle in Frieden, Freiheit und Freude wiedersehn. Das ist unser aller Wunsch und Gebet zum himmlischen Vater und der Königin der Apostel.»

Karl ging es gesundheitlich in der Krankenabteilung nach und nach immer schlechter, wie einer Pflanze, die kein Licht mehr bekommt. Er kennt Stunden, die nicht enden wollen, und Stunden grausamer Niedergeschlagenheit. Aber um ihn bemerkt niemand etwas davon. Durch sein frohes Wesen und seine stille Zufriedenheit strahlt er auf seine Kameraden im Unglück das Licht und die Liebe des Auferstandenen aus.

Einmal mehr bringt ihn seine starke Konstitution wieder ein wenig auf die Beine. Der alte Geist des Wandervogels ist auch zwischen Stacheldraht lebendig: «Am Geburtstag der lieben kleinen Theresia schreib' ich Euch heute. Es ist ein nebliger Oktobermorgen, aber die Tage sind herrlich schön in ihrer Sonnenpracht. So recht, um mal wieder loszuträmpen — am liebsten heimwärts, und dann in den herrlichen Reichswald oder den buntlaubigen Tiergarten.» Und Karl erinnert sich an schöne Stunden: «Am 1. war's drei Jahre, daß Willi mich von Cannstatt aus in St. Blasien besuchte und daß wir eine gute Flasche "Liebfrauenmilch" miteinander leerten.» Und noch an einen anderen Jahrestag denkt er: «Am 27. September hatte Schwester Fidentia in St. Blasien Namenstag. Sie pflegte mich treu und liebevoll. Grüßt und gratuliert bitte nachträglich von mir.» (3.10.1942) Der Oktober ist für Karl der Rosenkranzmonat: «Im Rosenkranzmonat war ich besonders innig mit Euch allen verbunden, und Ihr mit mir — wie ich das spüre...! Mit großer Sehnsucht warte ich auf Euren nächsten Brief; denn es ist der einzige sichtbare Lebens-, Liebes- und Geistesaustausch unter uns.» (17.10.1942)

In diesem Oktober 1942 heben die Nazis das Verbot für die Paketsendungen auf. Die Willkür der Reglementierung in totalitären Systemen berechtigt nun, daß man jeden Monat ein Paket mit drei Kilogramm Lebensmittel und ein Paket mit Wäsche für den Winter erhalten darf. Am 14. November wird jede Beschränkung hinsichtlich Zahl und Gewicht der Pakete aufgehoben.

40.

Der Untergang der Herren der Welt

Was ist passiert? Seit einigen Monaten häufen sich die Anzeichen, die den Hochmut Hitlers und des Generalstabs der Wehrmacht treffen müssen. Amerika hat in einer Rekordzeit seine Industrie umgestellt. Kampfpanzer und Flugzeuge verlassen zu Tausenden jeden Monat die Fabriken und Schiffe zu Dutzenden die Werften. Diese gefürchteten Waffen strömen auf die Schlachtfelder, vor allem im Osten, gemäß dem Beistandspakt zwischen den USA und der Sowjetunion. In Nordafrika hat Montgomery in El-Alamein am 22. Oktober 1942 die Offensive ausgelöst, die das Afrikakorps in Libyen verjagen wird. Im Osten blieb der Angriff gegen Stalingrad, der am 13. September begonnen wurde, in blutigen Straßenschlachten stecken. Am 19. September lösen die Sowjets einen starken Gegenangriff über den Don aus, der den Todesring um die Sechste Armee verstärkte, die nun in der Falle Stalingrad saß. Im Fernen Osten stoppt die japanische Niederlage vom Guadalcanal am 7. August die Ausdehnung des Reiches der aufgehenden Sonne und bricht den unerhörten Hochmut der machthabenden Militärkaste. Es gibt nicht den geringsten Zweifel: die Wende des Krieges hat begonnen.

Deutschland mobilisiert alle seine ihm zu Verfügung stehenden Mittel. Für seine Führer ist es ein Kampf auf Leben und Tod. Die Rüstungsindustrie, die stark bombardiert wird und schwere Rückschläge zu verzeichnen hat, wird trotzdem auf ein noch nicht erreichtes Niveau ihrer Entwicklung gebracht.

Handarbeit wird immer kostbarer. Die Häftlinge, die noch zu Beginn des Jahres als eine unnütze Masse betrachtet wurden, die vernichtet werden sollte, erfahren nun aufgrund ihrer Muskelkraft und ihres Könnens eine Aufwertung. Systematisch liquidiert werden von nun an nur noch die Juden, die unheilbar Kranken und unnütze Esser.

Die Wiederzulassung der Zusendung von Paketen von außen muß man in diesem Zusammenhang sehen. Wegen der allgemeinen Mobilmachung der menschlichen und materiellen Reserven ist die SS-Verwaltung, der die Konzentrationslager unterstehen, nicht mehr in der Lage, die Zehntausenden von gefangenen Arbeitern entsprechend zu ernähren. Das Schicksal der meisten Häftlinge verbessert sich nun sichtbar in Dachau. Karl profitiert gleich von einem unverhofften Glücksfall.* Während dieser Zeit war Karl mit einem jungen Jesuiten, P. Otto Pies, befreundet. P. Pies war etwa 40 Jahre alt.

Man hatte ihnen den gleichen Schrank zugeteilt, den sie zusammen in untadliger Ordnung hielten. Über diese Kleinigkeit kamen sich die beiden Männer näher. P. Pies wurde im August 1941 in Dachau eingesperrt als Folge öffentlicher Proteste gegen die Schließung eines Hauses der Jesuiten durch die Nazis. Er hatte ein Gebetbuch herausgegeben, das von vielen Betern sehr geschätzt wurde. In einem Brief an seine Eltern vom 11. Januar 1942 erwähnt Karl dieses Gebetbuch, das er ihnen empfiehlt: «Im Herrn», so sein Titel. Es enthält Gebete über den Geist des königlichen Priestertums. Karl hat in diesem Jesuiten einen

---

*Es bleibt jedoch eine Gefahr bestehen; er wird aller Voraussicht nach zu den «unnützen Essern» zählen. In Berlin existiert eine Kommission, die festlegt, wer zu dieser Kategorie gehört. Sie wandert von einem Lager zum anderen. Zweimal kommt sie nach Dachau während der Zeit, in der Karl auf der Krankenstation liegt. Durch geheime Kanäle wurden die Häftlinge im voraus von den Besuchen der Kommission unterricht, so daß jedesmal Freunde von Karl ihn aus der Krankenstation bringen und ihn im Priesterblock verstecken konnten. Im Oktober 1942 stand er auf einer Liste, daß er in den Gaskammern von Hartheim bei Linz beseitigt werden sollte. Sein Mithäftling Karl Brenner wagt es, seinen Namen von der Liste zu streichen.

Geistlichen mit einer großen Seelentiefe gefunden. Er wählt ihn zu seinem Beichtvater und geistlichen Seelenführer. P. Pies bleibt ihm in seiner Freundschaft bis zu seinem Ende treu. Er kümmert sich vor allem um Karl während seines Kreuzwegs im Revier.*

Ein anderer Internierter kommt am 13. März 1942 ins Lager von Dachau: P. Joseph Kentenich, der Gründer der Schönstattbewegung. Während seines dreijährigen Aufenthaltes in Dachau wirkt Pater Kentenich wahre Wunder, ziemlich einzigartig in den Annalen des Konzentrationslagers. Karl begegnet ihm niemals persönlich.

Karl ist mit einem Freund aus dem Borromäum, Heini Tenhumberg, sehr verbunden. Am 14. November schreibt er ihm.** Ich danke «besonders für dein stetes, treues Gedenken beim hl. Opfer. Jeden Morgen lege ich mein Herz mit auf Deine Patene... Jeden Tag schenke ich mich mit Dir und euch allen und allen hier unserer Mutter. Sie hat mich wunderbar die drei Jahre hindurch geführt.» Einige Tage später beschließt er «mit überfließender Dankbarkeit» das liturgische Jahr und freut sich auf den Advent.

«Morgen bin ich zwei Jahre von Sachsenhausen weg und hier.» (12.12.1942)

Eine neue Katastrophe schlägt das KZ von Dachau zu Beginn des Jahres 1943: der Typhus. Die ersten Fälle wurden schon am 19. Dezember entdeckt. Am darauffolgenden Tag sterben zwei Häftlinge an der Krankheit. Die Leitung des Lagers versucht die unheilbringende Nachricht zu vertuschen. Bis zum 22. Januar sterben dann ein Dutzend Häftlinge an Typhus. Von diesem

* 1950 veröffentlichte O. Pies SJ «Stephanus heute», eine Biographie Karl Leisners, dank derer man viele Details aus dem Lager in Dachau kennt. Dieses Werk wurde sechsmal aufgelegt und in fünf Sprachen übersetzt. P. Pies starb am 1. Juli 1960, 59 Jahre alt. Er wurde in Münster begraben.

** Karl hatte die Gewohnheit, die Hälfte des Briefes alle 14 Tage an einen besonderen Adressaten zu richten. Die Eltern vermittelten dem Empfänger die Nachricht.

Zeitpunkt an kann man von einer Epidemie sprechen. Am 25. Januar stellt die Kommandantur das Lager unter Quarantäne. Am Tag darauf zählt man schon 1200 Kranke. Die Qual des morgendlichen Appells auf dem Hauptplatz wird vorläufig ausgesetzt, und der Appell wird nun in die Baracken verlegt. Anfang Februar zählt man 250 Tote. Durch die Epidemie werden 6000 Mann sterben, darunter sechs Priester und der polnische Weihbischof Michael Kozal.

Er selbst überlebt diese Gefahr. Die Abteilung der Tuberkulosekranken ist vom übrigen Lager isoliert. Deshalb hat er dem Typhus widerstanden.

Er bleibt zutiefst optimistisch in der allgemeinen Not. Am 9. Januar 1943 schreibt er: «Für 1943 habe ich die feste Hoffnung auf Frieden und Wiedersehn. Jetzt bin ich bald vier Jahre Diakon, und da würde ich mich doch freuen, wenn die Priesterweihe dieses Jahr sein könnte.» Am 26. Februar versucht er alle Beunruhigung zu Hause zu zerstreuen. Sein Zustand war so schlecht, daß er den regelmäßigen Brief nicht mehr schreiben konnte. So schreibt er Vorwände: «Ihr habt sicher Sorge um mich gehabt, daß mein Brief nicht kam. Seid unbesorgt, wenn ich auch mal nicht regelmäßig schreiben kann. Es geht mir wirklich gut... Ihr könnt Euch darauf verlassen, ich beiße die Zähne zusammen.» (26.2.1943)

Die Pakete helfen ihm, daß er sich wieder aufrappelt. Am 26. März schreibt er seine Wünsche nach Hause, ein Traum eines Kranken, der langentbehrte Speisen widerspiegelt: «Ein kl. Topf (etwa 2 l) Tomatenmark, Mehl und Gries, Essigessenz, etwas Gewürze, Sacharin, Zwiebeln. Zu Ostern vielleicht einige frische Eier (kommen in der Blechdose gut über).»

Und es gibt auch schon erste Kriegsnachrichten, die die Zensur durchgehen läßt. Es ist wahr, daß von dem Moment an, an dem eine Niederlage der Nazis nicht mehr ausgeschlossen ist, die eiserne Disziplin zu bröckeln anfängt, auch bei der SS: «Einen kleinen Eindruck aus der Ferne von der Furchtbarkeit der feindlichen Fliegerangriffe erhielten wir hier beim letzten Angriff auf München. Für die Kinder und Frauen muß das schrecklich sein.» (3.4.1943) Und er schreibt weiter: «Unser Glaube hilft einem, in allem stark und froh zu bleiben.»

Sein Osterbrief ist nicht angekommen, denn er wurde wieder zurückgeschickt. Es war der dritte, den er im April wegschicken wollte: «Auf den Osterbrief werdet Ihr mit Schmerzen gewartet haben... Die Wünsche waren ja auch so schon bestellt, und vor allem gingen die Gedanken und heißen Herzenswünsche hin und her in der großen Gemeinschaft der Erlösten. Und das ist ja mehr als ein Brief, das ist das Leben selbst. Bei aller Lebensnot, in der wir alle im Kriege stehn, empfinden wir ja doppelt stark die tiefe Geborgenheit in den Händen des Vaters. Ostern hab' ich in echter innerlicher Freude erlebt.» Und er fügt in diesem am 1. Mai geschriebenen Brief hinzu: «Und jetzt ist der schöne Mai. Der alte Wandervogel möchte ja wohl ein wenig ausfliegen.» Und es ist auch der Marienmonat: «Stellt auch von mir ein Blümchen auf den heimatlichen Maialtar! Allabendlich denke ich dran.»

Am 4. Juni schreibt er einen Brief an Regens Franken ins Borromäum von Münster: «Heute vor vier Jahren nahm ich Abschied von Ihnen und dem Seminar. Da drängt es mich, Ihnen wieder einmal persönlich zu schreiben. Es ist Herz-Jesu-Freitag im Juni und in der Pfingstnovene. Meine Gedanken gehen zurück ins schöne Münster. Die großen Gnadentage der Weihen, das frohe Leben mit den lieben Kameraden und die ernsten, tiefen Stunden der Gnade — alles steht lebendig vor mir. Dann St. Blasien und Freiburg, Sachsenhausen und Dachau mit all dem, was sie mir brachten. Die Odyssee war wohl nötig für mich, und zurückschauend bin ich dem Heiland und seiner heiligen Mutter sehr zu Dank verpflichtet. Nach dem Meinen des Menschenherzens möchte ich auf ein baldiges Wiedersehn hoffen. Aber, der Herr weiß es am besten. Grüßen Sie bitte in tiefer Verehrung unseren Herrn Bischof...» (4.6.1943) Zum zweiten Mal in kurzer Zeit bringt er einen gewaltigen, unerhörten Gedanken zur Sprache, wenn man sich die äußerste Not seiner Situation vorstellt und die großen körperlichen und moralischen Leiden, die er seit so langer Zeit ertragen muß und die immer mehr zunehmen: Er dankt Gott, daß er ihn in diese Prüfungen geführt hat. Er ist davon überzeugt, daß sie notwendig sind. Mit einer unglaublichen Klarheit erkennt er zweifellos, daß das innere Reinwerden nur über den Weg des äußersten Schmerzes geht. Und er dankt und preist Gott für die göttliche Gabe des Feuers, das reinigt, indem es nach und nach alles aufzehrt, was ihm vom Leben bleibt. Karl erreicht die höchste Stufe der Tugenden.

Am 18. Juni schreibt er: «Pfingsten hab' ich still und froh gefeiert. Der Geist weht, wo er will.» An diesem Ort der Trostlosigkeit und Niedergeschlagenheit. Er hat gerade eine neue Brille bekommen, für die er die Angaben in einem vorhergehenden Brief gemacht hat. Er ist sehr glücklich über sie. In diesem Brief bittet er um Zigaretten, um seinen unglücklichen Kameraden eine Freude zu machen. Er selbst raucht nie als alter Quickborner...

Im darauffolgenden Monat beklagt er sich indirekt: «Wie gerne möchte ich nach der langen, langen Trennung als Priester in der Heimat stehen, gerade jetzt.» (17.7.1943) Einige Tage vorher hat er schon einmal ebenso geseufzt: «Ich sehne mich so nach dem eucharistischen Opfer und dem Priestertum.» (4.7.1943)

Wieso diese in kurzer Zeit wiederholten Klagen? Das ist etwas Außergewöhnliches bei ihm. Ein Brief an P. Fischer gibt den Grund an, nämlich einen schweren gesundheitlichen Rückfall und das neue Ausbrechen seiner Tuberkulose.

In diesen für die Seele als auch für den so grausam geschundenen Körper erlittenen Zeilen sucht er Trost bei seiner Familie. Am 18. September schreibt er einen sehr liebevollen Brief an Maria, an die älteste der Mädchen und ihm vom Alter am nächsten. Er erinnert sie an ihren gemeinsamen Aufenthalt in Freiburg 1936: «Da sind wir doch so richtig zusammengewachsen. Du fehlst mir jetzt schon all die vier langen Jahre.» Und er schließt den Brief mit einer positiven Sichtweise: «Aber das fröhliche Herz bleibt jung.» Die Krankheit ist dieses Mal sehr langwierig. Am 30. Oktober bittet er in seinem Brief um Codein sowie Calcium und Hustentee. Und er schreibt weiter: «Der Herbstnebel schlaucht mich sehr.» Das ist das erste Mal, daß er seinen Gesundheitszustand offenbart, ohne jedoch die ganze Wahrheit zu sagen, die alarmierend ist.

Andere Prüfungen warten auf ihn. Am 10. Oktober leidet Münster unter einem schweren Bombenangriff. Der Dom steht in Flammen. Im bischöflichen Palais, das in Schutt und Asche gefallen ist, wird der Bischof auf wunderbare Weise gerettet: «Die Nachrichten von der Zerstörung Münsters haben uns tief gepackt... Der Tod so verehrter Menschen greift einen an.» (13.11.1943) Unter den Toten sind zwei Mitglieder des Domkapitels und mehrere Pfarrer, die er gut kennt. Eine ermutigende Bemerkung in diesem Brief: «Der Husten läßt mit dem trockenen Wetter nach.» Mit dieser Genesung kommt auch der Appetit wieder: «Die Samstagssuppen haben geschmeckt. Junge, ich war zu Haus! Und die feinen Gürkchen... Wenn Ihr Hülsenfrüchte und Mehl schicken könnt, bitte ich darum.» (13.11.1943) Allem Anschein nach ist das Leben in Dachau nicht mehr so, wie es war. Die SS hat die Zügel schleifen lassen. Man kann sich das Essen in einem Versteck im Lager selbst machen. Aber die SS-Leute bleiben gefürchtete Mörder. Sie beweisen es bis zum Zusammenbruch des Regimes...

41.
Das Jahr 1944

Das Jahr geht zu Ende: «Je länger und dunkler der Advent, um so tiefer und heller leuchtet das Bild des Herrn und der von Ihm und uns so geliebten Heimat im Herzen... Das Jahr 1944 möge uns allen den ersehnten Frieden und Wiedersehen schenken... Ja, herzlichste Mutter, bald sind's vier Jahre seit unserem letzten Treffen. Sei unbesorgt, ich bin noch derselbe!» (11.12.1943) Karl fügt manchmal noch eigene Zeilen an seine Mutter hinzu. Seine große Liebe für die Frau, die ihn zur Welt gebracht hat, eine friedliebende, strahlende Frau, die ganz für ihre Familie aufgeht, wird darin offenbar.

1944 wird, dunkel noch und ungewiß, in die Annalen der Geschichte als ein Jahr endloser Vernichtung, Angst und Verwüstung eingehen. Was wird das neue Jahr bringen? Am 1. Januar schreibt Karl an den Kaplan der Stiftskirche, seiner Pfarrei in Kleve: «Selten war ich so bedrückt wie gestern am Silvesterabend, aber als heute morgen so prächtig die Sonne aufging, hab' ich das als Sinnbild genommen für 1944. Trotz allem wird uns das Licht leuchten, und die Mächte der Finsternis müssen weichen.» Seiner Familie vertraut er an: «Ich habe dieses Jahr, das fünfte, das erste Mal schweres Heimweh gehabt.» Karl Leisner ist angegriffen, aber noch weit davon entfernt zu zerbrechen.

Was ereignete sich draußen Anfang 1944? Das Schicksal Karls und seiner Kameraden ist nämlich eng verknüpft mit der Entwicklung des gigantischen Konfliktes, der sich fast auf die ganze Welt ausdehnt.

Hitler und seinen Schergen geht es an den Kragen. In ihrem absoluten Fanatismus können sie sich jedoch nicht einen einzigen Augenblick lang vorstellen, den Kampf einzustellen. Ihr Leben steht buchstäblich auf dem Spiel. Das apokalyptische Tier wird leider in Deutschland weitertoben. Zu diesem Zeitpunkt rücken die Alliierten, die in Italien gelandet sind, schon nördlich von Neapel vor. Im Osten ist die Wehrmacht auf dem Rückzug seit der Kapitulation von General Paulus in Stalingrad. Die Sowjets sind dabei, die Ukraine wieder zurückzuerobern. Die schönen deutschen Städte, beredtes Zeugnis einer hochstehenden Kultur, werden systematisch eine nach der anderen durch Eisen und Feuer zerstört. Im Sportpalast in Berlin brüllt der unheimliche Goebbels das klägliche Bild einer Ideologie, die am Ende ist: «Wollt Ihr den totalen Krieg?» Und die Horde der Nazis schreit wie mechanisch: «Wir wollen!» Sie werden ihn haben. Und es wird ein entsetzliches Unglück für Deutschland sein.

Am 22. Januar schreibt Karl seinem Bischof, dem heroischen Graf von Galen, der sich seit 1933 vor dem Ungeheuer Hitler mit einem schwindelerregenden Mut nicht beugt: «Alle verehrten münsterschen Priesterkameraden lassen Ihnen herzlichen Dank sagen für Ihren Gruß und Segen. Wir wollen uns weiter Mühe geben, in ihrem Sinne und in Treue zum Herrn, den wir — gestern drei Jahre — in der hl. Eucharistie wieder unter uns haben, unsere Zeit hier abzudienen. Unsere Liebe zur Heimat ist hier nur tiefer geworden.» (22.1.1944) Und er schreibt noch eine bewegende persönliche Bemerkung dazu: «Am 25. März sind's fünf Jahre, daß ich aus Ihrer Hand das Diakonat empfangen durfte.»

Es gibt nicht die geringste Spur von Bitternis und Härte in seinen Briefen, in dieser Zeit äußerster Trostlosigkeit. Höchstens einige melancholische Zeilen: «Was so in vier Jahren nicht alles passiert. Ich werde auch langsam alt dabei. Eine Glatze beginnt sich auch schon abzuzeichnen. Ich folge Vaters Vorbild. Hoffentlich erreiche ich ihn auch annährend in anderen Punkten.» (16.3.1944)

Es gibt aber auch eine frohe Neuigkeit, die er seinem Freund Heini Tenhumberg sofort mitteilen will: «An Ostern hat sich mein Bruder in Rottenbuch (Spessart) bei Lohr am Main verlobt. Die ganze Familie war dort. Habe bei dieser Gelegenheit gleich zwei zukünftige geistliche Schwäger erhalten. Er hat's fein getroffen. Die richtige katholische Nase.» (22.4.1944) Er bittet um Nachsicht wegen seiner körperlichen Schwäche. Im gleichen Brief lesen wir: «Nun wieder drei Wochen krank. Das Klima hier kann ich nicht aufkriegen.» Auch die feuchte Luft der Sümpfe gehört zur hoffnungslosen Welt des KZs.

Von Ende Mai an träumt Karl einige Zeit immer wieder einen verrückten Alptraum. Blutende Ungeheuer, von der Wehrmacht geduldet, treiben die Werber an, die letzten Männer zusammenzutreiben, um auf dramatische Weise wieder Einheiten zu bilden, die an der Front zusammengeschossen werden. Karl fängt zu phantasieren an: «Der Kreiskommandant hat meine Anwerbung erbeten. Ich wäre zweifellos schon eingezogen, wenn nicht unser Chefarzt mich wegen meines Gesundheitszustandes zurückstellte. Aber ich versuche um jeden Preis so schnell wie möglich zur Wehrmacht zu kommen. Auch möchte ich dich bitten, lieber Vater, beim Kommandanten und beim Chefarzt von Mannheim persönlich vorstellig zu werden, um ihnen folgendes vorzuschlagen: Man soll mich in ein Privatsanatorium verlegen, bis ich zur Wehrmacht gehe. Das ist notwendig, denn wie ich dir schon das eine oder andere Mal geschrieben habe, vertrage ich nicht das rauhe, wechselnde und neblige Wetter des Dachauer Sumpfes. Ich brauche ein wirklich heilendes Klima, zum Beispiel die Luft des Schwarzwalds. Ich wäre dann schon in drei bis vier Monaten gesund. Wie wunderbar!

Und nun die Erfüllung meines Wunsches: als junger Seminarist dahin zu gehen, wo alle meine Kameraden sind!» Und er wird pathetisch: «Ich bitte Dich, Vater, als alter Offizier von 1914-18, tue Deinem Sohn den großen Dienst. Ich wäre Dir so dankbar. Alle anderen Organe, das Blut, die allgemeine körperliche Verfassung sind in einem untadeligen Zustand. Deshalb ist Heilung möglich wie 1939, wo ich in einem schlechten Zustand war und mich trotzdem erstaunlich schnell und gut in St. Blasien wieder erholt habe.»

Um der Hölle zu entkommen, in der er ist, will er zur Wehrmacht, nicht um zu kämpfen, sondern als Sanitäter — er hat es schon einmal früher gesagt — um seine verletzten Kameraden pflegen und trösten zu können. Sein Diakonat an der Front ausüben, um so mitten in der noch nie dagewesenen Tragödie zu stehen, die sein geliebtes Deutschland erlebt. Dieses Deutschland, das er seit dem 30. Januar 1933 scharf von der Nazihorde unterscheidet, die es an sich gerissen und einen großen Teil seines Volkes betrogen hat.

Nichtige Illusion, bei seinem Gefängniswärter auch nur das geringste Gefühl von Mitleid oder gar Interesse zu erwarten...

Seine Gesundheit nimmt immer mehr ab. Am 8. Juli fleht er, ihm Hustentee zu schicken, damit er seine Hustenanfälle lindern kann. Und er macht sich ein letztes Mal Sorge um die Eingabe seines Vaters, in ein Sanatorium verlegt zu werden. Der Ton ist voller Angst: «Ob Karlsruhe noch was von sich hören läßt? Es wäre Zeit für mich, wenn es mit meiner Genesung noch was werden soll. In hiesigem Klima geht's einfach nicht. Und die fünf Jahre seit 1939 sind auch nicht in den Kleidern hängengeblieben. Ich habe großes Vertrauen, daß es klappt.» (8.7.1944) Enttäuschte Hoffnung. Karl Leisner gibt sich ganz Gott hin. Er legt sein Geschick in die Hände Mariens. Sie wacht über ihrem Kind und führt es auf dem sicheren Weg, wie er es selbst so oft betont hat.

Am 6. September 1944 ereignet sich etwas Unerwartetes, durch das Karls innigster Wunsch erfüllt wird. Aber der Preis ist, daß er seinen Kreuzweg weitergehen muß.

An diesem Tag ist in Dachau ein Gefangenentransport mit französischen Häftlingen ausgeladen worden, die aus dem Lager in Natzweiler kamen, das vor dem Vormarsch der Alliierten geräumt wurde. Viele der Häftlinge sind auf der Fahrt an Krankheit oder Erschöpfung gestorben. Unter den überlebenden Häftlingen ist ein Bischof. Der Bischof von Clermont-Ferrand in Frankreich wurde am 28. Mai nach dem Pfingsthochamt wegen geheimen Einvernehmens mit dem Widerstand, der Résistance, verhaftet. Er ist 57 Jahre alt. In Dachau ist er nun die Nummer 103 001. Die Neuigkeit schlägt wie eine Bombe in die Baracken ein, die von 2600 Priestern bewohnt sind.

Bald geht ein Gespräch — wo es entstanden ist, weiß man nicht — im Block 26 um, wo man sich große Sorgen um Karl macht, von dem man weiß, daß seine Gesundheit schwer angegriffen ist: «Wir haben nun einen Bischof unter uns, warum sollte Karl Leisner von ihm nicht zum Priester geweiht werden?»

Als P. Pies mit Karl auf seinem Schmerzenslager darüber sprach, ist er zunächst erschreckt. Sein Zustand hat sich beträchtlich verschlechtert. Muß er nicht seine Primiz in seiner Heimat feiern, in der Stiftskirche von Kleve? In Dachau geweiht zu werden. Unmöglich! «Was würde man daheim sagen? Die Heimatpfarrei hatte ein Recht auf die Primizfeier.» (O. Pies, Stephanus heute, 152)

Mitte September hörte er zum ersten Mal von dieser Möglichkeit. Seine Reaktion ehrt ihn. Jedoch am 23. September schreibt er an Bischof von Galen einen Brief, in dem er ihn nach der Erlaubnis, in Dachau zum Priester geweiht zu werden, fragt, ganz und gar bedauernd, daß er nicht durch die Hände des Bischofs, den er so sehr verehrt, zum Priester geweiht werden könne. Im Oktober verschwinden seine letzten Skrupel, als er von dem Unglück erfährt, das Kleve getroffen hat. In dem Maße, wie die alliierten Truppen Richtung Deutschland vorrücken, zerstören sie auch die Nachschubverbindungen der deutschen Divisionen, die sich auf dem Rückzug befinden. Viele Städte werden unter pausenlosen Beschuß und Bombardierung genommen, um den Widerstandswillen der Bevölkerung zu brechen. So wurde auch Kleve bombardiert. Die Stiftskirche und ein Teil seines Elternhauses liegen in Schutt und Asche.

42.
Priester auf ewig

Am 9. September schreibt Karl ein letztes Mal an seine Eltern. Da Kleve im Kampfgebiet liegt, kommt die Post nicht mehr an. So schreibt er seine Briefe von jetzt an an seinen Bruder Willi in Berlin. Die dramatischen Ereignisse haben zur Folge, daß in seiner Erinnerung Bilder lang vergessener Zeiten erstehen. Am 7. Oktober schreibt er an Walter Vinnenberg: «Am herrlichen Reichswald steht der Engländer. Ich dachte heute noch an die Schlacht am Puhl, wo wir Dir Dein feines Sonntagshemd zerfetzten. Jetzt geht's in unseren alten Jagdgründen ernst zu.» (7.10.1944)

Am 22. des Monats schreibt er an Frau Ruby, an die Mutter Elisabeths: «Gestern hörte ich, daß Kleve und unser Haus zerstört sind. Gott sei Dank leben Eltern und Schwestern.» Dann kündigt er die große Neuigkeit an, aber so, daß die Zensur es nicht verstehen kann, indem er das Wort «ausweihen» gebraucht. «Ich hoffe, im Advent hier ausgeweiht zu werden, und bitte euch alle um euer besonderes Gebet.» Und er schüttet sein Herz aus: «Was ich lange Jahre düster ahnte und seit Wochen fürchtete: Unsere geliebte Heimat ist zerstört, hunderte teuerster Mitbürger tot und verletzt. Jetzt sind wir alle arm wie Job.»

Am 2. Dezember schreibt Karl einen Brief an Willi, der ganz von seinem Glück in Erwartung auf das große Ereignis erfüllt ist. Das Kerkernetz der SS ist an manchen Stellen zerrissen. Der Brief gelangt über die Plantage nach außen und entgeht so der Zensur: «Wenn alles gut geht, werde ich am Gaudete-Sonntag geweiht. Primizmesse am ersten Weihnachtstag... Das göttliche Kind in der Krippe wird uns segnen. Sein eigen will ich sein.» (2.12.1944)

Seit seiner Entscheidung vom 21. Oktober wurde im geheimen ein enormes Vorhaben im Konzentrationslager Dachau vorbereitet. Eine kleine Zahl Eingeweihter wird tätig, um ein noch nie dagewesenes Ereignis einer Priesterweihe in einem Konzentrationslager möglich zu machen. Die Neuigkeit muß geheimgehalten werden, nicht nur wegen der SS, sondern auch, weil bestimmte Häftlinge den Christen feindlich gesinnt sind. Nur die Priester sind alle informiert.

Neben Karl Leisner ist die Hauptperson der ins Auge gefaßten Weihe Bischof Gabriel Piguet. In seinem Buch «Prison et déporation» (Haft und Deportation) erzählt er die Ereignisse von seiner Sicht aus: «An einem Tag im Oktober kam P. de Conninck, ein Jesuit, der Professor an der Universität in Löwen und Oberer der Jesuitenniederlassung in Brüssel war, zu mir, um mich zu fragen, ob ich mich einverstanden erklären könne, einen deutschen Diakon aus der Diözese Münster zu weihen. Er sei bei all seinen Landsleuten, den Priestern und Ordensleuten geschätzt, und leider sei er nach einem Gefängnisaufenthalt von mehr als sechs Jahren, trotz seiner robusten Konstitution, tuberkulosekrank. Und der Jesuitenpater fügt hinzu: «Eine Priesterweihe wäre eine Vergeltung Gottes und ein Zeichen des Sieges des Priestertums über den Nationalsozialismus.»

«Herr Pater», antwortete ich, «ein Bischof kann sich der Weitergabe des Priestertums nicht entziehen, und ich zögere auch nicht einen Augenblick, ihn zu weihen. Jedoch muß man doch Bedingungen erfüllen, die Sie besser kennen als ich: die Erlaubnis des Bischofs, zu dessen Klerus der Seminarist gehört, und die Erlaubnis des Erzbischofs von München, in dessen Diözese die Weihe stattfinden soll.»

Bischof Gabriel Piguet ist 1887 in Mâcon in Burgund geboren. Nach seiner Weihe 1910 machte er seine Doktorarbeit am Collegium Angelicum in Rom. 1915 wurde er als Sanitäter an der Front an der Maas schwer verwundet. 1933 dann wurde er

Bischof von Clermont-Ferrand in der Auvergne. Seine erste Sorge galt den Pastoren, den Priestern, den Hirten seiner Herde. «Der erste Gedanke als Bischof war: meine Priester zuerst», sagte er 1933, bei seiner Predigt zu seiner Bischofsinthronisation. Und nun kann er einen jungen Deutschen zum Priester weihen, unter in der Kirchengeschichte nie dagewesenen Bedingungen. Das priesterliche Europa setzt hier ein Zeichen für die Zukunft...

Alles bringt Karl und den Bischof von Clermont-Ferrand näher. Bischof Piguet steht in der großen Tradition der Bischöfe, die sich besonders um die Heiligung der Seelen kümmerten. Im Mittelpunkt seines Wirkens steht die Eucharistie. In zwölf Eucharistischen Kongressen, die nacheinander stattfanden, versammelte er seine Gläubigen in den verschiedenen Landstrichen seiner Diözese zum Lob und zur Sensibilisierung für das höchste Geschenk, das Gott den Menschen gemacht hat: die Liebe, die in der Eucharistie Nahrung wurde.

Sein pastorales Wirken trennt nicht den Gottessohn von Maria. Im Mai 1940 läßt er Tag und Nacht während des ganzen Marienmonats den Rosenkranz in seiner ganzen Diözese für den Frieden beten. Am 28. März 1943 weiht er seine Pfarreien dem Unbefleckten Herzen Mariens. Zwei ähnliche Seelen finden sich gegenseitig als Handelnde einer Priesterweihe, die an das verborgene Leben der Katakomben erinnert.

Das Vorhaben «Weihe Karl Leisner» wird Anfang November 1944 konkret. P. Pies kümmert sich um die Vorbereitungen. Er hat Zugang zur Gärtnerei. Dank der Komplizenschaft des Buchhalters der Gärtnerei, Herr Beer, eines Witwers, Vater von fünf Kindern, sowie eines Brunnengräbers aus Dachau, Herr Dürr, der hier arbeitet, wird der Kontakt mit der Außenwelt hergestellt. Die Botin ist eine außergewöhnliche junge Frau von 20 Jahren, Josefa Imma Mack, die sich auf ihren Eintritt bei den «Armen Schulschwestern von Freising» vorbereitet. Sie wird jede Woche von der Oberin in den Laden des Lagers geschickt, um Blumen zu kaufen. In Wirklichkeit bringt sie unter Lebensgefahr Nahrungsmittel für die Häftlinge als auch Hostien,

Meßwein und anderes für den Block der Priester. Geboren bei Eichstätt im Hause eines Dachdeckers, wurde Josefa mit einem lebendigen katholischen Glauben groß und einer Aversion gegen die Nazis. Mit zwölf Jahren wurde sie eines Tages zutiefst erschreckt, als sie von den Nazis das Lied singen hörte: «Unsere Frauen werden schrecklich weinen und unsere Mädchen noch viel mehr, wenn das Blut der Juden unter unseren Messern spritzen wird.» «Ich wurde verletzt bis auf den Grund meiner Seele», schrieb sie.

Durch diesen Mittlerdienst Josefas verließen eines Tages im November 1944 zwei Briefe das Lager, der eine an den Bischof von Münster, der andere an den Erzbischof von München adressiert. In ihnen wird um die Erlaubnis für die Weihe Karl Leisners gebeten. Josefa trägt selbst den Brief zu Kardinal Faulhaber. Gleichzeitig neben der Erlaubnis fragt sie nach verschiedenen Gegenständen für den Gottesdienst wie dem Zeremoniare und den heiligen Ölen. Zuerst mißtrauisch, versichert sich der Bischof der Glaubwürdigkeit der Bittstellerin, dann, als er eine unschuldige, heldenhafte Seele vor sich wußte, gab er ihr die gewünschten Gegenstände und eine geschriebene Erlaubnis. Nach dem Krieg ehrte er öffentlich ihr mutiges Verhalten.

Die Antwort von Bischof von Galen ließ auf sich warten. Die Zerstörungen in Münster hatten ihn gezwungen, mehrmals seine Wohnung zu wechseln. Im November war er auf ein kleines Dorf in Westfalen gezogen. Außerdem hatte die Fliegeroffensive die Transporte und die Post stark beeinträchtigt. Karl wartet mit Ungeduld auf die Antwort aus Münster. Sie kommt schließlich Anfang Dezember an: «An einem Tag im Dezember suchte mich P. de Conninck wieder auf, strahlend vor Freude», erzählt Bischof Piguet. «Er zeigte mir einen handschriftlichen Brief der Familie des deutschen Diakons. Mitten im Brief änderte sich die Schrift durch diese einfachen Worte, die in den Text eingefügt waren: "Ich gebe gerne die Erlaubnis, aber unter der Bedingung, daß alles rite und für die Zukunft nachweisbar vollzogen wird." Darunter als Unterschrift allein der Vornamen des berühmten Bischofs von Münster, Graf von Galen, der 1945 Kardinal wurde...

Da die deutsche Verwaltung sehr mißtrauisch war, mußte man alle möglichen Vorsichtsmaßnahmen treffen, um eine solche Formulierung, in der Mitte eines Familienbriefes versteckt, zu gebrauchen. "Das Dokument genügt Ihnen", fragte mich P. de Conninck. "Ganz und gar", antwortete ich, "in einer solchen Situation kann ich kein beglaubigtes Schriftstück der Kanzlei verlangen."» (S. 103)

Im Lager ist man mit einer unwahrscheinlichen Erfindungsgabe und mit einer großen Liebe und Leidenschaft am Werk, die die Konfessionsgrenzen übersteigt. Ein russischer Häftling fertigt in der Mechanikerwerkstatt einen Bischofsring aus Messing an und graviert das Bild der Muttergottes von Dachau ein. P. Spitzig, ein deutscher Benediktiner, der Bildhauer ist, fertigt einen Bischofsstab aus Eichenholz an mit der Inschrift «victor in vinculis» (Sieger in Ketten). Ein Priester aus der Diözese Trier schneidert aus violettem Stoff ein Bischofsgewand und die Mitra. Die Perlen und die Seide für die Mitra wurden von einem englischen Oblaten «organisiert». Der Stoff wurde in den Magazinen der SS gegen Lebensmittel und Tabak, die aus Paketen von außen stammten, eingetauscht. In diesen riesigen Magazinen findet man alles. Es wurde aus den besetzten Ländern systematisch weggeschleppt. Die SS legte sich so riesige Vorräte in Dachau an. Über die Häftlinge, die hier arbeiten, kann man sich so eine große Zahl von Gebrauchsgütern und Utensilien besorgen.

Die ganzen letzten Monate hat sich Karls Krankheit verschlimmert. Der linke Lungenflügel ist bis aufs äußerste von einer eiternden Flüssigkeit belastet. Die Tuberkulose hat sich auch im Brustkorb verbreitet. Seine Kräfte nehmen ab, aber nicht seine Bereitschaft, sein Frohsinn und seine Entschlossenheit. Es ist jedoch zu befürchten, daß sein Zustand so schlecht sein wird, daß er nicht geweiht werden kann. So hat man ihm während der letzten Wochen alle zur Verfügung stehenden Lebensmittel gegeben, damit er wieder zu Kräften komme oder daß wenigstens der Krankheitsverlauf gestoppt werde. Er selbst wendet alle Energie auf, die ihm für sein höchstes Lebensziel bleibt. Er übt, vom Bett aus, die Weiheliturgie, immer von P. Pies unterstützt. Am 7. Dezember beginnt er zehntägige Exerzitien im Saal der Schmerzen und des Todes, im Revier, inmitten des Seufzens der Kranken und des Röchelns der Sterbenden. Er zieht sich soviel wie möglich in seine innere Ruhe zurück, um Gott ganz nahe zu sein, der in der Eucharistie immer bei ihm ist. Er meditiert das Evangelium und bleibt am hohenpriesterlichen Gebet Jesu hängen, das im 14., 15. und 16. Kapitel bei Johannes steht. Zwei Tage vor seiner Priesterweihe fühlt sich Karl ausreichend wohl, um sich in die Kapelle zu begeben, wo zum letzten Mal nochmals alles durchgesprochen wird. Die Herzen schlagen in der Erwartung auf die Priesterweihe schneller, die — jeder fühlt das sehr stark — ein Ereignis sein wird, das in die Geschichte der Kirche eingeht. Die Augen strahlen vor Freude. Die Liturgie, abgründig in ihrer Bedeutung, will man in ihrem Ritus ganz perfekt vollziehen. Die kleinsten Kleinigkeiten werden noch einmal wiederholt. Man ergreift die Gelegenheit, um eine Photographie von Karl in den Priestergewändern zu machen. Nach der Probe ist Karl erschöpft, aber glücklich.

Eine letzte tödliche Gefahr scheint in diesem Augenblick noch auf. Der SS-Chef der Postzensur wurde mißtrauisch durch Anspielungen, die mehrere Häftlinge in ihren Briefen in Hinblick auf das Ereignis vom 17. Dezember machten. Er hatte nämlich das Wort «Primiz» gefunden. Es war eine schuldhafte Unvorsichtigkeit, nicht das Risiko bedenkend, zumindest das Leben von Bischof Piguet und Karl aufs Spiel zu setzen. Der Chef der SS ruft Lagerdekan Schelling zu sich und fragt ihn, was «Primiz» bedeutet. Der Priester antwortet ruhig, ohne zu lügen, noch etwas zu verraten, es handele sich um eine religiöse Praktik, die nur die Katholiken kennen würden. Glückliche Einfalt eines Heiden! Er verbietet zunächst einmal diese «religiöse Praktik» nicht, für die man jemanden hätte an den Galgen bringen können in einem Moment, wo Exempel notwendig sind, um eine erschlaffte und heruntergekommene Disziplin wieder in den Griff zu bekommen. Gott «hat ihre Augen blind gemacht.» (Jo 12,40)

43.
Der 17. Dezember 1944

Gaudete! – Freuet euch! Der Introitus, das Eingangslied zum 3. Adventssonntag, beginnt mit dem gleichen Freudenruf wie bei der Begegnung des Erzengels Gabriel mit der Gottesmutter Maria. Und damit beginnt der neue und ewige Bund, nachdem Maria ihr «Fiat», «Mir geschehe nach deinem Wort», gesprochen hatte. Als am 17. Dezember über Dachau die Sonne aufging, herrschte Freude im Priesterblock. Diese Freude strömt von Karls Herz aus.

P. O. Pies kommt ihn im Revier abholen. Seit der Liturgieprobe hat er die letzten zwei Tage seines Diakonats mit Beten und Wachen verbracht. Um ihn das Golgatha des Leidens. Mitten unter den Tuberkulosekranken, von denen viele im Sterben liegen, ist Karl ganz gleichförmig mit dem leidenden Erlöser geworden. Seine Weihe wird Licht und Freude in die Welt des Schmerzes und der Finsternis bringen. «Ruhig und entschlossen, mit tiefer Freude und Sammlung in den Zügen kam er zum Priesterblock.» (O. Pies, Stephanus heute, 168) «Um mich», so berichtet Bischof Piguet, «fanden sich zunächst Priester der Diözese Münster ein, alle Seminaristen, denen man besondere Plätze reserviert hatte, zahlreiche Priester, die die Gruppen aus 25 Nationen repräsentierten und ein evangelischer Pastor, der auch an der Liturgie teilnehmen wollte und der einem Priester geholfen hatte, die Pontifikalschuhe zu fertigen. Selbst die kleinsten Riten wurden eingehalten.»

Der Bischof und der Diakon zogen die bischöflichen und priesterlichen Gewänder über ihre Sträflingskleidung mit dem schrecklichen Streifenmuster an. Umgeben von Priestern aus ganz Europa, begaben sich beide auf einen schwindelerregenden Gipfel, auf dem der eine Bruder den anderen befähigte, Brot und Wein in Leib und Blut Jesu Christi, untrennbar Gott und Mensch, zu verwandeln.

Karl trägt eine weiße Albe; über dem linken Arm ein gefaltetes Meßgewand, in der rechten Hand eine brennende Kerze. Sein Gesicht strahlt. In seinen Zügen ist die innere Bewegung zu spüren, die ihn erfüllt. Die roten Backen rühren vom Fieber her, das den Kranken mit der zerstörten Lunge aufzehrt. Die Rührung der 300 Männer, die an diesem einmaligen Ort versammelt sind, ist spürbar. Man hört unterdrücktes Schluchzen...

Als der Bischof mit Mitra hereinschreitet, erschallt ein wunderbarer Gesang in dem kleinen Raum: «Ecce sacerdos magnus», «Siehe, der Hohepriester», erzählt uns Pfarrer François Goldschmitt, Zeuge dieser Szene. «Im Geiste sah ich mich im Hohen Dom zu Metz, als ich am 17. Juli 1910 mit 20 anderen Diakonen die hl. Priesterweihe empfing. Damals brauste in der herrlichen Metzer Kathedrale unsere Orgel. Von den Türmen jubelten die Glocken.»

Weder Orgel noch Glocken, aber die Herzen waren an diesem Tag in Dachau nicht weniger in Festfreude. Und diese Freude erfüllte nicht nur die Herzen derjenigen, die der heiligen, alles Begreifen übersteigenden Liturgie beiwohnen konnten. Die 2300 Priester in den benachbarten Baracken sind auch als Zeugen durch die Verbindung mit den Heiligen mit ihm vereint, dieses Zusammengehören, das in diesen einmaligen Umständen mit einer unglaublichen Intensität erlebt wurde.

Bischof Piguet geht zum Altar, gefolgt vom Diakon, vollkommen gesammelt. Ihm zur Seite Domkapitular Reinhold Friedrichs, Lagerdekan Georg Schelling, der Subdiakon und die Meßdiener. Unfähig, lange stehen zu bleiben, setzt sich Karl auf einen Holzschemel. Eine konzentrierte und gesammelte Stille herrschte in der Kapelle. Und plötzlich der tiefe, feierliche, inständige Ruf zum Hl. Geist: «Veni Creator Spiritus», «Komm, Heiliger Geist». Die reiche und schwere, intensive und eindringliche Melodie strömt wie Feuer aus der Brust der tief erschütterten Sänger. Dieser Gesang ist einer der Höhepunkte des gregorianischen Chorals. Und der Geist steigt auf diese Versammlung der Beter herab, um einem von ihnen die Bluttaufe der Priesterweihe zu geben.

Die Messe beginnt in einer unwahrscheinlichen Sammlung: «Freuet euch, noch einmal sage ich: Freuet euch, denn der Herr ist nahe.» Der Gesang steigt wie Weihrauch in die durch den Sumpf von Dachau drückende Luft auf. In seinen Pontifikalgewändern kniet der Bischof auf der Stufe des Altars. Der Diakon in weißer Albe liegt ausgestreckt auf der Erde vor dem Altar. Und nun die Allerheiligenlitanei. Erde und Himmel sind verbunden in dieser heiligen Stunde in der Gemeinschaft der Heiligen, die Lebende und Verstorbene vereint. Fürchterlich für die Mächte der Unterwelt, die offensichtlich siegreich sind in diesem Lager absoluter Not.

Gegen Ende der Allerheiligenlitanei erhebt sich der Bischof und streckt seine Hände über Karl aus, der immer noch ausgestreckt am Boden liegt, das Gesicht nach unten gewandt. Dann singt der Bischof, indem er sich an Gott wendet: «Ut hunc electum benedicere et sanctificare et conservare digneris» (daß Du diesen Erwählten segnen, heiligen und weihen mögest). Und der Chor der Priester antwortete: «Te rogamus, audi nos!» (Wir bitten dich, erhöre uns!) Kann man sich in diesem Augenblick das Herz des himmlischen Vaters vorstellen, der seinen Segen spendet und einem seiner Söhne heiligt, der so seinem einziggeborenen Sohn gleich wird? Ist es nicht sein göttlicher Plan, so die Zahl seiner Söhne und Töchter zu vermehren?

Karl erhebt sich wieder und kniet vor dem Bischof. Der Nachfolger der Apostel legt ihm die Hände auf! Tiefes Schweigen herrscht im Raum. Es ist der große Augenblick. Karl ist dabei, Priester Jesu Christi zu werden durch das Auflegen der Hände des Bischofs, der von Jesus Christus seine Befähigung hat. Der Geist, der schon ganz tief in der Seele des Diakons Wohnung genommen hat, bemächtigt sich seiner noch mehr, um seine priesterliche Seele in eine vollkommen geheiligte zu verwandeln durch das Sakrament der Weihe zum Dienst in der Kirche, der Gemeinschaft der Berufenen. Innerhalb dieser repräsentiert er von nun an den einzigen Hohenpriester und Mittler zwischen Gott und den Menschen, Jesus Christus, Gottes Sohn. Und Mariens...

Die Priester der Diözese Münster in ihren gestreiften Häftlingsanzügen bildeten nun einen Halbkreis um Karl, wobei sie ihre Hände über ihn ausstreckten und sie ihm dann einer nach dem anderen auflegten. Tu es sacerdos in aeternum (Du bist Priester auf ewig). Ja, Priester für immer. Karl hatte nur noch acht Monate zu leben. Acht Monate, in denen er an sein Schmerzenslager gefesselt war, wie der Herr ans Kreuz geheftet. Die Tat seines Priestertums und seine Frucht enden nicht mit dem irdischen Leben. Vielmehr werden sie erst richtig beginnen. Wie der Rosenregen der kleinen Theresia, die er so sehr liebte, ein immer intensiverer Gnadenstrom werden wird, der auf die Erde fällt, dank ihrer Fürsprache bei Gott. Vor allem für die Jugend...

Und der Choral der Priester erschallt als ein Lied unsagbarer Schönheit auf die Worte, die Jesus an seine Jünger richtete, als eine der größten Liebesbeweise während seiner drei Jahre, die er mit ihnen zusammen war: «Ich nenne euch nicht mehr Knechte, ich nenne euch Freunde.» Einige Stunden später wird Karl wieder auf den schrecklichen Kreuzweg gestoßen und an ihn gekettet. Er wird durch die Priesterweihe ein Freund des Herrn, so sehr, daß er nicht mehr, niemals mehr den Weg des Kreuzes verließ, auf den er geführt wurde.

«Wer bist du?», fragen Johannes den Täufer die Pharisäer und Leviten im Evangelium dieses Tages. Und Johannes verweist sie auf den so sehr erwarteten Messias, Jesus von Nazareth. Wer bist du, Karl? Und er gibt immer die erstaunliche Antwort, die er in sein Tagebuch geschrieben hat in dem Moment, in dem der Nationalsozialismus begann, sich über Deutschland auszudehnen, gefangen in seinem tötlichen Zugriff: «Christus ist meine Leidenschaft.» Und Leidenschaft erinnert an Leiden. 1933 konnte Karl sich noch nicht vorstellen, wieviel er leiden müsse für Christus, seine Leidenschaft.

Nach der Verkündigung der Frohen Botschaft singt der Chor ein eigens von einem Häftling für diesen Anlaß komponiertes Lied: «Gesegnet hast du Herr, Dein Land, gewendet Jakobs Gefangenschaft, hast nachgelassen Deines Volkes Schuld.»

«Nun wurden die gebundenen Hände mit dem heiligen Öl gesalbt, damit sie die segnen, die sie in Ketten gelegt haben, damit sie sich auch für diejenigen zum Gebet falten, die sie verfluchen.» (O. Pies, Stephanus, 170) «Man flucht uns, und wir segnen.» (1 Kor 4,12) Von der Gabenbereitung an zelebriert Karl mit dem Bischof die hl. Messe. In den Baracken der Priester, vor allem bei den polnischen Brüdern, die in gesonderten Unterkünften hausen, folgen die meisten dem Ablauf der Zeremonie und der Messe mit angespannter Aufmerksamkeit. Die unerhörte innere Glut von Block 26 machte an diesem Tag die Abscheulichkeiten und Gemeinheiten, die an diesem Ort seit elf Jahren verübt wurden, wieder gut. Tausende Priester strecken ihre Hände zur Kapelle hin aus, um den neuen Priester zu segnen und den Gnadenstrom zu vergrößern, der auf das Konzentrationslager herunterkommt, und über alle, die sich mit den Häftlingen vereint fühlen. In Kleve, in Münster oder anderswo, Eltern, Geschwister, der Bischof, Priester und Freunde sind mit Karl im Geist vereint und freuen sich mit ihm, trotz der Katastrophe, in der er sich befindet.

Das ist die Verbrüderung der Seelen in der Gemeinschaft der Heiligen. Dieser Augenblick unter uns, an dem sich alles in inniger Verbindung mit Jesus ereignet, dem göttlichen Freund, dem König der Herrlichkeit. Die innige Verbindung im Gebet, durch das die Welt der Lebenden hineingenommen wurde, vor allem die, die man liebt. Die Zahl der Namen, die vor seinem geistigen Auge stehen, ist gewaltig. Die Herzen zu erobern, das war immer die Stärke des Heranwachsenden in Kleve und des Seminaristen in Münster, mit seinem fröhlichen Wesen.

«Kleinmütige, seid guten Mutes und fürchtet euch nicht! Sehet, unser Gott wird kommen und uns erlösen!» Das Lied zur Kommunion beendet die königliche Liturgie. Karl ist am Rand der Erschöpfung. Die Wirkung der Koffeinspritze, die ihm ein tschechischer Arzt am Morgen gab, um sein Herz zu stärken, läßt nach. Er segnet noch nah und fern, dann erscheint er wieder ohne Albe und Meßgewand in seiner ärmlichen Häftlingskleidung. Er geht nun in Block 28 und 30, um die polnischen Priester zu segnen.

In der dritten Stube des Blocks ereignet sich eine ergreifende ökumenische Begegnung. Die Gruppe der evangelischen Pastoren hat ihm eine Agape bereitet, die an diesem Ort ein königliches Festmahl bedeutet. Komplizenschaft für den guten Zweck, Erfindungsgabe und Gerissenheit gebrauchten sie, um diese Tafel zu decken, die für Bischof Piguet und den Priester Karl Leisner bestimmt war: weißes Tischtuch, Porzellan, Kaffee und Gebäck... Eine Stunde tiefer Gemeinschaft mit den evangelischen Brüdern!

Drei Stunden, nachdem er das Revier verlassen hat, kehrt er auf sein Elendslager unter die Tuberkulosekranken zurück. Er keuchte in der Kälte auf der Suche nach ein wenig Luft für seine tödlich angegriffene Lunge. Um ihn das ewige Klagen der Kranken, der Lärm, die dicke Luft, in der sich kein Sauerstoff mehr befindet. Sein Kreuzweg geht weiter nach diesen kurzen Stunden mystischer Vermählung, erlebt in einer unaussprechlichen Freude...

«Es schien mir, als ob ich in meiner Kathedrale sei oder in der Kapelle des Seminars. Nichts, absolut nichts, fehlte an der religiösen Größe einer Weihe, selbstverständlich einmalig in den Annalen der Geschichte», schreibt der Bischof von Clermond-Ferrand. (S. 104)

Während der Priesterweihe spielte ein deportierter Jude draußen Geige, um die Aufmerksamkeit der SS-Wachposten abzulenken...

44.
Sieger in Fesseln

Nach dieser großen und bewegenden Feier der Priesterweihe muß Karl für eine gute Woche das Bett hüten, völlig erschöpft von der inneren Ergriffenheit während der langen Zeremonie und müde vom Nachvollzug der äußeren Handlung. Diese Ergriffenheit erfüllt noch lange sein ganzes Bewußtsein. Er ist Priester auf ewig. Der Herr hat ihm einen Bischof geschickt, damit es so geschah. Und das im letzten Augenblick. Wenig später hätten ihn seine rapide abnehmenden Kräfte verlassen.

In seinen Händen hält er die Gegenstände, die ihm bezeugen, daß dies alles nicht nur ein schöner Traum war, sondern Wirklichkeit, die von nun an zu ihm gehört: ein kleines Buch, in das jeder seine Glückwünsche eingetragen hat, umfaßt 213 Unterschriften der Häftlinge, darunter die des späteren Kardinal-Erzbischofs von Prag, Beran, und die des Diakons Majdanski — dem Karl in Sachsenhausen bei der Aufnahme begegnet ist — der später Bischof von Stettin in Polen wird; und auch Pater Kentenich befindet sich darunter. Ein anderes Dokument enthält die Namen von 29 Priestern der Diözese Münster, die als Häftlinge im Lager sind. Das Schreiben ist mit dem Wappen des Bischofs von Galen verziert und seiner mutigen Devise: Nec laubidus, nec timore (weder Lob noch Tadel). Ein drittes Schreiben trägt die Unterschriften von den 30 im Lager gefangenen evangelischen Pastoren. «Die Priesterweihe Karl Leisners bedeutete für die Gruppe der evangelischen Pastoren ein großes Ereignis», bezeugt Dr. Ernst Wilm, ihr Vorsteher. Und schießlich gibt es noch ein

Primizbildchen, gestaltet von Bruder R. Tijhuis O.C. Es zeigt zwei gefesselte Hände, die den Meßkelch hochhalten, darunter die Inschrift: «Sacerdotem oportet offerre» (Der Priester muß opfern...). Dieser Spruch war Ausdruck und Leitbild der Schönstatt-Theologengruppe in Münster, der er bereits 1934 beigetreten war. Im Stab, den der Bischof zur Weihe benutzte, war die Inschrift «Victor in vinculis» (Sieger in Fesseln), die Devise der Schönstattpriester in Dachau.

Die geliebte Muttergottes begleitete ihn bis zum Priestertum, worum er sie 1934 bat: «Wenn du weißt, daß ich ein guter Priester werden kann, dann hilf mir, gesund zu werden und mein Ziel zu erreichen.»

Karl erreichte sein Ziel, ohne jedoch gesund zu werden. «Wir wissen auch, daß mit denen, die Gott lieben, Gott in allem mitwirkt zum Guten, mit denen, die nach seinem Ratschluß berufen sind.» (Röm 8,28) Und er wurde ein guter Priester, gleichförmig in seiner tödlichen Krankheit mit Jesus in seiner schmerzvollen Passion.

Am 26. Dezember kann er zum ersten Mal zelebrieren und einer Eucharistiefeier vorstehen. Seit zwei oder drei Tagen fühlt er sich gesundheitlich besser. Er ist bereit, seine Primiz am Stephanustag zu feiern, am Tag des ersten Märtyrers. Und es wird auch seine letzte Messe sein: «Ich hatte die Freude, die Messe zu dienen», erzählt Pfarrer Rehling, «niemals werde ich vergessen, mit welcher inneren Anteilnahme und Bewegung er das hl. Opfer darbrachte.»

Die Kapelle quoll über von Priestern und Gläubigen. Von Anfang an erfüllten die wunderbaren Weihnachtsgesänge die Herzen mit Freude. P. Pies hielt die Predigt. Und er bezog die Schau des Diakons Stephanus, der während seiner Steinigung den Himmel offen sah, auf Karl. «Ich sehe den Himmel geöffnet und den Menschensohn zur Rechten Gottes sitzen.» (Apg 7,56) Als Karl noch Student war, betete er schon: «Herr, gib mir den Glauben des hl. Stephanus, einen Glauben, glühend von Liebe zu Christus.» Während seines langen Leidensweges hörte er nie auf, seinen Blick zum Himmel zu erheben, wie der hl. Stephanus bei seiner Steinigung. Seit dem 9. November 1939 befand auch er sich in einem langen Todeskampf.

Nach der Messe erteilte der Neupriester den Primizsegen. Dann ging er in die Baracken der polnischen Priester, um ihnen allen zu danken für die Freude, die sie ihm bereiteten. Und er segnete seine Brüder im Priesteramt.

Am 30. Dezember, einem Posttag, schrieb er: «Am Stephanstag brachte ich allein das erste hl. Opfer dar. Nach der Wandlung war ich tief gerührt. Ihr wart als erste beim Gedenken der Lebenden dabei. ...Am Altar war ich sehr ruhig und andächtig konzentriert. Keine Spur aufgeregt und voll unbeschreiblicher Freude.» Im gleichen Brief schreibt er an Bischof von Galen: «Exzellenz, hochwürdigster Herr! Die großen, heiligen Tage sind vorüber. Noch ist das Herz voll des neuen Glücks. Am Gaudete-Sonntag, 17. Dezember, empfing ich hier in unserer Kapelle die hl. Priesterweihe. Nach über fünf Wartejahren eine selige Gnadenstunde der Erfüllung.

Aus ganzem Herzen dankte ich nächst Gott Ihnen, daß Sie mir durch Ihr Jawort dies ermöglichten. Bischof Gabriel von Clermont weihte mich. Der hochwürdige Kardinal hatte alles Nötige gesandt. Archidiakon war Reinhold Friedrichs. Von 8.15 bis 10 Uhr früh war die hl. Primizfeier, voll seliger Weihnachtsfreude und Stimmung. Ihnen, dem hochwürdigen Regens und allen Dank und gutes Neujahr! In treuer, gehorsamer Sohnesliebe Ihr Karl Leisner.»

Draußen hatte soeben Hitlerdeutschland seinen letzten großen Schlag ausgeführt. Am 16. Dezember — einen Tag vor der Priesterweihe in Dachau — begannen die Panzertruppen, die von der einst so stolzen Naziwehrmacht übrig geblieben sind, einen Großangriff in den Ardennen in Richtung zur Maas. Ein Angriff zwischen der Saar und dem Rhein verstärkte diese Offensive. Die Front der Alliierten wurde aufgebrochen und eine gewisse Panik breitete sich aus. Wenn Hitler nun seine Geheimwaffe einsetzten würde, die er schon mehrmals erwähnt hatte? Die Amerikaner beschlossen, das Elsaß zu evakuieren. Die bewegliche Front brachten die Amerikaner zum Stehen. Der

Angelpunkt der neuen Linie war Bitche in Lothringen. General de Gaulle intervenierte bei Eisenhower, Straßburg und das Elsaß um jeden Preis zu halten. Die deutsche Wehrmacht war noch nicht geschlagen, aber es sollte nur noch zwei Monate dauern. Im März überschritten die alliierten Streitkräfte den Rhein auf breiter Front und schlossen das Ruhrgebiet ein. Der Todeskampf des niedergestreckten Tieres dauert noch 50 Tage. In dieser Zeit leiden Karl und die Masse der Unglücklichen im Lager von Dachau tausend Tode in der angstvollen Erwartung der Befreiung...

Der neugeweihte Priester beginnt das Jahr 1945 — das letzte des Krieges und das letzte seines Lebens — mit einer sorglosen Freude, die Zeugnis von seiner vollkommenen Ergebenheit in die göttliche Vorsehung gibt. Jedoch zeigen die Krankheitssymptome an, daß es dem Ende zugeht. Er liegt fast den ganzen Tag auf seinem Strohsack, mit seinen Kameraden, die genauso krank sind wie er, Freude ausstrahlend und ihnen Mut zusprechend, um sie munter zu halten. Warum sich Sorgen machen? Hat er nicht sein Lebensziel erreicht? Komme was wolle. Gott wird darüber entscheiden. In dem Zustand, in dem er sich befindet, wendet er in einem Brief die biblische Weisung der Sorglosigkeit des Kindes an, das sich in der Hand des himmlischen Vaters geborgen weiß. Ein Brief, den er in dieser Zeit an seinen Bruder Willi schrieb, bezeugt, daß er trotz seines großen Leidens sein frohes Wesen bewahrt hat. Der Brief ist voll von Anspielungen, in denen er mit chiffrierten Worten und Namen seine Priesterweihe erzählt.

So spricht er von «Friedels Hochzeitsfeier». «Wir hatten schon ernste Bedenken, ob die Hochzeit stattfinden könne. Als dann nach langem Warten die Heiratserlaubnis eintraf, hat sich die Freude als gute Arznei erwiesen, noch mehr die Gnade von oben... Der Standesbeamte (Bischof Piguet) war an der Westfront (Clermont-Ferrand). Herr von Tabern (Tabernakel) hat ihn freundlicherweise beurlaubt. Die Trauung fand am Sonntag Gaudete statt, in aller Form und Feierlichkeit, unter großer Beteiligung der ganzen Verwandtschaft... Friedel hat alles gut gemacht und war sehr glücklich — und ich mit ihm... Mit seiner Frau (Kirche) versteht er sich sehr gut, und sie sorgt liebevoll für ihn. Es ist bestimmt eine glückliche Ehe. Jetzt kann kommen, was will. Das erreichte Ziel macht uns ruhig und zuversichtlich. ...Friedel ist zwar noch krank, aber es wird für ihn gesorgt, wie es die Mutter unter diesen Umständen auch nicht besser könnte. ... Durch die Krankheit und das lange Leid ist er stiller geworden und innerlicher, aber fröhlich geblieben.» (O. Pies, Stephanus heute, 175-176) Niemals habe ich ihn mutlos oder niedergeschlagen gesehen, versichert P. Rehling. «Auch in den düstersten und härtesten Stunden seiner Krankheit war er zufrieden und glücklich. Niemals habe ich ihn klagen gehört.»

Und dennoch hat er am Jahreswechsel 1944/45 tausend Gründe, um zu seufzen und zu verzweifeln. Das Typhusfieber wütet im Konzentrationslager schon mehrere Monate. Es breitet sich eine tödliche Ungewißheit unter den Häftlingen aus. Die Kurve der an dieser Krankheit Sterbenden erhöht sich tragisch: 325 Tote im September, 997 im November, 1915 im Dezember. Am gleichen Tag, als Karl geweiht wurde, starben mehr als 60 Kameraden Karls an Typhus. Im Januar werden es 2888 sein.

Im darauffolgenden Monat sind es dann beinahe 4000, die die Epidemie aus ihrem Elend herausreißt.

Die Krankheit wurde in das Lager eingeschleppt, als im Herbst viele Häftlinge aus dem Osten kamen. Sie wurden unter gräßlichen Bedingungen vor den vorrückenden Sowjets evakuiert. Unter ihnen waren einige ungarische und polnische Juden, der kleine Rest des heroischen Aufstandes im Warschauer Ghetto. Alle diese Häftlinge, die Ärmsten unter den Armen, waren bis auf die Knochen abgemagert. Sie waren voll von Läusen. Ideale Gegebenheiten, damit sich das Typhusfieber ausbreiten konnte.

Der Priesterblock wurde von der Krankheit nicht angesteckt. Pater Kentenich, der sehr früh die fürchterliche Gefahr erkannte, hat die Marienschwestern gebeten, über die Gärtnerei Impfstoffe zu schicken. Ganz Schönstatt wurde mobilisiert. Ende

Dezember waren die Priester von Dachau, Deutsche und Ausländer, alle geimpft. Einige von ihnen fanden sich bereit, die Typhuskranken in den Baracken, in denen die Seuche wütete, zu pflegen. Viele Kranke befanden sich in einem Zustand totaler Niedergeschlagenheit. Viele Priester haben hier ihr Leben gelassen. Das Typhusfieber wütete weiter bis zur Befreiung am 29. April. Danach starben noch 2226 in der Quarantäne, die die Amerikaner bei ihrer Ankunft über das Lager verhängten, um eine Ausbreitung der Seuche außerhalb des Lagers zu verhindern.

Während der letzten Monate ihres zwölfjährigen Bestehens ist die Horrorwelt des KZs obendrein durch alarmierende Gerüchte schwer geprüft worden. Die SS hatte von Berlin die Order bekommen, alle Häftlinge zu liquidieren, indem man das Lager mit Dynamit in die Luft sprengen und durch einen Bombenhagel aus der Luft dem Erboden gleich machen solle. Dann ging das Gerücht um, daß der Chef der Münchener Polizei den Befehl gab, den Vollzug auszusetzen, aus Angst, die Bevölkerung werde beunruhigt; er befürchtete eine gefährliche Verschlechterung der öffentlichen Meinung, wenn das Konzentrationslager ausgelöscht würde. Außerdem gab Himmler, dem die SS unterstand, den Befehl, niemanden von den Häftlingen des Konzentrationslagers in Dachau am Leben zu lassen. Er forderte, daß die größtmögliche Zahl der Gefangenen evakuiert und in die Ötztaler-Alpen gebracht werden sollte.

Inmitten dieses Wahnsinns bleibt Karl ruhig und voll Frieden. Die Ereignisse draußen berühren ihn nicht mehr. Ein wunderbares Licht hat seine Seele erfüllt. Sie ist ganz in den Frieden Christi eingegangen. Bis Ende März schreibt er auch weiterhin zwei Briefe monatlich, wie es durch die KZ-Vorschriften geregelt war; alle erreichten ihre Empfänger, Gott weiß wie, in diesem Chaos. Die Schrift dieser Briefe, schön und regelmäßig, offenbart die Gelassenheit und Heiterkeit des Kranken, der jedoch schon vom Tode gepackt ist.

Am 13. Januar schreibt er an die Familie: «So tief und reich war diesmal die (Weihnachts-)Zeit, ich bin noch ganz voll des

Glanzes, den das göttliche Kind mit seiner Liebe hat aufleuchten lassen. Und an Eurem frohen Bericht über die dörfliche Nikolausfeier sehe ich, daß auch Ihr allen inneren Glanz in die Not der Heimatlosigkeit gerettet habt. Das sehen wir immer mehr, auf den inneren Menschen kommt alles an.» (13.1.1945)

Durch ein Wort, das er im Lager an die Schönstattpriester schickte, eröffnet uns Karl einen Blick in seine spirituelle Verfassung. Er bedankte sich zunächst bei P. Kentenich und P. Fischer, die ihm ein «Stundenbuch der MTA» beschafft hatten, aus dem er große Freude schöpfte. Er machte die monatliche geistliche Gewissenserforschung. Er fühlt sich in Ordnung wie selten, eine glückliche Zeit der Gnade. In diesem Monat habe er sich bemüht, die göttliche Gabe, die ihm geschenkt wurde, tiefer zu verinnerlichen. Dank der Opfer und der Gebete wurde alles fruchtbar. Die Schönstattpriester hatten ihm ein Bild mit ihren guten Wünschen geschickt, das die Inschrift «Victor in vinculis», «Sieger in Fesseln», trug. Im Laufe der vergangenen Wochen konnte er einen wunderbaren Vorgeschmack dieses Sieges kosten. Nach der Weihe, während seiner Primiz hatte er den Eindruck, ins Angesicht seines Königs zu blicken wie ein Ritter und Sieger. Und er empfiehlt sich ganz der geliebten Gottesmutter. Er hatte das Gefühl, daß sie ihn führte und jeden seiner Schritte segnete, jede Bewegung seiner Hand. Er glaubte, niemals so glücklich gewesen zu sein. Er fühlte sich ganz von ihrer Liebe umgeben.*

In seinem Brief vom 27. Januar gibt er seiner Freude Ausdruck, daß am Tag seiner Primiz seine Eltern in Rees waren, wo er fast 30 Jahre zuvor geboren worden ist: «Welch selten schöne Führung des Hl. Geistes. Du gleichzeitig in meiner Geburtsstadt und Taufkirche! So haben wir doch mitten in aller Not so viel Freude, Trost und inneren Frieden, wie ihn nur Gott uns schenkt in der Liebe des Heilandes. Was uns allen noch bevor-

---

* Pfr. Wenzel Sonkup, ein tschechischer Schönstattpriester, hat diese Äußerungen Karl Leisners aufbewahrt. Es gab auch einen Briefwechsel mit den Schönstattpriestern. Leider sind diese Briefe verlorengegangen.

steht, wissen wir nicht, aber auf jeden Fall bewahren wir kühnes Vertrauen auf den Herrn. Er ist's, der alles lenkt und wohl macht. Wie freue ich mich darauf, in Eurer Mitte das hl. Opfer zu feiern. Ich vertraue fest, daß es so wird.» (27.1.1945) Es wird so, aber das Opfer, das er mit seiner Familie feiert, ist das Opfer seines Lebens!

Karl folgt lebhaft der Entwicklung der militärischen Operationen im Rheinland. Am 10. Februar schreibt er: «Südöstlich haben die Kanadier bei Nimwegen angegriffen... Gott schütze Euch alle!» (10.2.1945) Er teilt mit, daß er einen Brief von Heini Tenhumberg von der Front erhalten hat. Und einen anderen von Walter, von Dr. Vinnenberg, der ihn sehr gefreut hat. Es ist das erste Lebenszeichen von Walter Vinnenberg seit dem Tod seines Bruders an der Front 1941.

Der Brief vom 25. Februar 1945 enthält eine Angabe über seinen Gesundheitszustand: «Hier ist seit 1. Februar mildes — zu mildes Übergangswetter, das mir schwer zu schaffen macht. Bin manchmal regelrecht fertig. Na ja, es wird ja auch dieses Jahr wieder Frühling, und dann geht's wieder bergauf, hoffentlich. Mit Schmerz denke ich manchmal an unseren herrlichen Reichswald, den jetzt der böse Krieg zerzaust. Was gäb' ich dafür, wenn ich mal wieder so richtig durch einen grünen Wald wandern dürfte.» (25.2.1945)

Die Anspielung auf seine Krankheit ist außergewöhnlich. Die Briefe strahlen normalerweise vor Optimismus, Vertrauen und Gewißheit. Seine Sorge, das ist nicht seine Person, sondern das sind die anderen, seine verwüstete Heimat. Am 10. März sendet er seiner Familie Ostergrüße: «So sorgt der gute Gott für mich, und ich will dankbar sein und mein Los in Ruhe und Geduld weitertragen. Gerade die Fasten- und Ostergeheimnisse erheben uns ja aus dem finstergrauen Alltag unserer Tage himmelhoch und geben uns die letzte Kraft zum Sieg über alles Schwere dieser staubigen Erde, so daß wir bei allem zeitweiligen Bedrücktsein doch immer wieder den Blick zu den ewigen Sternen erheben. Und unsere Herzenstiefen schöpfen immer wieder Friede und Freude aus diesen unversiegbaren Quellen.» (10.3.1945)

Sein letzter Brief aus dem Konzentrationslager stammt vom 24. März. Ein Brief, der rigoros zensiert wurde. Die SS hält bis zum Ende ihr unmenschliches Reglement aufrecht. Sie lassen jedoch einen harten Satz durchgehen, der sie wie eine Ohrfeige hätte treffen müssen, denn er rief mit einigen Worten die Erinnerung an die verlogene Welt wach, die von den nun ängstlichen Nazis errichtet worden war: «Aus Kosmos ist Chaos geworden, weil der Mensch sich den Dämonen des Chaos überantwortet hat. Und wir wollen auf den Herrn und sein ewiges Lebensgesetz (schauen) und vertrauen, daß wieder Friede (und Ordnung, Würde und Recht unter uns) armen Menschen (kindern werde. Der Auf) erstandene wird uns Hilfe senden, wenn wir geduldig beten, leiden, opfern. Und so wird auch wieder Frühling werden um uns und wieder sonniges Lachen einzieh'n in unsere geprüften Herzen.» Und er schließt: «Trotz allem frohe, sonnige Ostergrüße.» (24.3.1945) (Die Worte in Klammern wurden von der Zensur mit schwarzer Tinte ausgestrichen.)

Ende März geschieht etwas Unerhörtes. Pfarrer und Priester werden freigelassen. Unter ihnen auch Bischof Piguet, Pater Kentenich und Pater Pies. Himmler hatte diese Entscheidung getroffen, um seinen guten Willen gegenüber dem Grafen Bernadotte zu bezeugen, mit welchem er im geheimen über die Übergabe Deutschlands verhandelte, in der unsinnigen Hoffnung, dadurch seine Haut zu retten.

Karl ist stark getroffen vom Weggang seines treuen Freundes, der sich wie eine Mutter um ihn sorgte. Einmal frei, bemühte sich P. Pies über Kardinal Faulhaber, Karl aus humanitären Gründen freizubekommen. Vergebens. Der Kranke mußte allein seinen Kreuzweg gehen, bis zum letzten Schritt.

Fünf Wochen später, am 4. Mai, dem ersten Freitag im Monat — Herz-Jesu-Freitag — wird Karl seinen Beichtvater und Freund in den glücklichsten Verhältnissen wiedersehen. P. Pies wird ihn nämlich an jenem Tag aus dem Dachauer Höllenreich herausholen... Er hat an Karls Seite seit zwei Jahren eine gewichtige Rolle gespielt und einen geistlich durchschlagenden Einfluß ausgeübt. Ihm verdankt Karl eigentlich die Priesterweihe. Der zielbewußte, selbsttätige Jesuit hat alles in Bewegung gesetzt, nachdem die Einlieferung des französischen Bischofs ins KZ eine Weihe im Prinzip ermöglichte. Er selbst wird wohl als erster die scheinbar wahnsinnige Idee einer Priesterweihe im KZ ersonnen haben. Die Freundschaft, die ihn mit Karl verband und die mit der Zeit tiefer und tiefer im schrecklichen Leid wurde, mag ihm diesen feinsinnigen, aber auch fast unzugänglichen Blütentraum eingeflößt haben.

Jesuitenpater Dr. Otto Pies stammte aus einer alten rheinländischen Familie. Er wurde 1901 in Arenberg bei Koblenz geboren. 1920 war er in die Gesellschaft Jesu eingetreten, in der er 1930 zum Priester geweiht wurde. Im Jahre 1933 wurde er Novizenmeister der Ostdeutschen Jesuitenprovinz. Als das Noviziatshaus zu Mittelsteine 1940 beschlagnahmt wurde, übersiedelte P. Pies mit seinen Novizen nach Hoheneichen bei Dresden. Im Frühjahr 1941 wurde auch dieses Noviziat beschlagnahmt. Seit Beginn hatten die Nazis den glaubenskräftigen, unerschütterlichen Jesuit bespitzeln und beschatten lassen. Am 31. Mai 1941 wurde er schließlich von der Gestapo verhaftet. «Staatsfeindliches Umtreiben» hieß die Anklage, mit der Begründung «Beichthören und Messelesen eines polnischen Jesuiten, der später in Dachau an Hunger gestorben ist, Exerzitien der Gymnasialjugend aus Dresden und Umgebung, religiöse Vorträge am Werktage usw.» Es handelte sich da um ausgesprochen religiöse Betätigung...

Am 2. August 1941 traf P. Pies mit einem Sammeltransport im Lager Dachau ein. Dort wurde er bald Spiritual der Gemeinschaft der Jesuiten, die im geheimen kanonisch errichtet wurde. Auf seine Anregung hin verrichtete man auf den drei Priesterblöcken gemeinsames Gebet. Er selbst begann am 15. Oktober 1941 abends im dunklen Schlafsaal Betrachtungsgedanken für den nächsten Tag vorzutragen. Andere Priester gesellten sich als aktive Werkzeuge hinzu. P. Pies übernahm die Wahl und Verteilung der Themen, bis er zwei Jahre später als Revierpfleger den Priesterblock verließ, um mitten unter den Schwerkranken in den Revierbaracken zu wohnen. Inzwischen hielt er öfters abendliche Vorträge im Priesterblock, wo Pater Kentenich auf Stube vier ein Jahr lang die abendliche Andacht geführt hatte.

Im Dezember 1942 brach in Dachau eine schreckliche Bauchtyphusepidemie aus. Einen Monat später lagen 1200 Häftlinge mit Typhus im Revier. Wegen der schlimmen Seuchengefahr wollten die bisherigen Pfleger den Krankendienst nicht mehr versehen. Und so wurden freiwillige Priester in den Sanitätsdienst aufgenommen. Unter ihnen P. Pies. «Durch gute Beziehungen und Bestechungen» gelang es ihm, eine Dauereinlaßkarte für alle Krankenbaracken zu erwirken. Damit konnte er die Kranken besuchen und versehen, vor allem in den Seuchenbaracken, wo sie strengstens isoliert und verlassen lagen. Wie durch ein Wunder blieb er selbst von jeder Infektion frei.

In diesen Verhältnissen wurde P. Pies mit Karl Leisner bekannt, der im Lungenkranken-Revier dahinschmachtete. Er erkannte bald die geistige Tiefe und die totale Opferbereitschaft des jungen Diakons. So knüpfte sich ein wertvolles Band zwischen dem 41jährigen Jesuitenpater und dem 27jährigen Diakon. Er betreute und pflegte ihn Tag um Tag und brachte ihm regelmäßig die heilige Kommunion. Er bereitete ihn durch Exerzitien zur Weihe vor, stand ihm bei der Spendung der heiligen Weihe bei und assistierte ihm bei seiner ersten und einzigen heiligen Messe am Stephanusfest.*

Am Weihetag hatte er Karl einen rührenden Brief überreicht. Er wollte in der Schrift festhalten, was ihn bei diesem Anlaß so mächtig ergriff. «Es war das schönste, was mir gesagt und geschrieben wurde», schreibt Karl am 3. Januar 1945. Und er liest ab und zu die kostbaren Zeilen wieder: «Mein teurer Karl, lieber Freund», hatte P. Pies am Gaudete-Sonntag 1944 geschrieben, «heute nimmt der Heiland Dein Leben, Dein Herz, Dein ganzes Sein tief in sich hinein. Du beginnst ein überpersönliches Leben, über Dich hinausgehoben, in Ihm und für Ihn und die vielen Seelen, für die Du beten und opfern, Ihn opfern und

---

* Daher wohl der Titel der Karl-Leisner-Biographie von P. Pies: «Stephanus heute: Karl Leisner, Priester und Opfer» (1951).

Dich opfern darfst – sacerdotis est offerre (Des Priesters Tun ist das Opfern). Die ganze Schwere und Seligkeit eines Lebens in Ihm und für Ihn wirst Du noch mehr als bisher fühlen.

Deine Weihe verbindet auch unsere Herzen noch inniger. Du gehst nun neben mir als Priesterfreund und Bruder, eins mit mir auch in der sakramentalen Gnade. Ich kann Dir nicht sagen, wie sehr ich darüber glücklich bin. Nichts finde ich, was Ausdruck sein könnte dessen, was ich empfinde und Dir sagen möchte... Unsere Liebe wird heute noch reiner und tiefer, sie strebt in die Ewigkeit mit ihrer Fülle, ihrem Einssein und ihrem bleibenden Jetzt. Bis dahin bleibe ich, wenigstens geistig, stets an Deiner Seite, liebster Karl, Deine Seele und Deinen Leib zu schützen und zu pflegen, und Dir ein kleines Aufleuchten der ewigen Liebe zu sein, die Dich gerufen und in ihren Lichtkreis hineingenommen hat, an die Du auch in dunklen und schweren Stunden tapfer geglaubt hast. Dieser Liebe wollen wir uns beide ganz übergeben. Laß uns in der Liebe bleiben, dann bleiben wir in Gott. *Cor ad Cor Corde* (Herz an Herz im Herzen Jesu). Dein Otto.»

P. Pies schreibt mehrmals ins KZ nach seiner Entlassung. Er schickt Karl Arzneien. Er muntert ihn auf. Auch Karl kann ihm mehrere Briefe zukommen lassen. So schreibt er am 12. April: «...Vorgestern erfolgte Durchbruch des Eiters durch die Pleura... Schlafe schlecht, bin sehr erschöpft.» Man sieht es an der unregelmäßigen dünnen Schrift!

Eine Woche später schreibt Karl P. Pies:

«Vielleicht schließt sich die Perforation wieder. Viel schlimmer plagt mich seit zehn Tagen die Diarrhöe. In einer Woche 4,5 kg abgenommen; hab' noch 60 kg. Bin sehr abgespannt und schwach... Ich vermute, daß der immer noch nicht geheilte furchtbare Husten die ganze Darm- und Magenmuskulatur so geschwächt, überhaupt die ganze Nervenkraft (eine Nacht mit Schlaf gibt's noch immer nicht) so mitgenommen hat, daß das die traurige Folgeerscheinung ist... Seelisch bin ich sehr matt, aber geduldig... Bleiben wir bei Ihm, auch wenn's manchmal *vesperavit* (es dämmert). Er wird uns heilen und erretten. In alter treuer Liebe. Dein Karl.» (20.4.1945)

Solcherlei wehmütige Zeilen sind bei Karl nicht üblich. Dem Freund, der mit ihm die schlimmen Zeiten miterlebt hat und seinen argen Zustand kennt, darf er alles anvertrauen. Er bleibt jedoch nicht hoffnungslos. Er hofft immer noch auf eine Heilung durch den göttlichen Heilbringer.

Das Ende rückt näher. Im Osten ist Ostpreußen, vorgeschobener Posten der erobernden Germanisation, im Sturm von den Sowjets genommen worden. Die deutschen Truppen, die die Ruhr verteidigten, kapitulieren. Amerikanische Truppen stoßen Richtung Prag vor, dann stoppen sie ihren Vormarsch. In Jalta haben Roosevelt und Churchill Stalin eine Einflußzone auf Mittel- und Osteuropa zugestanden. Prag und Wien werden durch die Sowjets besetzt. Osteuropa tritt in eine lange Nacht ein... Am 10. April setzten sich die Truppen Marschall Joukovs auf Berlin in Bewegung. Am 30. begeht Hitler Selbstmord.

Einen Tag zuvor wurde das Konzentrationslager von Dachau befreit. Im Papierkorb der Lagerleitung fand man einen schriftlichen Befehl aus Berlin: «Kein Gefangener darf lebend in die Hände des Feindes fallen.» Im Zusammenbruch lief die Tötungsmaschinerie von nun an ins Leere...

45.

«In deine Hände, Herr...»

Einige Tage vor der Befreiung können inmitten des Chaos, das im Lager herrscht, 30 Häftlinge ausbrechen. Einem von ihnen gelingt es, sich bis an die Front durchzuschlagen, die 30 Kilometer westlich von Dachau steht. Er nimmt Kontakt mit den amerikanischen Truppen auf und beschreibt ihnen die erschreckende Situation, die im KZ in Dachau herrscht. Er macht sie auf die Gefahr der Vernichtung des Lagers aufmerksam. Der amerikanische Kommandant schickt sofort einen Panzerverband der 45. Division, der ohne Widerstand das Konzentrationslager in seine Gewalt bringt. Dies geschieht am Abend des 29. April. Im Lager liegen die ausgezehrten Körper von etwa 100 Typhusopfern: die unheimliche Ernte dieses Tages. Die Amerikaner sind niedergeschmettert von dem, was sie in dieser Hölle entdecken.

Das bevorstehende Ende des KZs vor Augen, beginnt Karl wieder am 28. April mit seinem Tagebuch, nach einer Unterbrechung von fast sechs Jahren. Die immense Unruhe und Aufregung der Menschen gestattete ihm kaum mehr, als einige Linien zu ziehen, schnell hingeschrieben, im Telegrammstil. Er denkt an den Weggang – zwei Tage vorher – der tragischen Kolonne von 7000 Häftlingen, darunter etwa 100 deutsche Priester. Ein wirkliches Alarmzeichen für das Vorrücken der amerikanischen Panzereinheiten.

«Gr. Erwartung. Viel gebetet. Bin sehr schlapp. (Durchfall seit drei Wochen – Perforation eitert.) Geduld. Hoff', o du arme Seele, hoff' und sei unverzagt...! Gott wird helfen! M.h.c.» (28.4.1945) Die Buchstaben M.h.c. bedeuten: Mater habebit curam (Die Mutter wird sorgen).

Am 29., dem Tag der Befreiung, spürt Karl intuitiv die bevorstehenden entscheidenden Ereignisse. Der Tag hatte begonnen mit Lärm von Geschützen: «Große Hoffnung! Der Tag für Freiheit und für Brot bricht an.» Das sind die Worte eines Liedes, das Karl für die Kranken des Reviers und zu seiner eigenen Freude sang.

«Die weiße Fahne auf Kommandantur usw. — Was wird geschehen? Um 6.30 Uhr die ersten amerikanischen Soldaten. (Vorher Gerücht, das Lager sei übergeben.) Riesiger Jubel im Lager, Freudenausbrüche bis an die Grenze des Möglichen. Die amerikanischen Soldaten werden zerdrückt. Polen stürmen die SS-Wache, zertrampeln das Hitlerbild, zerschmettern die SS-Gewehre. Eine Stimmung, unbeschreiblich. In zehn Minuten flattern die Fahnen der befreiten Nationen. Herrlich! Ich liege schwerkrank da. Höre das alles nur von weitem und vom Erzählen. Ziehe mir die Decke übers Gesicht und weine zehn Minuten lang vor Freude.

Endlich frei von der verdammten Nazityrannei! Bis auf zehn Tage waren es fünfeinhalb Jahre hinter Gittern. Ich bin überglücklich. Heil unseren Befreiern! Die Aufregung auf der Revierstation ist groß. Jeder Halbgesunde rennt ins Lager und erzählt hinterher. Die Turmbesatzung hatte die weiße Fahne gehißt. Trotzdem zieht noch einer seinen Browning. Alle werden prompt umgelegt... Die Nacht schießt eine schwere amerikanische Batterie über das Lager hinweg. SS will das Lager wieder erobern, sagt man. Aber alles geht gut. Deo gratias!» (29.4.1945)

Seit Monaten war jede Zustellung von Paketen untersagt. Die Häftlinge verhungerten. Am 30. April schreibt Karl: «Int. Häftlingskomitee gebildet. Essen fabelhaft viel Fleisch. Riesenportionen, Wieder einviertel Brot. Viele sind froh. Jubel im Lager, Freude. Amerikaner fotographieren alles. 50 Waggons Leichen haben sie auf dem Dachauer Bahnhof gefunden.» (30.4.1945)

Mit Datum vom 1. Mai gibt das Tagebuch an: «Den ganzen Tag Umzüge. Singen, Trompeten usw.» (1.5.1945)

Während dieser Zeit bemühte sich P. Pies, einen Weg zu finden, Karl aus dem Lager herauszubekommen. Die Quarantäne, die wegen des Typhus über das Lager verhängt wurde, untersagt jedwedes Verlassen. Es ist eine grausame, aber notwendige sanitäre Entscheidung, welche die Herzen der 33 000 Gefangenen bricht, die in den Baracken auf einem unbeschreiblich engen Raum eingepfercht sind. Aber nun erträgt man das Unerträgliche, denn jeder fühlt sich innerlich befreit. Auf dem verfluchten Appellplatz errichten sie ein Kreuz. Gottesdienste werden organisiert. Die Nationalhymnen erschallen überall. So ist es jeden Tag.

Am 3. Mai schreibt Karl: «Große Feier der Polen auf dem Appellplatz mit Feldgottesdienst. Herrlicher Altar. Französischer General und amerikanischer Feldkaplan sprechen. Herrliche Sache!» (3.5.1945)

Am nächsten Tag, dem 4. Mai 1945, ist der erste Freitag des Monats. Es ist Herz-Jesu-Freitag, das Fest, das Karl so viel bedeutet. Mit Hilfe des Pfarrers von Dachau, des mutigen Pfarrer Pflanzelt, der es niemals scheute, sein Leben zu riskieren, um Strafgefangenen zu helfen, dringt mit P. Pies in das Lager ein. Außerhalb wartet ein Auto. Karl zieht sich in Eile an, und man wechselt ihm seinen Verband: «Otto (P. Pies) muß mich durchs Revier führen. Schlapp bin ich. Über den Appellplatz — Abschied. Das Riesenkreuz und der Altar mit den Fahnen stehen noch da. Abschied vom Lager. Gut durchs Tor und Entlassung. Ins Auto. Deo gratias!» (4.5.1945)

Sie fahren zunächst ins Pfarrhaus nach Dachau. Man umsorgt ihn, gibt ihm zu essen. Karl ist tief bewegt von diesen Aufmerksamkeiten. Der Pfarrer feiert morgens eine Dankmesse. «Prächtiger Mann!» Und erneut ins Auto. Karl wird ins Sanatorium nach Planegg, zwölf Kilometer südwestlich von München gebracht. Der Ort ist ganz von schönen Eichenwäldern umgeben. Jeder in Bayern kennt ihn wegen seiner Pilgerkirche Maria Eich. Der Pilgerort hat seinen Ursprung im frühen 18. Jahrhundert. Hier, bei der Mutter Gottes, wird Karl sterben.

Während der Fahrt gerät Karl ganz außer sich beim Anblick von blühenden Apfelbäumen. Karl wurde in Planegg in ein Bett mit weißem Leinen gelegt, umgeben von gütigen und hilfsbereiten Schwestern und Ärzten. «Überglücklich! Danken, danken, Eucharistia...! Allein! In einem eigenen Zimmer. Welche Seligkeit!» (4.5.1945)

Am nächsten Tag, am Samstag, 5. Mai, schreibt er in sein Tagebuch: «(Maria Patrona Bavariae) Mit Dankes- und Freudentränen war ich eingeduselt.

O, wie wohl ist mir. Wie ist Gott so unendlich gut! Wenn die Not am größten, hilft er. Nur die Ganzhingabe wollte er vorher. ... Die Pflege der guten Schwestern tut so gut. Die Dachauer düsteren Bilder fallen langsam von der Seele. Ich bin freier Mensch, Alleluja! Wiedergeboren! Wieder zur Menschenwürde gelangt. Blumen auf dem Tisch. Das Kruzifix an der Wand. Die Schwester bringt noch das Kölner Dombild von Stephan Lochner von Unserer Lieben Frau. Alles empfehle ich ihr, meiner geliebtesten heiligen Mutter. M.h.c. (Mater habebit curam – die Mutter wird sorgen)! Oft grüße ich sie mit Tränen in den Augen.» (5.5.1945)

Die Ärzte beginnen mit der Behandlung. Untersuchungen. Röntgenaufnahmen. «Ich vergehe fast vor Freude und Dankbarkeit.» Der Chefarzt fragt ihn nach dem Konzentrationslager in Dachau: «Läßt mich erzählen. Den Dreck von der Seele wegspülen. Das Mittagessen ist prächtig. So fein serviert alles und weiße Wäsche. Ich bin über alles so froh. Der Wald schaut zu mir herein. Eine frische Birke. Ein grüner Buchenbusch. Und frisch ausgeschlagene mächtige Fichten. Ich schaue, döse, träume, danke, streife Dachau ab. – Wie wonnig. – Hier kann sich Leib und Seele erholen. Ich kann wieder recht beten. – Aus der Stille spricht Gott. – Obwohl ich so schlapp bin.» (5.5.1945)

Tags darauf, 6. Mai, ist ein Sonntag. Karl hört der Messe zu, die über das Radio übertragen wird. Die Predigt gefällt ihm. Er bekommt Besuch: «Überhaupt ist alles so gut und lieb wie im Paradies!» (6.5.1945) Dann macht Karl drei Wochen keine Eintragungen mehr in sein Tagebuch. Er fängt damit wieder am

1. Juni an, an einem Herz-Jesu-Freitag. P. Pies brachte ihm Wäsche und eine warme Decke von Fräulein Hölz aus Dachau («Meine große Wohltäterin»). «Welch gute, treue, katholische Menschen! Ich bin so glücklich. Otto bringt die altgoldgerahmte Weiheurkunde von Pfarrer Geistl. Rat Pflanzelt, Dachau. Herrlich. Meßgarnitur usw. aus dem Lager zurück.» (1.6.1945) Karl hatte Gelegenheit, sich persönlich beim Pfarrer von Dachau zu bedanken, der zu Besuch kam. Am 28. Mai gab er Hermann Werhahn aus Neuß, der ihn besuchte, eine Nachricht nach Hause mit; das erste Lebenszeichen, das er seiner Familie zukommen lassen konnte. Die Post funktionierte nicht mehr, die Eisenbahnen fuhren ganz ohne Fahrplan. Und er schließt seine Eintragungen an diesem Tag: «Den Fronleichnamstag mit Dank an die MTA (Mater Ter Admirabilis) beschlossen. O gesegneter, glücklicher Mai 1945! Jesus mach mich sanft und demütig von Herzen! Bilde mein Herz nach Deinem Herzen!» (1.6.1945)

«2. Juni 1945 (Priestersamstag).

Alles für die Priester und neue Kandidaten. "Wecke, Herr, Priester Deines göttlichen Herzens!"» (2.6.1945)

Von da ab sind die Eintragungen ins Tagebuch schwer zu lesen. Trotz der hervorragenden Fürsorge wird sein Gesundheitszustand immer schwächer; er hat eine Schwelle überschritten, wo es kein Zurück mehr gibt. Am 5. Mai schreibt er: «Furchtbar schlaff.» Am 8. Juni, am Herz-Jesu-Fest: «Alles für das göttliche Herz, für Priester und Kandidaten. Seinem Herzen Sühne. Metanoeite. (Bekehret euch.) Otto abends allein lange da. Sehr schön. Leider hohes Fieber.»

Am 11. Juni legt man ihm eine Bülau-Drainage an, um den Eiter aus der Lunge zu bekommen. Er muß sich an einen Schlauch gewöhnen. Am nächsten Tag hat er einen bösen Husten, der ihm keine Ruhe läßt. Keine Klage. Nur Worte des Opfers und der Dankbarkeit.

Die Erleichterung, die er bei der Befreiung empfunden hat, hält nicht lange an. Von nun an hat er starke Schmerzen bis zum Ende.

Sie löschen das Leben des Körpers aus, Stück für Stück, aber ohne die Seele zu berühren, die in Frieden und Freude bleibt. Sie erhebt sich in einen Bereich der Heiligkeit, wo sie nur noch für die Liebe erreichbar ist. Er opfert so sein Leiden Gott auf, damit es Anteil hat an der Sühne der Sünden. Er weiß, daß er sterben muß. So vollbringt er die Opferung seines Priestertums für das Heil der Menschen. Er ist Priester, der dem Hohen Priester am Kreuz gleichförmig ist, sühnend die Sünde der Welt. P. Pies, der ihm während der langen Leidenszeit zur Seite steht, schreibt: «Trotz der zunehmenden Beschwerden blieb er der frohe, sonnige Mensch von früher, zeigte aber mehr noch als früher in seinem Antlitz und in seinem Sprechen eine wundersame innere Reife und seelische Tiefe. Er denkt kaum an sich und spricht nur selten von seinem Schicksal. Dagegen interessiert ihn alles, was in der Kirche vorgeht. "Wie geht es dem einzigen überlebenden deutschen Kardinal?", war seine erste Frage beim Empfang der Nachricht vom Tode der Kardinäle von Breslau und Köln. Oft erkundigt er sich nach dem Ergehen seiner Freunde, und er betet mehr für andere als für sein eigenes Wohl.» (O. Pies, Stephanus heute, 192)

Am 13. Juni, dem Fest des hl. Antonius von Padua, schreibt er: «Bei Mutter. Sie verehrte ihn so sehr.» Er erfährt, daß P. Rösch, den er in Dachau schätzen gelernt hatte, zurück in München ist. «Herrliche Freude! Deus potest omnia! Alleluja! Nil impossibile. (Gott vermag alles. Nichts ist ihm unmöglich.) (13.6.1945)

Der Arzt verordnet ihm Beruhigungsmittel. Trotzdem schreibt er im Juni immer wieder: «Böses Husten», «Fieber», «Bronchitis», «Lungenentzündung». Das Leben zerfällt in dem Maß, in dem die Beschwerden zunehmen.

So schreibt er am 15. Juni: «5.30 Uhr wieder, dann bis 6.30 Uhr furchtbare Hustenanfälle. Um 6.45 Uhr vor Erschöpfung eingeschlafen. Wieder Husten nach dem Waschen. Stört die Andacht zur heiligen Eucharistie. O, liebster Jesus, hilf mir! Pius X., ora pro me! Alles für das göttliche Herz. Heute Oktav! – MTA (Mater Ter Admirabilis) alles für Dich. Nicht mutlos und ungeduldig werden, gelt!» (15.6.1945)

Am gleichen Tag kam P. Pies von der Niederlassung der Jesuiten in der Nähe von München mit einem Hähnchen und zwei Schlafanzügen. Er hat vor, mit dem Motorrad nach Koblenz zu fahren, um Karls Vater mitzubringen. So verbringen sie einen schönen Nachmittag miteinander: «Wir sprechen von seiner Reise nach dem Westen. Vom heiligen Herzen; ach, wie gut verstehen wir uns. Wir gehören zusammen. Ein ganz herrlicher Nachmittag. So vieles sagen wir uns ohne Worte» (15.6.1945)

«In den langen Stunden des Liegens im eigenen Zimmer gingen seine Gedanken oft zurück zu den Ereignissen der letzten Jahre. Vor allem war es die heilige Priesterweihe, die ihn erst jetzt so recht zu beglücken vermochte... Da erwachte auch aufs neue die tiefe Sehnsucht nach dem heiligen Opfer... Da faltete er die Hände, betete so innig fromm, so rührend wie ein gutes Kind: Nur einmal noch Vater, laß mich das Opfer Deines Sohnes darbringen, ein einziges Mal willst es mir gewähren. Es würde mir soviel Freude machen. Dann hob er seine Hände wie bei der heiligen Wandlung, als habe er die heilige, geweihte Hostie, sein Blick folgte der Bewegung der Hände, und sein Antlitz trug einen so rührenden Zug von Sehnsucht und gläubiger Liebe, daß es erschütternd war, den todkranken Priester in seiner Sehnsucht zu sehen und ihm nicht helfen zu können.» (O. Pies, Stephanus heute, 193-94)

Am Samstag, dem 16. Juni, nachdem er mehrere Personen gesegnet hat, schreibt er: «Ich bin froh, segnen zu dürfen.» Zwischendurch schaut er sich die Bilder aus einem herrlichen Europa-Band an: «Ich bin auf Fahrt und staune und freue mich.» Auf dem Grund seines Herzens sagt er ein Gebet, das seine ganze Liebe zu Europa zusammenfaßt, Deutschland eingeschlossen, das er so sehr liebt und das von Ruinen überzogen ist. Er hat fünf Jahre im Europa der Schmerzen gelebt. Er wurde Priester, inmitten der Priester aus ganz Europa. Er hat die Seele Europas berührt. Er kennt wie kein anderer das Übel, das an ihr nagt. Er kennt auch das Heilmittel. So kann er laut rufen:

«Nur eins!
Du armes Europa,
zurück zu deinem Herrn Jesus Christus!
(Dort ist deine Quelle für das Schönste, was du trägst.)
Zurück zu den frischen Quellen der göttlichen, wahren Kraft!
Heiland, laß mich ein wenig dir dabei Instrument sein,
oh, ich flehe dich an!» (16.6.1945)

Am folgenden Tag wird er vom Gezwitscher der Vögel frühmorgens geweckt: «Bete seit langem zum ersten Mal wieder die Prim. Wie schön ist das Gebet der heiligen Kirche...! Das erste von Ottos Huhn gab's um 10 Uhr als Nudelsuppe mit Fleisch. Ia! Abends nett mit Frl. Doktor, die zur Visite kommt, über Gestapo-Begegnungen unterhalten. Gut geschlafen nach anfänglichen Hustenanfällen. Zeige der Küchenschwester, die Nachtdienst hat, die Weihedokumente.» (17.6.1945)

Am 18. Juni schaut er sich noch lange die Fotos aus dem Buch über Europa an: «England (was für ein herrliches Land), Irland (grün und arm)... Schweden (einzig)...»

Am Mittwoch, 20. Juni, notiert er, daß die Saugpumpe guttut, mit der er den eitrigen Auswurf aus der Lunge entnommen bekommt. Er bewahrt eine schwache Hoffnung. Wie immer gibt er die Schlacht noch nicht geschlagen: «Gott, schenk mir bald Heilung.» Er äußert den «Wunsch, die Schönstatthoren zu haben». Abends erhält er einen Abschiedsbrief von Herrn Richartz, dem Seelsorger der Schwestern. Er hat das so sehr gewünschte Stundenbuch beigefügt.

Karl macht neun Tage lang keine Eintragungen mehr. Er ist zu schwach dazu. Erst am 29. führt er sein Tagebuch wieder weiter. An diesem Tag, am späten Abend, wird ihm eine seiner größten Freuden widerfahren.

Der Brief, der von dem Herrn aus Neuß mitgenommen wurde, macht seinen Weg. Er kommt am Bestimmungsort in Kleve durch eine unmittelbare Kette an, deren letztes Glied der Bäcker ist. Karls Eltern wissen nun, daß ihr Sohn lebt. Sie entschließen sich, ihn so schnell als möglich zu besuchen. Die Reise auf Lastwagen und Güterwagen dauert fünf Tage, eine Reise mit unglaublichen Umwegen. Am 29. Juni, um 21.15 Uhr, meldet Schwester Arsenia dem Kranken noch einen Besuch. Karl denkt sogleich an seinen Vater. Die Tür öffnet sich. Nicht nur sein Vater, sondern auch seine geliebte Mutter stehen da. Man umarmt sich aus tiefstem Herzen. Alle sind tief gerührt. «Wir sind beisammen. — Deo gratias!»

Der Vater kann nur einige Tage bleiben, denn er muß zurück zur Arbeit. Aber die Mutter bleibt bei ihrem Sohn. Glücklicherweise hat man ihr Lebensmittelkarten besorgt. Sie bleibt bei Karl bis zu seinem Ende.

Am 10. Juli bringt man ihm ein Kind. «Ich darf das Kleine segnen. Denk an den guten Heiland, goldenes Kind.»

In der Zwischenzeit hat der Erzbischof von München erfahren, daß Karl gerne eine zweite Messe feiern oder wenigstens an einer Messe teilnehmen wolle. Er gibt die Erlaubnis, eine Messe im Zimmer zu feiern. Karl ist überglücklich. Er wünscht, daß diese Messe auf den 25. Juli festgelegt wird, das Fest des Apostels Jakobus. Es ist auch das Fest von Pastor Küppers, des Pfarrers der Stiftskirche, der während eines Fliegerangriffs auf Kleve ums Leben kam.

Am 23. Juli bekommt er ein kleines Geschenk, «ein herrliches Birkenholzbrünnlein mit feinsten Röschen und Moos... Welch feine Liebe! O wiedergefundene Liebe und Würde des Menschen! Wir armen KZler. Sie wollten unsere Seele töten. O Gott, wie dank ich Dir für die Errettung ins Reich der Liebe und Menschenwürde. Ja, es ist in Dachau viel echt und unter Leid Liebe und Würde erwiesen worden, und doch, wie arm waren unsere äußeren Möglichkeiten. — Und wie gräßlich Haß und Stumpfheit, die einen wider Willen umgab. Herr, gib, daß ich immer mehr dich liebe! ...Ich danke Dir für alles. Verzeihe mir meine Schwächen!» (23.7.1945)

Nachmittags kam seine Mutter wieder. Sie brachte Leberwurst und Käse mit. «Die lieben Laimer! Möge Franz bald neue Arbeit finden! Ich will beten (ach wie kurz leider nur) und opfern.» (23.7.1945) «Ganzen Tag vor Erschöpfung geschlafen. Der gute Dr. Corman ist so lieb und rücksichtsvoll zu mir wie ein väterlicher Freund und Bruder. Gott segne ihn reich!» (24.7.1945)

Am Mittwoch, 25. Juli, fand das so sehr erwartete Ereignis statt, das hl. Opfer der Messe. Das Zimmer war viel zu klein, der Altar war außerhalb im Flur aufgestellt. Das Bett stand gegenüber: «Die ganze, stille, tiefe Freude, das heilige Opfer mit dem Freund zusammen feiern zu dürfen, durchströmt mich... Seit sieben Monaten die erste heilige Messe, an der ich "praesentia corporalis" teilnehmen darf. ... Es ist eine solch wunderfeine Stille über den "Circumstantes". (Mutter, Frau Oberin, Pfarrer Wald, Dr. Corman, Franz Aichta, usw.) S. Orlanda hatte alles so fein hergerichtet...» Nach der Messe gab es ein wunderbares Frühstück, welches an das vom 17. Dezember erinnerte: «War nach der Anstrengung sehr müde. Zum Essen zu müde, so daß Mutter mich mittags fütterte mit dem dritten Teil des Breies. Nachmittags von 2 bis 5 Uhr mit Mutter über die liebe zerstörte Heimat und ihre Menschen geplaudert. Zu lang! So, jetzt schlafen; es ist 9.20 Uhr abends. Gut Nacht, ewiger, heiliger Gott, liebe MTA, liebe Heiligen alle, alle lieben Lebendigen und Toten nah und fern! Segne auch, Höchster, meine Feinde!» (25.7.1945)

Mit diesen Segensworten für diejenigen, die uns hassen und die Jesus uns im Gegenzug zu lieben bittet, schließt das Tagebuch Karl Leisners für immer. Begonnen wurde es 1927 mit einem ungelenken Rechenschaftsbericht über ein Treffen, beschlossen wurde es mit einer wunderbaren geistigen Wegweisung, durch eines der letzten Worte des Gekreuzigten. Ganz gleichförmig mit dem Meister, ist der Jünger von nun an bereit, sich mit ihm zu verbinden. Es bleiben ihm noch 18 Tage zum Leben.

Die Krankheit schreitet schnell fort, und die Kräfte nehmen ab. Karl bleibt trotz allem freundlich und strahlt eine innere frohe Sicherheit aus. Er interessiert sich auch weiterhin lebhaft für das, was um ihn geschieht und worüber man gerade spricht. Jedoch verliert er von Zeit zu Zeit das Bewußtsein. Vom 7. August an muß man nachts bei ihm wachen.

In diesem extremen Zustand strengt er sich an, die Barmherzigkeit zu leben. Die Schwestern, die ihn pflegen und die gewöhnt sind, Sterbende und Schwerkranke zu trösten, werden für dieses eine Mal selbst von dem jungen Priester getröstet, der auf sein Golgotha zuschreitet. Es ist wahr, daß auf dem Höhepunkt, auf dem er sich befindet und wohin er auf einem sehr langen Kreuzweg geführt wurde, nicht mehr er es ist, der lebt, sondern Christus, der in ihm lebt. Er tröstet auch seine arme Mutter, die er so sehr liebt. Er weiß nun, daß es nicht mehr die kleinste Hoffnung auf Besserung gibt: «Mutter, ich muß dir etwas sagen, doch du darfst nicht traurig sein. Ich weiß, daß ich bald sterben werde; doch ich bin froh dabei.» (O. Pies, Stephanus heute, 200)

Am Abend des 8. August wird ihm eine letzte Freude zuteil: Maria, Elisabeth und Paula kommen von Kleve nach Planegg, nach einer Fahrt mit großen Hindernissen. Dieser so lange erwartete Besuch läßt noch einmal die Flamme aufleuchten, die dann erlischt. Am nächsten Morgen plaudert er lange mit seinen Schwestern. In diesem wiederhergestellten, innigen, geschwisterlichen Vereint-Sein — nur Willi fehlt, er sitzt in Berlin fest — hat Karl einen fruchtbaren und tiefen Austausch mit seinen drei Schwestern. Nach sechs Jahren Trennung haben sie sich so viele Dinge zu erzählen. Kleve steht im Mittelpunkt ihres Gespräches. Der wiedergefundene Bruder ist so lebhaft und voll Freude. Die Schwestern sind erstaunt über das glückliche Wiedersehen. Aber sie können doch nicht verhindern, daß ihr Herz bedrückt ist wegen der physischen Verheerung, die die Krankheit angestellt hat. Karls armes Gesicht, aus dem allein noch der Blick des Geistes, der in ihm wohnt, leuchtet, ist total abgemagert. Hier offenbart sich, daß der Tod nicht mehr lange auf sich warten läßt.

Die Schwestern verlassen das Zimmer. Ein letzter Blick voll Liebe auf den Bruder. Karl sinkt in seine Schmerzen zurück. Er ist total erschöpft durch diese letzte Anstrengung.

In diesem Zustand lebt er während seiner letzten Tage. Am Sonntag, 12. August, gegen 5 Uhr morgens, beginnt sein Todeskampf. P. Pies, der ihn seit drei Jahren treu auf seinem Kreuzweg begleitet hatte, ist bei ihm. Er hält ihm das Kruzifix und betet die Sterbegebete. Karl ist bei Bewußtsein; er gibt zum Schluß seinem Freund die Hand, um ihm Adieu zu sagen. Der Lebensatem nimmt nach und nach ab, dann bleibt er stehen. Karl Leisner ist in das Jenseits hinübergewechselt.

Er stirbt am 12. August 1945. Sogleich beginnt seine priesterliche Sendung. Im Dienste der universalen Kirche und vor allem der Priester, der Jugend Deutschlands und Europas.

46.

Karl Leisner, Priester und Märtyrer, der erste Selige von Schönstatt

(der zweiten Ausgabe hinzugefügt)

Am Sonntag, den 23. Juni 1996, hat Johannes Paul II. Karl Leisner seliggesprochen. Die Feier fand im Berliner Olympiastadion statt. In demselben Stadion hatte Hitler seine haßerfüllten Verfluchungen gegen die Feinde seiner tödlichen Ideologie ausgerufen. Schon nach wenigen Jahren zählte man die Opfer dieser Ideologie nach Tausenden. Karl Leisner wurde einer der unzähligen Märtyrer des Nazi-Regimes.

Im Alter von 18 Jahren nahm Karl Kontakt mit der apostolischen Schönstatt-Bewegung auf. Er begleitete einen Schulfreund* zu Exerzitien, die von P. Menningen, einem engen Mitarbeiter P. Kentenichs, während der Karwoche 1933 gehalten wurden. Diese Tage hinterlassen in Karl eine lebhafte dauernde Erinnerung. Noch viele Jahre nachher finden diese Exerzitien einen starken Widerhall in seiner Seele.

Karl steht bis zu seinem Lebensende in tiefer Verbindung mit Schönstatt. Die wundervolle Spiritualität P. Kentenichs hinterläßt Spuren in seinem heroischen und leidvollen Lebensweg: der ergreifende marianische Eifer, die feste Überzeugung ein Werk-

* Der spätere Schönstatt-Priester Josef Vermeegen.

zeug Gottes auf der Erde zu sein, sowie die feststrukturierte Ordnung, mit der er seine tägliche, wöchentliche und monatliche Zeit einteilt, sind die entscheidendsten Elemente darin. Um den geistlichen Kampf erfolgreich zu führen — das ist *das* große Vorhaben seines Lebens — besitzt Karl alle großen Trümpfe, die zu einem unablässigen inneren Wachstum führen können. Es ist zum großen Teil ein Verdienst der Spiritualität und der Askese von Schönstatt, daß das Leben von Karl Leisner einen steten Aufstieg zu den Gipfeln der Heiligkeit zeigt.

Seine Zugehörigkeit zu der apostolischen Bewegung von P. Kentenich verstärkt sein Engagement für die Jugend: «Meine Verantwortung gegenüber der Jugend? Das Vorbild! Kein Theater. Disziplin!... Fahrten und Lager nicht nur materiell, sondern auch innerlich vorbereiten», schreibt er am 25. Juni 1933 in sein Tagebuch. Wenn er diese seltene Gabe, Anführer zu sein, einer geheimen inneren Kraft verdankt, die jeder in sich trägt, wenn er sie auch dem außerordentlichen Pädagogen Dr. Vinnenberg vom Gymnasium in Kleve verdankt, so wirkt er nun jedoch im Geist von Schönstatt und für dessen Verbreitung unter der Jugend. In diesem Sinn bereitet er auch das Pfingstfest 1933 durch eine Novene und folgenden Entschluß vor: «Jeden Tag für Schönstatt weitermachen».

Der leuchtende Name Schönstatt durchzieht von nun an das ganze Leben von Karl Leisner. Man denke an das überwältigende Gebet, daß er im Frühling 1939 an Maria, die dreimal heilige Mutter im Heiligtum von Schönstatt richtet, wo P. Kentenich das Werk am 18. Oktober 1914 in einem prophetischen Schwung begonnen hatte. Als er sich in das Sanatorium im Schwarzwald begab, richtet Karl ein dramatisches Gebet an die Muttergottes. Er möchte nur dann gesund werden und leben, wenn er später ein «guter Priester» sein wird. Sollte das Gegenteil der Fall sein, möchte er lieber sterben. Darin liegt eine radikale Herausforderung für einen jungen Mann von 24 Jahren.

Vom Sanatorium aus kommt Karl ohne Übergang in die finstere, von einer satanischen Ideologie gestalteten Welt. Die letzte

Etappe seines kurzen Lebens verbringt er in einem Konzentrationslager der Nazis. Er hatte die Gnade und die Freude, auch dort seine enge Verbindung mit Schönstatt aufrecht zu erhalten.

Als Karl 1936 Theologiestudent in Münster ist, tritt er offiziell der apostolischen Verbindung von Schönstatt bei. Heinrich Tenhumberg, der spätere Bischof von Münster, ist Leiter jener Gruppe von Schönstatt-Seminaristen, zu denen auch Karl Leisner gehört. Karl gibt ihm regelmäßig einen monatlichen Rechenschaftsbericht über den Stand seines geistlichen Lebens. Der Leitspruch der Gruppe lautet: «Sacerdotem oportet offere».* Nach dem Vorbild des Gekreuzigten beschließt Karl sein Leben, indem er sich selbst opfert. Dachau ist sein Golgotha.

Am 18. Oktober 1939 erreicht Karl mit seiner Gruppen einen Gipfelpunkt der Schönstatt-Spiritualität. Gemeinsam vollziehen sie vor dem Herrn einen feierlichen Akt, mit dem sich ein jeder von ihnen für sein ganzes Leben Gott zur Verfügung stellt, damit Er aus ihnen mache, was Ihm wohlgefällig ist. Es ist der Akt der Blankovollmacht.** Zu jenem Zeitpunkt ist Karl im Sanatorium von Sankt Blasien; er vereint sich ganz und gar mit dem feierlichen Akt seiner Gruppe in Münster. Vier Jahre später ruft er Heinrich Tenhumberg in einem Brief vom 2. Oktober 1943 diesen bedeutsamen Akt, der schon so bald sehr schwer auf seinem Leben lasten würde, in Erinnerung: «Zu jener Zeit konnte ich mich nur im Geist dazugesellen. Seitdem hatte jeder von uns in diesen vergangenen vier Jahren sein Kreuz zu tragen. Wie gerne würde ich Euch wiedersehen, Dich und die anderen», seufzt er aus der Tiefe seines Elends. Bereits am 15. Dezember 1939 — er ist für fünf Wochen in Freiburg inhaftiert — schrieb er Tenhumberg: «Seit dem 9. November bin ich hier "in carcere". Sei nicht

---

* Später, in Dachau, fügte Karl diesem Leitspruch noch die Worte hinzu: «et offerri». «Ein Priester muß opfern und sich selber opfern.»

** Der Ausdruck «Blankovollmacht» wurde zuerst von den Marienschwestern 1936 verwendet. Dieser feierliche Akt der völligen Hingabe an den göttlichen Willen ist wie das FIAT, das Maria bei der Verkündigung in Nazareth gesprochen hat. P. Kentenich drückte spirituelle Wahrheiten gerne mit Worten aus, die er der Wirtschaft, der Psychologie oder der Technik entlieh, z.B. «Gnadenkapital», «schöpferische Resultante», «Triebkraft».

erschrocken. Fasse Mut, wie auch ich selber Mut gefaßt habe, "nel spiritu del schecco bianco"», fügt er auf italienisch hinzu, «im Geiste des Blankoschecks». Er steht am Anfang des furchtbaren Kreuzweges, den der Herr ohne langes Zögern auf seinen Blankoscheck gesetzt hat. Ein Kreuzweg, der erst fast sechs Jahre später mit dem Tod beendet sein wird. In seinen Briefen aus Dachau kommt Karl mehrmals auf diese Blankovollmacht, die er dem Herrn durch die Hände Mariens übergeben hat, zu sprechen. «Unsere geliebte Mutter sorgt sich um alles, besonders um den verlorenen Sohn. Wichtig ist nur die Blankovollmacht», schreibt er von Dachau an seinen Freund Tenhumberg, der damals in der Kriegsmarine diente.

Ein Akt, der die Blankovollmacht sozusagen noch ergänzt, ist der Akt, der in der Schönstatt-Bewegung «Inscriptio» genannt wird. Dieser Akt, der ebenfalls feierlich vollzogen wird, geht auf eine dramatische Entscheidung zurück, die P. Kentenich am 20. Januar 1942 getroffen hatte, als er sich kategorisch weigerte, Beziehungen der Marienschwestern zu nutzen, um einer Inhaftierung im Konzentrationslager Dachau zu entgehen. P. Kentenich wies jegliche menschliche Intervention zurück und wollte sich für den Lauf der Ereignisse einzig dem Herrn anheimgeben. Seine Inhaftierung in Dachau ist eine entscheidende Etappe auf dem Weg des spirituellen, organischen Wachstums von Schönstatt. Der Ausdruck «Inscriptio» wurde vom hl. Augustinus übernommen, der die Liebe durch ein sehr beredtes Bild definiert: «Inscriptio cordis in cor». In der Spiritualität von Schönstatt geht es um die Inscription (Einschreibung, Aufnahme) des eigenen Herzens in das Herz der Muttergottes. Es geht um das «Herz an Herz» des Kindes mit seiner himmlischen Mutter. Es geht um die vollkommene Vereinigung der Herzen. Diese Inscription ist wie das Siegel auf der Blankovollmacht, diesem Akt der völligen Hingabe an den Herrn. Dieser Akt ist in Karls Augen von dauernder und entscheidender Bedeutung: «In diesem Monat sind wir besonders vereint», schreibt er am 2. Oktober 1943 an seinen Freund Tenhumberg. Karl bezieht sich dabei auf die «Inscriptio», die die Schönstatt-Priester der Diözese

Münster 1942 gemeinsam vollzogen und der sich Karl in Dachau im Geiste beigesellte.*

Mit dem Jahr 1941 bilden die nach Dachau deportierten Schönstatt-Priester im Geheimen die erste Schönstatt-Gruppe. Karl gehört von Anfang an dazu. Die Gruppe wurde von P. Fischer geleitet, dem anschließend P. Eise folgte. Er überstand den 1942 im Lager herrschenden Hunger nicht. Pfingsten 1943 erneuerte sich die Gemeinschaft und teilte sich in drei Gruppen auf. Karl gehörte zur Gruppe von P. Heinz Dresbach. Einmal wöchentlich trafen sie sich auf einer Straße des Lagers. Karl befand sich bereits im «Revier», in der Krankenabteilung, die indes nichts mit einem Pflegezentrum gemein hatte; sie war vielmehr ein Sterbeort, an dem die Schwerkranken zusammengepfercht waren. P. Pies hatte als Sanitätshelfer Zugang zu diesem Ort und diente, wenngleich mit etwas Zurückhaltung, als Bote zwischen der Gruppe und Karl.

Die Gruppe führte ein intensives geistliches Leben. Die Marienfeste wurden durch eine Novene vorbereitet. Während der Fastenzeit 1944 beschäftigte sich die Gruppe von P. Dresbach jede Woche mit unterschiedlichen Themen: Buße, Gnade, Kampf, Eucharistie, Glaube, Leiden. Karl nahm sehr rege daran teil, wie man einem Brief entnehmen kann, den er am Ende der Woche, die dem Thema Buße gewidmet war, zwei Mitgliedern der Gruppe schrieb. Während dieser Fastenzeit wählte sich die Gruppe Dresbach das Motto: «victor in vinculis» «Sieger in Ketten». Zur selben Zeit schrieb P. Kentenich in Dachau seine «Abhandlung über die marianische Spiritualität vom Werkzeug»; diese Abhandlung gelangte auf geheimen Wegen nach außen, während sie zugleich innerhalb des Lagers zirkulierte. Die Schönstatt-Gruppen machten diese Abhandlung zum Gegenstand ihrer Reflexionen.

Über diese geistlichen Themen hinaus feierten die Gruppen auch die «Familienfeste» wie z.B. den Gründungstag von Schön-

* Während des Seligsprechungsprozesses bestätigte P. Hans Rindemann, ein Leidensgefährte von Karl in Dachau, durch sein Zeugnis, daß Karl den Akt der «inscriptio» in Dachau tatsächlich vollzogen hatte.

statt am 18. Oktober, oder am 4. Oktober den Todestag von Joseph Engling, einem Wahrzeichen strikter Observanz und Heiligkeit. Am 24. Oktober 1943 begingen sie den 800. Jahrestag der Gründung des Klosters von Schönstatt.

Während der Fastenzeit 1944 — oder unmittelbar danach — versuchte die Gruppe von P. Dresbach ihr «Ideal» im Schönstätter Verständnis des Wortes auszudrücken. Schließlich übernahmen sie ab September 1944 die Devise: «victor in vinculis».

Mit dem 17. September 1944 übernahm Hermann Richarz die Leitung der Gruppe, zu der auch Karl gehörte, da P. Dresbach eine umfassendere Verantwortung übernehmen sollte. Am 8. Dezember fand in der Lagerkapelle die Weihe alle Gruppenmitglieder als Werkzeuge des Herrn statt; der besondere Akzent wurde auf die Liebe zum Kreuz gelegt. Karl vollzog diese Weihe auf der Krankenabteilung. Neun Tage später wird Karl Leisner zum Priester geweiht. Seine Aufgabe, zu Lebzeiten ein Instrument des Herrn auf der Erde zu sein, vollendet sich an diesem Gipfelpunkt. Karl ist an sein Leidenslager gefesselt; acht Monate später ist sein langes Martyrium beendet. Bevor Karl starb, hätte er die Worte des hl. Dominikus wiederholen können, die dieser an seine Freunde gerichtet hatte: «Weint nicht, ich werde euch nach meinem Tod nützlicher sein und ich werde euch dann wirksamer helfen als während meines Lebens».

Seit seinem Todestag, dem 12. August 1945 ist Karl Leisner noch inniger mit Christus verbunden; er tritt an der Seite der dreimal heiligen Muttergottes, die er auf Erden so sehr geliebt hat, beim himmlischen Vater in den Anliegen all derer ein, die ihm auf Erden lieb waren: für die Jugend auf der ganzen Welt, für Deutschland und Europa, für die Kirche, den Papst, die Priester. Und für die Schönstatt-Bewegung, die nun in der ganzen Welt verwurzelt ist, und für die Karl «sein Leben in vorbehaltloser Treue zur MTA» aufgeopfert hat, wie Heinrich Tenhumberg in einem Brief vom 27. September 1952 an P. Kentenich schreibt.

Dieses letzte Kapitel konnte dank der von P. Hermann Gebert — Rektor des Priesterhauses vom Berg Moriah in Schönstatt-

Simmern — zusammengestellten Dokumente verfaßt werden. Diese Dokumente waren mir nicht bekannt, als ich die Biographie von Karl Leisner schrieb. Sie sind besonders wertvoll, denn sie zeigen ganz offenkundig, daß die Verbindung, die Karl mit der Schönstatt-Bewegung hatte, bis zu seinem Tod sehr eng geblieben ist. Er gehörte seit der Zeit im Priesterseminar bis zum Sanatorium von Planegg — die Zeit im Konzentrationslager Dachau inbegriffen — treu zu den Schönstatt-Gruppen. Die Zugehörigkeit zu einer Schönstatt-Gruppe zeigt und bestätigt den totalen Lebenseinsatz im Geist des mit Maria geschlossenen Liebesbundes. Es ist der Einsatz in einer Gemeinschaft von Gebet und Opfern, von gemeinsamen Aufgaben und Interessen und einer gemeinsamen Mission.

Es ist gut, daß diese Zugehörigkeit von Karl Leisner zur apostolischen Schönstatt-Bewegung in aller Klarheit dokumentiert wurde; in dem Buch von P. Otto Pies s.j., dem ersten Biograph von Karl Leisner, wurde in dieser Hinsicht ein wesentlicher Aspekt der Spiritualität, die das innere Leben Karl Leisners nährte, verhüllt. P. Pies veröffentlichte sein Buch 1951; zu der Zeit lebte P. Kentenich in den Vereinigten Staaten, wohin er vom Heiligen Offizium (heute: Glaubenskongregation) verbannt worden war. Das Schönstatt-Werk hatte von einem Teil des deutschen Klerus Unwillen, ja sogar Feindseligkeit zu erdulden. Ohne völlig ausschließen zu wollen, daß es bei dem Jesuiten Pies ein Empfinden dieser Art gegeben haben kann, ist es wahrscheinlicher, daß er aufgrund der Polemik, die in der deutschen Kirche gegen Schönstatt herrschte, mit dem Erscheinen dieser ersten Biographie über Karl Leisner ein bewußtes Schweigen über das Ausmaß von Karls Engagement in der Schönstatt-Bewegung breiten wollte.

Die von P. Gerber zusammengestellten Dokumente* erlauben eine vorbehaltlose Bestätigung der Aussage, die Heinrich Tenhumberg, der inzwischen Bischof von Münster geworden war, in

* Siehe «Karl Leisner als Schönstätter: Dokumente und Zeugnisse». Erhältlich beim Schönstatt-Institut der Diozesanpriester, Priesterhaus Berg Moriah, D-56337 Simmern.

einem Brief vom 28. Februar 1977 machte: *«Karl war ein typischer Schönstätter... dafür lege ich meine Hand ins Feuer.»*

Ja, am 23. Juni 1996 hat das apostolische Werk von Schönstatt seinen ersten Heiligen erhalten: Karl Leisner, Priester und Märtyrer.

Nachwort

Die Sendung Karl Leisners

Am 8. Oktober 1988 kommt es zu einer Begegnung Papst Johannes Pauls II. mit der Jugend Europas in Straßburg. Es ist eine Stunde der lebendigen Gemeinschaft zwischen Petrus, dem Jesus die Schlüssel des Himmelreiches gegeben hat (Mt 16,19), und 42 000 Jugendlichen aus allen Ländern Europas, die wie die Steinchen eines wunderbaren Mosaiks die große europäische Einheit bilden. Die Konfrontation der geistigen Welt dieser jungen Christen, die in einer lärmenden und zersplitternden Zivilisation leben, mit der verinnerlichten Sichtweise des Heiligen Vaters brachte einen lebendigen Dialog zustande, in dem die angstvolle Stimme der Jugend durch die Szenenfolge eines Spieles zum Ausdruck kam und die des Papstes durch drei eingeschobene Texte in der Abfolge des Spiels.

Im zweiten Text zitiert Johannes Paul II. in der Substanz den schönen Text Karl Leisners, in dem er Europa beschwört, zu Christus, der Quelle seines Reichtums, umzukehren und in dem er Gott anfleht, sich seiner als Instrument dieser Umkehr zu bedienen. So wurde durch die höchste geistliche Autorität der Jugend ein Beispiel vor Augen gestellt und damit die Sendung Karl Leisners, des Priesters Jesu Christi, auf großartige Weise bestärkt.

Was ist nun seine Sendung?

Die konzentrischen Kreise

Karl Leisner ist stark verwurzelt, zunächst in seinem Glauben. «Christus ist meine Leidenschaft.» Das macht ihn ruhig gegenüber einer dunklen Welt, die einen fanatischen Kult um einen Mann und eine Ideologie des Todes feiert. Es ist ein glühender Glaube, der das Böse im Menschen haßt; und er liebt alles, was es auch sei. Er segnet seine Feinde, diejenigen, die vom Bösen gepeinigt werden oder die sich vorsätzlich dem Übel verschreiben. Es ist ein eingefleischter Glaube, der sich stets aus der Eucharistie nährt, um so selbst leibhaftige Eucharistie zu werden. Und so bezeugt Karl anderen Jesus Christus durch seine Freude, sein fröhliches Wesen, seinen lebendigen Optimismus, durch seinen eroberungsfreudigen Geist. Ja, es ist ein eroberungsfreudiger Glaube. Jesus hat seinen Jüngern die Sendung anvertraut, die Welt mit den Waffen des Heiligen Geistes zu erobern. Diese Waffen heißen Liebe, Gerechtigkeit, Teilen, Freude, wirkliche Freiheit, Vorrang des Spirituellen, Opfergeist bis zur Lebenshingabe. Es ist ein totaler Glaube.

Karl fühlt sich frei. Was nicht bedeutet, daß er nicht mehr kämpfen muß. Er wird im Feuer geprüft. Gott läutert ihn, damit alle Schlacken von ihm abfallen. Zum Schluß wird nur noch reines Gold übrigbleiben. In der totalen Hingabe an Gott, durch das Liebesband mit der Mutter Christi, hört für Karl das Leiden nicht auf, aber — paradoxerweise — bewahrt er sich doch auf den Stationen seines Kreuzweges ein unaussprechliches Glück. Die Freude Christi ist notwendigerweise die Frucht eines totalen Glaubens. Es ist selbstverständlich ein Glaube, der immer und überall lebendig ist. Karl erfährt Christus in der Eucharistie, in der Familie, in der Klasse, bei seinen Jugendlichen, im RAD, im Gefängnis und im Konzentrationslager. Es ist ein Glaube, der ganzheitlich ist, der nicht nur am Sonntag gelebt wird, sondern auch während der Woche. Es ist ein totaler, verwandelnder Glaube. Und er wandelt sich in Sauerteig um. Die Verwurzelung in den Glauben übertrifft und bedingt alles andere.

Das andere, das ist die Verwurzelung in das Irdische. Kleve, Deutschland, Europa sind hierfür die konzentrischen Kreise. Diese Art der Einwurzelung gibt dem menschlichen Wesen eine solide Grundlage. Seine Persönlichkeit? Er ist vom Niederrhein, er ist Deutscher, Europäer. Drei Eigenschaften, die keinen scheinbaren Widerspruch bilden, sondern die vereinen, die zusammenfassen. Und alle sind vom christlichen Glauben durchdrungen. Er eröffnet dieser irdischen Verwurzelung eine Universalität, die zum Katholischen gehört und es ausmacht.

Nach und nach wird sich Karl der bestimmten Elemente seiner Person bewußt. Man darf nicht vergessen, daß er erst 30 Jahre alt war, als er starb. Kindheit und Jugendzeit wurden sehr stark geprägt von der heimatlichen Welt. Das schöne Kleve strahlte in seinem Herzen wie ein Diamant. Die Liebe zu Deutschland bildete sich vor allem von dem Augenblick an heraus, als er das tödliche Umgriffensein begriff, das sich seiner bemächtigte durch eine Ideologie, die dämonisch in ihrem Kern war und verschlagen in ihrer Ausformung. Was Europa betraf, so entdeckte und erlebte er es schon 1938, aber besonders in der letzten Phase seines Lebens. In Dachau lernte er das gemartete Europa kennen. Und er hatte Zugang als Deutscher zum «priesterlichen Europa» dank seiner Priesterweihe, die auf immer ein wunderbares Symbol für «die zweite Evangelisation Europas» (Johannes Paul II.) darstellen wird. Zusammen müssen die Christen der Alten Welt — alle Völker miteinander — die große Strategie zur Wiedereroberung der Menschen für Christus entfalten. Der Tat voraus ging — wie immer bei Karl Leisner — die Kontemplation.

Die Kirche lieben, Petrus verehren

Die Christen des dritten Jahrtausends – um sie handelt es sich vor allem – müssen die Kirche lieben, sie leidenschaftlich lieben wie Karl Leisner; sie lieben, weil sie der mystische Leib Christi ist, die Übermittlerin der göttlichen Gnaden. Sie führt zum

Reich Gottes. Sie immer mehr lieben, so oft sie durch ihre Diener verunstaltet wird. Im Seminar hat Karl oft an den Wunden gelitten, die ein versteinerter Klerus der Braut Christi zufügte. Wunden, die nur geheilt werden können durch eine noch stärkere Liebe ihrer treugebliebenen Söhne und Töchter. Diese unbedingte Liebe zur Kirche ist für jeden Katholiken unteilbar mit einem liebevollen Gehorsam gegenüber dem Lehramt des Petrus verbunden. Er, und nur er allein empfing die Vollmacht, auf Erden zu binden und zu lösen. Auf ihn baute Christus sichtbar die Kirche durch die Jahrhunderte. Für Karl löst dieser Gehorsam alle Ich-Verhaftung. Er befreit von den Verführungen des Intellekts und von den Risiken des Hochmuts. Er hatte das von der Vorsehung geschickte Glück, von Pius XI. empfangen worden zu sein und mit ihm einen tiefen Austausch über eine brennende Frage gehabt zu haben, über die Jugend, die dem verderblichen Zauber dieser Welt ausgesetzt ist.

Karl Leisner wußte wunderbar seinen Platz in dieser Welt einzunehmen, ohne von dieser Welt zu sein. Unter allen Umständen suchte er ein Zeuge für Christus zu sein. Man erinnere sich an seine Haltung auf dem Gymnasium in Kleve, beim RAD oder in Dachau. Er war Zeuge, der wußte, daß die Ungläubigen und die Feinde der Kirche von Gott geliebt, daß sie nach seinem Bild geschaffen sind und daß man sie lieben muß. Und er weiß, gleich was auch geschehen mag, daß Christus die Welt besiegt hat (Joh 16,33). 1933 gehörte Karl zu dem kleinen Kreis von Personen, denen es nicht schwerfiel, das Verhängnis, das von den Nazis ausging, zu erkennen. Zwölf Jahre später wurde diese kleine Zahl Legion, leider zum Preis der Zerstörung Deutschlands und seiner Teilung. Von seinem Beispiel muß der Christ den Mut gewinnen, sich gegen eine Zeitströmung zu stellen, die Todeskeime mit sich führt. Jede Gesellschaft, die ohne Verzweckung würdig der göttlichen Berufung des Menschen ist, muß die Christen dahin begeistern, in ihrem Schoß Zeugen Christi zu sein, was auch immer das für Konsequenzen haben mag. Die Präsenz des Christen in der Welt ist nicht außerhalb des real Irdischen. Er beteiligt sich am Kampf für eine gerechtere und brüderlichere Welt, d.h. er nähert sich immer mehr dem, was ein Vater für seine Kinder beabsichtigt. Dieser Kampf ist nicht ohne Gefahr; der Christ erfährt häufig Widerspruch.

Und Karl ist ein wunderbarer Zeuge dieses Kampfes. Er hat wohl einen Augenblick fest vorgehabt, sich in der Politik einzusetzen. Für ihn wurde im Anblick der politischen Perversionen klar, daß sie im Gegenteil eine der edelsten Aktivitäten für sein Volk ist. Er hat eine Ahnung, was man richtig «die Heiligkeit der Politik» nannte. So nimmt das Evangelium nach und nach Form an im Leben der Völker. Je mehr Menschen dafür Zeugnis ablegen, desto mehr wird sich die Welt umwandeln. Karl Leisner ist das Modell eines Zeugen für Christus. Er wurde aktiver Sauerteig in der Gesellschaft seiner Zeit. Und er wird es bleiben.

Die Jugend der Welt

Die Welt umformen durch die Eroberung der Menschen für Christus. Und vor allem die Jugend. Sie ist die Zukunft der Kirche. Karl Leisner wurde ein wunderbarer Trainer für die Jugend, ein Erzieher ihrer ganzen Existenz: des Körpers und der Seele, des Geistes und des Gefühls. Alles, was er mit ihnen unternimmt, ist im Spirituellen verankert, und alles mündet auch dort ein. Man beginnt eine Fahrt mit dem Besuch der Messe, man beschließt sie mit einem Gebet. Und man handelt nur in Liebe. Karl weiß, wie man liebt. Er war von Natur aus liebenswürdig. Sein frohes Wesen, dieser wunderbare Widerschein Christi in seinem Gesicht, und seine Fähigkeit, die Jungen mit Begeisterung hinter sich zu bringen. Nach dem Beispiel Jesu erzählt er ihnen Geschichten. Und er nimmt sie für sich ein durch seinen Gesang und seine Gitarre. Und er versteht es, sie zu einer ursprünglichen Begegnung mit der Natur zu bringen. Die Schönheit ist für ihn ein Zeichen, Ausdruck der unendlichen Güte des Schöpfers, wo sich konkret die Liebe des Vaters kundtut. In einem Augenblick der Geschichte, an dem die Natur auf grausame Weise verletzt wird durch bewußtes Handeln des Menschen oder aus Unwissenheit, müssen die Christen sich an die Spitze des Kampfes zu ihrer Rettung stellen, indem man die Liebe zu ihr vermehrt und Respekt vor ihr fordert. Nun stehen in diesem Überlebenskampf die Christen noch nicht an der Spitze, da, wo man die Schläge abbekommt. Auf seinem Leidenslager in Dachau träumte Karl von einem blühenden Apfelbaum. Dieser Baum in seinem Festkleid möge das Symbol der Christen werden in ihrem Kampf für eine Erde, die in ihrer ganzen Schönheit erhalten bleibe.

Die guten Hirten

Das Leben und der Lebensweg Karl Leisners sind von einer großen Begeisterung für das Priestertum geprägt. Nach zwei Jahren zeitweise sehr harten Kampfes hatte er sich durchgerungen. Er hat eine sehr hohe Meinung von der Würde des Priesters. Ein Mensch, erwählt durch Christus, der Anteil an ihm erhält und dem eine heilige Macht zum Dienst des priesterlichen Volkes anvertraut wird. Er fühlt sich gerufen, sich so weit als möglich dem guten Hirten gleichförmig zu machen, um selbst ein guter Hirte zu werden. Er weiß aus Erfahrung, daß das eine gute Herde ist, die auch einen guten Hirten hat. Die Gestalten eines Bischofs von Galen, eines Regens Franken, eines Dr. Vinnenberg stehen ihm vor Augen. Durch Liebe wird dieses Ziel erreicht, in der Nachfolge Jesu Christi. Am 8. Juni 1945, am Herz-Jesu-Freitag, schreibt er in sein Tagebuch: «Alles für das göttliche Herz, für Priester und Kandidaten.»

Das Priestertum war eine der letzten großen Sorgen Karl Leisners, im Augenblick, an dem der spirituelle Wiederaufbau eines Deutschlands begann, das nicht nur, was seine materiellen Güter betraf, verwüstet war, sondern auch moralisch.

Diese Sorge bleibt mehr denn je aktuell für ganz Europa. Seine neue Evangelisation hat nur dann wirklich Erfolg, wenn eine große Schar heiliger Priester aus dem Volk Gottes hervorgeht.

Alles für das göttliche Herz, alles für das priesterliche Europa von morgen. Karl Leisner ist hierin Protagonist. Er bittet bei Gott, damit sich dieses Streben unter den Christen ausbreitet. Am Beginn eines neuen Zeitalters mögen so eine große Zahl Seelsorger erstehen, dem Bild Christi geweiht, dem Hohen Priester. Daß sich das Europa der Priester, das Europa der Jugend, daß sich alle diejenigen, die nach den Quellen des lebendigen Wassers dürsten, aus denen Europa seine großen Werte durch die Jahrhunderte geschöpft hat, leiten lassen von der fruchtbaren Zeugenschaft dieses Heiligen der kommenden Zeit. Karl Leisner ruht in der Krypta des alten Xantener Domes. Am Ufer des Rheins, des großen europäischen Stromes, des Bindestriches zwischen den Völkern, die so lange miteinander zerstritten waren. Die Massen eilen schon herbei. Die Sendung Karl Leisners steht erst am Anfang...

Karl Leisner? «Christus ist meine Leidenschaft!» «Wenn einer in Christus ist, so ist er ein neues Geschöpf.» (2 Kor 5,17)

Wie Gold, geläutert im Feuer...

Bitche, 4. September 1988
Lucinges, 4. März 1989

Lebensdaten Karl Leisners *

1915	28. Februar	in Rees/Niederrhein geboren Vater: Wilhelm Leisner, 1886–1964, Gerichtssekretär Mutter: Amalie Leisner, geb. Falkenstein, 1892–1983 Vier Geschwister
1915	3. März	Taufe in Rees / St. Mariä Himmelfahrt auf die Namen Karl, Friedrich, Wilhelm, Maria
1921		Versetzung des Vaters als Rentmeister an die Gerichtskasse in Kleve
1921–1925		Volksschule Kleve
1925		Staatliches Gymnasium Kleve
1925	Weißer Sonnag	Erste heilige Kommunion
1927	20. Juli	Firmung
1927		Gruppenfüher
1934		Bezirksjungscharführer im Bezirk Kleve (Dekanate Kleve und Goch)
1934		Abitur
1934	5. Mai	Eintritt ins Collegium Borromäum in Münster

* Die Lebensdaten sind entnommen: *Christus meine Leidenschaft, Karl Leisner, sein Leben in Bildern und Dokumenten*, hrsg. von Wilhelm Haas, Kevelaer, 1985.

1934–1936		Studium der Philosophie und Theologie in Münster
1934–1936		Diözesanjungscharführer der Diözese Münster
1936–1937		Studium der Theologie in Freiburg/Breisgau
1937	1. April–23. Okt.	Reichsarbeitsdienst in Sachsen und im Emsland
1937–1939		Studium der Theologie in Münster
1938	4. April	Eintritt ins Priesterseminar Münster
1939	4. März	Subdiakonatsweihe im Dom zu Münster
1939	25. März	Diakonatsweihe im Dom zu Münster
1939	Juni–November	Lungensanatorium «Fürstabt-Gerbert-Haus» in St. Blasien/Schwarzwald
1939	9. November	Verhaftung in St. Blasien
1939–1940	9. Nov.–15. Feb.	Schutzhaft im Gefängnis Freiburg/Breisgau
1940	15. Feb.–6. März	Schutzhaft im Gefängnis Mannheim
1940	16. März–13. Dez.	Schutzhaft im Konzentrationslager Sachsenhausen
1940	14. Dezember	Einlieferung in das Konzentrationslager Dachau
1942	Oktober	Eintragung durch die SS in die Liste für die Vergasungsanstalt Schloß Hartheim bei Linz/Österreich
1944	17. Dezember	3. Adventssonntag: geheime Priesterweihe im Konzentrationslager Dachau
1944	26. Dezember	Stephanstag: Primizfeier in der Barackenkapelle
1945	29. April	Befreiung des KZ Dachau durch die Amerikaner
1945	4. Mai	Befreiung Karl Leisners durch Pater Otto Pies und Stadtpfarrer Pfanzelt von Dachau aus dem unter Quarantäne stehenden Lager

1945	4. Mai	Ankunft im Sanatorium Planegg bei München
1945	30. Mai	Empfang der Sterbesakramente
1945	12. August	Tod in Planegg
1945	20. August	Beerdigung in Kleve
1966	30. August	Exhumierung
1966	3. September	Beisetzung in der Märtyrerkrypta des Xantener Domes
1980	15. März	Eröffnung des Seligsprechungsprozesses durch Papst Johannes Paul II.
1981	6. Mai	Beginn des Informativ- und Schriftenprozesses in Münster
1982	30. September	Beendigung des Prozesses in Münster
1982	12. Oktober	Aktenübergabe in Rom
1990	18. Mai	Fortsetzung des Prozesses unter dem Titel eines Märtyrers
1996	23. Juni	Seligsprechung durch Papst Johannes Paul II. in Berlin

Bibliographie

- Pies, Otto S.J., Stephanus heute. Karl Leisner, Priester und Opfer, Kevelaer 1951 (205 Seiten).

- Pies, Otto S.J., Geweihte Hände in Fesseln. Priesterweihe im KZ, Kevelaer (47 Seiten).

- Gelebtes Schönstatt: Franz Reinisch, Karl Leisner, Sonderheft 1952 (28 Seiten).

- Mertens, Matthias, Priesterweihe hinter Stacheldraht, in: Gaesdonker Blätter 1988 (30 Seiten).

- Monnerjahn, Engelbert, Häftling Nr. 29392, der Gründer des Schönstattwerkes als Gefangener der Gestapo 1941-1945, Patris-Verlag 1984 (360 Seiten).

- Haas, Wilhelm (Hrsg.), «Christus meine Leidenschaft», Karl Leisner, sein Leben in Bildern und Dokumenten, Kevelaer, 1985.

- Haas, Wilhelm (Hrsg.), Karl Leisner: Mit Christus leben. Gedanken für jeden Tag, Kevelaer, 1979.

Französische Schriften

- Lettre pastorale de Msgr. Piguet, 1946. Quelques aspects de la résistance spirituelle contre le nazisme.
- Msgr. Piguet, Prison et déportation (Ich habe nur das Kapitel IX benutzt, das über Dachau handelt).
- Barondeau O.M.I., Le Christ ma passion. Une ordination sacerdotale au KZ de Dachau, préface P. Joseph Cardijn, 79 p., Ed. F.X. Le Roux, Strasbourg-Paris 1948.
- Chanoine Guillot, Msgr. Gabriel Piguet, évêque de Clermond-Ferrand (1934-1952), 32 p.

Dokumentation

Das Tagebuch Karl Leisners vom 23. März 1927 bis 25. Juli 1945. Es eröffnet einen guten Zugang zu den Schicksalsläufen seines Lebens und ist ein unvergleichliches Dokument seines inneren Lebens.

Karl Leisner wirft hier einen nüchternen ehrlichen Blick auf sich selbst. Er offenbart seine Fehler, die er in ständigem Bemühen überwinden will. Das Tagebuch gibt wertvolle Auskünfte über den Kampf der Kirche gegen den Nationalsozialismus. Und mehr noch über den spirituellen Kampf Karl Leisners.

Die zweite Quelle von unschätzbarem Wert sind seine Briefe aus den Konzentrationslagern Sachsenhausen und Dachau, die er alle 14 Tage an seine Familie und an einige Freunde schicken konnte. Es sind insgesamt etwa 130. Diese Briefe werden inhaltlich immer substanzieller in dem Maße, wie das Überwachungssystem der SS lockerer wird von dem Moment an, wo sich das Schicksal zuungunsten Nazi-Deutschlands wendet.

Die Dokumentationen und die Rundbriefe des «Internationalen Karl-Leisner-Kreises» stellen ebenfalls eine wertvolle Informationsquelle dar.

Der Internationale Karl-Leisner-Kreis

Der «Internationale Karl-Leisner-Kreis» wurde am 6. November 1973 gegründet. Er hat sich zur Aufgabe gesetzt, das spirituelle Erbe des jungen Deutschen, der im KZ in Dachau zum Priester geweiht wurde, zu bewahren und zu verbreiten. Er hat sich ebenfalls als Ziel gesetzt, alle Dokumente über Karl Leisner sowie jede Veröffentlichung über sein Leben und Tun zu sammeln und zu archivieren.

Der «Internationale Karl-Leisner-Kreis» bildet auch eine Gebetsgemeinschaft um Karl Leisner. Er fördert den Seligsprechungsprozeß des «Märtyrers» von Dachau.

Der «Internationale Karl-Leisner-Kreis» würde sich freuen, neue Mitglieder zu gewinnen, gleich welcher Nationalität.

Internationaler Karl-Leisner-Kreis
Leitgraben 26
D-47533 Kleve

Telefon: 02821/92595

Inhaltsangabe

III. Der Kreuzweg

IV. Das geläuterte Gold

Nachwort

Andere Bücher aus dem Parvis-Verlag

Wir beten zum Heiligen Geist

Eine sehr schöne Gebetssammlung zum Heiligen Geist mit Heilig-Geist-Lieder, Novenen, Rosenkränze, einen Heilig-Geist-Monat und verschiedene Gebete zum Heiligen Geist. Wirklich ein wertvolles Gebetbuch zur Ehre des Heiligen Geistes!
Als Geschenk sehr geeignet!
Mit kirchlicher Druckerlaubnis.
304 Seiten, Bibeldruckpapier, Plastikumschlag
von Marie-Therese Isenegger
SFR 22.– DM 27.– öS 195.–

Das verlorene Paradies des Eugen Drewermann

Antwort eines Laien an einen Theologen

Dieses Buch ist in klaren und allgemeinverständlichen Worten geschrieben. Es ist für all die, die verstehen wollen wie und warum Eugen Drewermann zugleich sehr populär und so weit von der Kirchenlehre entfernt ist.
von M. Farine, 128 Seiten *SFR 15.– DM 18.– öS 135.–*

Kinder, helft meinem Herzen zu gewinnen!

Prachtvoller Bildband für Kinder von 6 bis 11Jahren mit Malheft

Die Kinder können an dieser Geschichte teilnehmen indem sie durch ihre Zeichnungen der Mutter Gottes eine Novene schenken.
Vorwort von Msgr. Hnilica, kirchlicher Druckerlaubnis von Kard. Echevarria.
von Sr. Emmanuel, 56 S., 21x27 cm, Malheft inbegriffen
SFR 24.– DM 29.– öS 215.–

Pater Pio aus Pietrelcina

Erinnerungen an einen bevorzugten Zeugen Christi

In dieser ausgezeichneten Biographie beschreibt uns Bruder Arni Decorte besonders Pater Pios geistliche Ausstrahlung. Dieses Buch handelt von wenig bekannten Dingen. Der Leser entdeckt so die Persönlichkeit Paters Pio aus Pietrelcina, und auch die zahllosen Bekehrungen und Heilungen, die auf seine Fürbitte zurückgehen.
von A. Decorte, 320 Seiten, 13x20 cm

SFR 25.- DM 30.- öS 220.-

Pater Pio

Freund Gottes - Wohltäter der Menschen

Ein spannendes Buch: Bekehrungen, Heilungen, Wunder, Seelenschau, Bilokation... sind in kurzen Erzählungen vorgestellt.
von P. Cataneo, 176 Seiten, 2. Auflage 10. Tausend

SFR 15.- DM 18.- öS 135.-

In der Schule des Heiligen Geistes

Der Beistand des Heiligen Geistes muß ein wesentliches Element des christlichen Lebens sein. Wie aber sollen wir es machen, um es dem Heiligen Geist zu ermöglichen, uns zu leiten und uns beizustehen? In allgemeinverständlicher Sprache zeigt uns dieses Buch die praktischen Gegebenheiten auf, welche diese Fügsamkeit gegenüber dem Wirken des Heiligen Geistes ermöglichen.

von Pater J. Philippe, 128 Seiten *SFR 11.- DM 13.- öS 95.-*

Suche den Frieden und jage ihm nach

Was tun, wenn wir Zeiten der Verwirrung und der Beängstigung zu durchschreiten haben? Darüber belehrt uns diese kleine Abhandlung über den Frieden des Herzens.
von Pater J. Philippe, 128 Seiten

SFR 11.- DM 13.- öS 95.-

Der Teufel – Mythos oder Realität?

Abbé Laurentin bietet hier Antworten, die auf der Heiligen Schrift, der Tradition und der Erfahrung der Kirche gründen. Man findet Antworten auf konkrete Fragen : Was ist Besessenheit ? Was sind Exorzismen ? Wie kann man dem machtvollen Einfluß des Herrschers dieser Welt entrinnen.
von R. Laurentin, 400 Seiten *SFR 32.- DM 39.- öS 290.-*

Bleibt in Mir

Ein Weg zum inneren Gebet

Dieses Buch öffnet uns den schmalen Weg zum inneren Gebet. Wir lernen in vielen Zitaten die Erfahrungen des Johannes vom Kreuz, der Teresa von Avila, Gertrud von Helfta und anderer Gottesfreunde kennen, die aus dem inneren Gebet Inspiration und Kraft geschöpft haben. Sr. Marie-Pascale teilt uns eigene Erfahrungen mit. Seine Lehre ist dicht, aber einfach, leicht faßlich für alle und von allen nachvollziehbar. 192 Seiten, 13x20 cm
SFR 18.- DM 22.- öS 160.-

Zeit für Gott

Führer für das innere Gebet

Für wen ist das innere Gebet? Und wo, wann und wie kann man es praktizieren? Ein kleines Buch, reich an Beispielen und konkretem Rat. von Pater J. Philippe, 128 Seiten
SFR 12.- DM 14.- öS 100.-

Seliggesprochen am 18. April 1993

TAGEBUCH der Schwester Faustyna Kowalska

Sr. Faustyna (1905-1938) ist vom Heiland zur besonderen Botschafterin seiner Barmherzigkeit berufen worden. Sein Tagebuch enthüllt uns ausdrucksvoll und überzeugend die Unendlichkeit der Barmherzigkeit Gottes. Es lehrt nicht nur vom Barmherzigsten Erlöser, sondern muntert auch auf, ihn zu verehren.
Vorwort von Bischof J. Stimpfle. 598 Seiten + 16 Seiten, Farbfotos
14,5x21 cm, gebunden *SFR 46.- DM 56.- öS 400.-*